岩波文庫

33-621-4

精選 神学大全 2

法論

トマス・アクィナス著
稲垣良典・山本芳久編
稲垣良典訳

岩波書店

Thomas Aquinas

SUMMA THEOLOGIAE

1266-1273

凡例

一　トマス・アクィナスの『神学大全』から稲垣良典と山本芳久が重要と思われる部分を選び、『精選　神学大全』（全四巻、稲垣良典・山本芳久編）として編纂《へんさん》した。全体の構成は以下の通りである。

第1巻　第二部の第一部「徳論」　稲垣良典訳

第2巻　第二部の第一部「法論」　稲垣良典訳

第3巻　第二部の第一部と第二部の第二部「人間論」　山本芳久訳

第4巻　第一部「神論」、第三部「キリスト論」　山本芳久訳

なお、各巻の目次の末尾には全巻目次（予定）も掲げる。

二　稲垣良典訳の第1巻と第2巻は、創文社版『神学大全』第十一冊（一九八〇年十二月刊）、第十三冊（一九七七年六月刊）、第十四冊（一九八九年二月刊）からの転載である。文庫化にあたっては稲垣が一部改訂を行った。

三　第3巻と第4巻は山本芳久による新訳である。

四　解説は全巻、山本芳久が本文庫のために書き下ろした。

五　第2巻と第4巻に索引(上遠野翔編)を付す。

六　本文中に今日では不適切とされる表現があるが、原文の歴史性を考慮してそのままとした。

創文社版(第十三冊)の凡例

一、訳文はいわゆるレオ版 Editio Leonina(すなわち Sancti Thomae Aquinatis Opera Omnia, iussu impensaque Leonis XIII, P. M., edita. Tomi IV-XII, Summa Theologiae cum Comm. Card. Thomae de Vio Caietani. 1888-1906)の本文に従う。この版は、本書第一部については、ヴァティカン所蔵の写本七(略号ＡＢＣＤＥＦＧ)と初期印刷本二(略号ａｂ)との校訂の上に立つが、やはり、最も多くを十六世紀のピオ版 Editio Piana(すなわち Divi Thomae Aquinatis Opera Omnia, gratiis privilegiisque Pii V Pont. Max. typis excusa. Romae apud haeredes Antonii Bladii et Ioannis Osmarini. 1570-1571. Summa Theologiae, Tomi X-XIII)に負いつつ成立したものである。本訳においてレオ版のテクストと異なる読み方をとった少数の場合にあっては、当該「問題」の終りの箇所にその旨を註記し、かつ、その依拠するところを略号をもって明示した。

一、本書のみならず一般にトマスの著作で「討論」disputationes のかたちをとるものにあっては、「問題」quaestio はいくつかの「項」に分かたれ、それぞれの「項」articulus は左の諸部分から構成される。今これら諸部分に対して与えられるラテン名に対応して、われわれの与えた訳名を掲げるならば次のようになる。

Argumentum; obiectio ("Videtur quod...") ……………………「異　論」
Contra ("Sed contra...") ……………………………………「反対異論」
Corpus articuli; Responsio principalis ("Respondeo dicendum quod...") ……………………………………………………………「主　文」
Solutio ("Ad primum ergo dicendum quod...", etc.) ……………「異論解答」

一、聖書の引用はトマスにおいてはいわゆるヴルガタ訳によって行われているが、かれの引用文は必ずしも常に現行のヴルガタ訳のテクストに一致しているわけではない。訳者はこうした異同の一々を註記した。本書における聖書引用を邦訳するにあたっては、現行のカトリック訳(すなわち、新約についてはラゲ訳とバルバロ訳、旧約については光明社本)ならびに聖書協会訳を参考にしたが、必ずしもそのいずれかに従うというのではなく、あくまでもトマスの本文のコンテクストに即しつつ、然《しか》るべき訳文を自由に採択した。したがって時としてはこれら諸訳のいずれとも一致しない場合があり、また、同一文の引用が本訳の中で、所によって訳文を異にするということすら避けえない場合があった。

一、聖書引用の出典を示すのにトマスの本文では章数までが挙げられているにすぎない。これを補うため、節数を（　）で本文中に挿入した。本書の中の箇所の前後参照についても、そのことがはっきり示唆されている場合にあっては、やはり同様の方法をとり、言及された箇所を本文中に（　）で挿入した。それ以外の出典や参考箇所の指示は、すべてこれを訳註に譲ることとした。

一、訳註において、アリストテレスの出典を示す場合はベッカー版による。教父その他でミーニュの教父全集（Patrologia Graeca; Partologia Latina）に収録されている著作者については、ことごとく専らこれによることとし、「ギリシア教父全集」あるいは「ラテン教父全集」における巻数・欄数・ABC等の区切りを標示するという仕方で出典の箇所を明らかにするようつとめた。それ以外の著作者の場合にあっては、現行の最も標準的と考えられる版により、その版の名称とともにそれにおける箇所を可能なかぎり細示した。

一、本書を通じて用いられる略号は以下の通りである。

A＝十三世紀の一写本（Codex Vaticanus 10154）

B＝十三・四世紀の一写本（Codex Ottobonianus 206, foll. 204）

C＝十四世紀の一写本（Codex Vaticanus 4330, foll. 253）

D＝十三世紀の一写本（Codex Ottobonianus 205, foll. 273）

E＝一四六二年写本（Codex Reginae Christinae 1936）

F＝十五世紀の一写本（Codex Urbinas 129, foll. 311）

G＝十五世紀の一写本（Codex Palatinus 235, foll. 345）

a＝一四七三年刊行本

b＝一四八四年刊行本（ヴェネチア）

L＝レオ版（普及版としてはSumma Theologiae. Cura et studio P. Caramello. Cum textu et recensione Leonina. 3 vol. Roma 1948）

P＝ピオ版（新しい復刻版としてはSumma Theologiae. Cura et studio Instituti Studiorum Medievalium Ottaviensis ad textum S. Pii Pp. V iussu confectum recognita. 5 vol. Editio altera emendate. Edidit Commissio Piana. Ottawa 1941-1945）

d＝ドイツ語対訳版（Deutsch-lateinische Ausgabe der Summa Theologica. Herausgegeben vom Katholischen Akademikerverband. Salzburg-Heidelberg 1934-）

e＝英語対訳版（Summa Theologiae. Latin text and English translation, Introductions,

Notes, Appendices and Glossaries, by Thomas Gilby and others. New York and London 1964–)

f＝フランス語対訳版(Somme Théologique. Avec traduction française par A.-D. Sertillanges, etc. Paris 1925–)

i＝イタリア語対訳版(La Somma Teologica. Traduzione e commento a cura dei Domenicani Italiani, testo latino dell' Edizione Leonina. Firenze 1952–)

s＝スペイン語対訳版(Suma Teologica. Texto latino de la edición critica Leonina. Traducción y anotaciones por una comisión de PP. Dominicos. Madrid 1949–)

創文社版(第十四冊)のまえがき

翻訳の底本としてはレオ版 Thomae de Aquino OPERA Iussu Leonis XIII P. M. Edita 第七巻(1892)を用い、校訂ピオ版 SUMMA THEOLOGIAE Cura et Studio Instituti Studiorum Medievalium Ottaviensis ad Textum S. Pii Pp. Iussu Confectum Recognita 第二巻(1953)をたえず参照した。

翻訳にあたって参考にした現代語訳は次のものである。

The Summa Theologica of St. Thomas Aquinas. Literally Translated by Fathers of the English Dominican Province, Burns Oates & Washbourne, London, Vol. 8, 1915.

St. Thomas Aquinas. Summa Theologiae. Latin Text, English Translation, Introductions, Notes, Appendices and Glossaries, Eyre & Spottiswoode, London, Vol.

30(C. Ernst), 1972.

Thomas von Aquin. Summa Theologica. Übersetzt von Dominikanern und Benediktinern Deutschlands und Österreichs, Bd. 14, F. H. Kerle, Heidelberg, 1955.

Thomas D'Aquin, Somme Théologique, (tra.) A. M. Roguet, Tome 2, Les Éditions du Cerf, Paris, 1984.

聖書からの引用についてはBiblia Sacra. Iuxta Vulgatam Versionem, 2 Tom., Württembergische Bibelanstalt, Stuttgart, 1969との異同を確認し、訳出にあたっては主として新共同訳(日本聖書協会、昭和六十二年)により、必要に応じて他の邦語訳をも参照した。アリストテレスの著作からの引用、引照についてはベッカー版、アウグスティヌスをはじめとする教父たちに関しては、その著作がミーニュの教父全集にふくまれている場合はそれによることとし、それ以外の原典については現行の標準的な版により、慣用の表記法に従って本文中にその箇所を示した。

『神学大全《スンマ》』はいかに読むべきか――この問いに充分に答えるためには一冊の書物が必要とされるであろうが、ここではこの著作の形式について一言するにとどめざるをえない。著作の意図についてはトマス自身「キリスト教 christiana religio に属することがらを初学者を教導するのに適した仕方で伝える」こと、しかも「学習の順序」ordo disciplinae に従って「取り扱われている対象(すなわち聖なる教え sacra doctrina)が許容するかぎり簡潔かつ明晰《めいせき》に breviter ac dilucide 追求する」ことである、とのべている(第一部序文)。『神学大全』の著作形式――それは中世大学の授業形式の一つであった討論 disputatio の特色を生かしながら、トマス自身の創意をもりこんだものであるが――は、このような著作意図に由来するものである。

三部からなるこの著作は、「第一に神について(第一部)、第二に理性的被造物の神への運動について(第二部)、第三に、人間であるかぎりにおいて、われわれにとって神へと向かう道であるキリストについて(第三部)」(第一部第二問題序文)考察が為《な》されており、全体で五百十二の問題 quaestio をふくみ、各問題は通常数個の項 articulus からなっていて、項は総数二六六九である。本書の構成単位である項は「……であるか?」Utrum... という問いの形をとっており、本書の全体が根源的に問いあるいは探求の精神によって貫かれていることを示している。しかもトマスは第三部第九十問題まで書き進めた時点で、かれの探求が或る根源的な転回をとげたことを告げる言葉でもって筆を擱《お》いているのである。したがって『神学大全』はたんにありきたりの意味で未完であるだけでなく、人間知性による真理の探求が本質的に未完結に終わらざるをえないことを示すものとして未完結である、と言うべきであろう。

各々の項は「……と思われる」Videtur quod… という言葉で導入される「異論」ではじまる。これらの異論はたんに修辞的な装飾ではけっしてなく、むしろ当の考察されるべきことがらをめぐってそれまでに為された探求の要約あるいは総決算たることをめざしたものであり、その意味で本書は強い批判ないし対決の性格をおびている。しかもこれら異論に関しては、しばしばそれら相互間に見出される対立・緊張関係からして、より高次の立場からの総合の可能性が示唆されるような取捨選択の工夫が為されていることを指摘しておきたい。次に来る「反対異論」Sed contra… は、形の上では異論と対立する内容の、権威を認められた言葉 auctoritas である場合が多いが、トマスはけっしてたんに権威に訴えて議論を進めているのではなく、むしろ権威はかれ自身の高次の総合の試み、あるいは新しい探求の中に一つの契機として組みこまれているのである。ついで「私は答える――」Respondeo dicendum quod… という言葉ではじまる「主文」においてトマスは自らの解答を提示する。しかし、そこでかれは最終的な解決を与えているのではなく、かれが行っているのはそれまでの探求にまつわりついていた曖昧《あいまい》さや不明確さを、様々な区別の導入によって克服し、新たにたてられた問いをもって探求されるべきことがら自体へ迫ろうとする試みである。そして最後に「異論解答」Ad primum ergo dicendum... において、本文で獲得された新たな視点からして異論が捉えなおされ、解答が与えられるのである。

本文冊の仕事を進めるにあたっては、これまでと同じく創文社の久保井理津男社長、および同編集部の小山光夫氏から終始行きとどいた御配慮をいただいた。これらの方々に心から御礼申し上げたい。

昭和六十三年九月

訳　者

目次

全巻目次

第4巻 山本芳久訳

【全巻 稲垣良典・山本芳久編】

精選　神学大全2

法　論

第二部の第一部

第九十問題（全四項）
法の本質について

続いては行為の外的諸根源(1) principia exteriora を考察しなければならない。ところで、悪へと傾かしめる外的根源は悪魔 diabolus であるが、その試みについては第一部(2)（第百十四問題）でのべられた。これにたいして、善へと動かすところの外的根源は神であり、かれはわれわれを法でもって教導し、恩寵《おんちょう》でもって助ける。したがって、はじめに法について、続いて恩寵について（第百九問題）のべなければならない。ところで法については、第一に法そのものについて全般的に考察し、第二に法の諸々の部分について（第九十三問題）考察しなければならない。

法全般に関しては次の三つのことがらが問題になる。第一に、法の本質について。第二に、法の種別について(第九十一問題)。第三に、法の効果について(第九十二問題)。
右の第一の点をめぐって次の四つのことがらが問題となる。
第一　法は理性に属するところの何ものかであるか
第二　法の目的について
第三　法の原因について
第四　法の公布について

第一項　法は理性に属するところの何ものかであるか

第一については次のように進められる。――法は理性に属するところの何ものか aliquid rationis ではない、と思われる。なぜなら
㈠　使徒パウロは『ローマ人への書翰《しょかん》』第七章(第二十三節)において「私の肢体に他の法があって、それが理性の法に対して戦う」とのべている。しかるに、理性に属すると

ころのいかなるものも肢体のうちにはない、なぜなら理性は身体的器官を使用しないからである。それゆえ法は理性に属するところの何らかのものではない。

(二)　理性のうちに見出されるものとしては能力 potentia、能力態 habitus、働き actus のほかにはない。しかるに法は理性能力そのものではないし、また同様に理性に属する何らかの能力態でもない、なぜなら理性に属する能力態とは諸々の知性的徳であって、それらについてはさきにのべられた(第五十七問題)。また法は理性の働きでもない、なぜなら、もしそうであったら、たとえば睡眠中におけるように、理性の働きが停止すれば法も存在しなくなるであろうから。それゆえ法は理性に属するところの何ものかではない。

(三)　法は法の下《もと》にある者どもを正しく行為するようにと動かす。しかるに前述のところからあきらかなように(第九問題第一項)、何らかの働きを為《な》すように動かすことは意志に属することである。それゆえ法は理性よりはむしろ意志にこそ属するものであって、ウルピアヌスが③「支配者の意にかなったことは法たるの力を有する」④とのべているのも同じ趣旨である。

しかし、その反対に、命令し praecipere、禁止する prohibere ことは法に属する。しかるに前述のように（第十七問題第一項）、命令する imperare ことは理性に属する。それゆえ法は理性に属するところの何ものかである。

私は答える――。

法とはそれにもとづいて人が何かを為すように導かれたり、あるいは何かを為すことを抑止されたりするところの、行為の一種の規則 regula であり、また規準 mensura である。そもそも法 lex という言葉は拘束する ligare という言葉からきているが、それというのも法は何ごとかを為すように拘束する obligare からである。ところで人間的行為の規則ないし規準と言えば、前述のところからあきらかなように（第一問題第一項第三異論解答、第六十六問題第一項）、人間的行為の第一の根源たるところの理性である。それというのも、アリストテレスによって為すべきことがらにおける第一の根源とされているところの、⑤目的へと向かって秩序づけるのは理性の仕事だからである。しかるに、いずれの類においても、第一の根源たるものがその類における規準であり、また規則と見なされる。たとえば数という類における一や、⑥運動という類における第一の運動がそうであるように。ここからして法が理性に属するところの何ものかであることが帰結する。

㈠については、それゆえ、こう言うべきである。法は一種の規則であり、規準であるところから、二つの仕方で或るもののうちに在ると言われる。その一つの仕方は、規準となり、規制するもののうちに見出される場合であり、このようにすることは理性に固有のことであるところから、こうした仕方においては法は理性のうちにのみ在ると言われる。もう一つの仕方は、規制され、規準ではかられるもののうちに見出される場合であって、この意味では、何らかの法によって何ごとかへと傾向づけられるところのすべてのもののうちに法が見出される。こうして、およそ何らかの法に由来するところの傾向はすべて、本質的な意味で essentialiter ではないが、いわば分有的な意味で participative「法」と呼ばれることが可能である。こうした意味で、肢体のうちに見出されるところの、情欲へと向かう傾向もそれ自身「肢体の法」⑺と呼ばれるのである。

㈡についてはこう言うべきである。外的行為において働き operatio と働きの成果 operatum とが区別せられるように——たとえば家を建てる働きと建てられた家との区別——理性の働きにおいても、知性認識する intelligere、推論する ratiocinari などの、理性の行為そのものと、こうした行為によってつくりだされるところのものとを区別できる。ところで、そうしたものとは、思弁的理性について言えば、第一に定義であり、第二に命題、第三は三段論法もしくは議論である。ところで、アリストテレスが『ニコマコス倫理学』第七巻⑧において教えているところに従ってさきにのべたように(第十三問題第三項、第七十六問題第一項、第七十七問題第一項第四異論解答)、実践理性も行為に関することがらにおいて一種の三段論法を用いる。それゆえ、思弁理性において、(前提)命題が結論にかかわるような仕方で、諸々の働き operationes にかかわるところの何ものかが実践理性のうちに見出されるであろう。このようなもの、つまり実践理性のうちに見出されるところの、行為へと秩序づけられた普遍的命題 propositiones universales は法の本質を有する。ところでこのような命題は、或る時には現実に考慮の下におかれているが、能力態として理性によって把持されている場合もあるのである。

㈢についてはこう言うべきである。理性が何かを動かす力を取得するのは、前述のように(第十七問題第一項)、意志からである。なぜなら、或る者が目的を意志するということにもとづいて、理性はその目的へのてだてたるもの ea quae sunt ad finem に関して命令を下すのである。しかるに、(理性によって)命ぜられたことがらの根底にある意志が法の本質をそなえたものであるためには、何らかの理性によって規制されていることを要する。「支配者の意志は法たるの力を有する」という言葉はこの意味に理解すべきであろう。さもなければ、支配者の意志は法であるよりはむしろ無法 iniquitas であることになろう。

第二項　法は常に共通善に秩序づけられているか

第二については次のように進められる。――法は常にその目的 finis として共通善に秩序づけられているのではない、と思われる。なぜなら

㈠　命令し、禁止することは法に属する働きである。しかるに命令 praeceptum は何らか個々の善に秩序づけられている。それゆえ、法の目的はいつでも共通善であるとは言えない。

㈡　法は人間を何らかの行為をするように導く。しかるに人間的行為は特殊なことがらにかかわっている。それゆえ法もまた何らかの特殊的な善に秩序づけられている。

㈢　イシドールスは『語源集』第二巻⑨において「もし法が理性にもとづくものであるなら、理性にもとづくほどのことならすべて法であることになろう」とのべている。しかるに、共通善に秩序づけられていることだけではなく、一個人の私的な善に秩序づけられていることも、理性にもとづくものである。それゆえ、法は共通善のみでなく、一

個人の私的な善にも秩序づけられている。

しかし、その反対に、イシドールスは『語源集』第五巻⑽において「法は私的な便益のためにではなく、市民たちの共通的な福利のために制定された」とのべている。

私は答える――。

前述のように（第一項）、法は人間的行為の規則たり、規準たることからして、人間的行為の根源principiumたるものに属する。しかるに、理性が人間的行為の根源たるように、こんどは理性そのもののうちに自余のすべてのものにたいして根源たるような何らかのものが見出される。ここからして、法はこのものに主要的principaliterかつ何にもまして第一にmaxime属するのでなければならない。しかるに、実践理性がかかわるところの実践的なことがらにおける第一の根源は究極目的である。ところで、さきに言われたように（第一問題第六、七項、第二問題第七項、第三問題第一項、第六十九問題第一項）、人間生活の究極目的は幸福felicitasあるいは至福beatitudoである。ここからして法は至福にかかわる秩序づけにたいして、何にもまして第一に配慮をはらうのでなければならない。

さらにまた、およそ部分なるものは全体にたいして、不完全なるものが完全なるものにたいするように関係づけられており、人間は完全なる共同体の部分たるのであってみれば[11]、共同的なる幸福への秩序を配慮することが法に固有の働きでなければならないことになる。ここからしてアリストテレスも「適法的」ということの定義を下した後で、国家的な幸福ならびに共同体に言及している。なぜなら『ニコマコス倫理学』第五巻[12]において、「適法的という意味で正しい行為と呼ぶところのものは、国という共同体にとっての幸福ならびにその諸条件を創出し守護すべき行為の謂《い》いにほかならない」とのべているからである。それというのも、『政治学』第一巻[13]に言うように、完全なる共同体とは国 civitas にほかならないからである。

しかるに、いずれの類においても、最高度に maxime それと言われるところのものが他の諸々のものの根源であって、他の諸々のものはそのものへの関連においてそれと言われる。たとえば最高度に熱いものであるところの火は、混合的物体における熱の原因であり、これらの物体は火を分有しているかぎりにおいて熱いと言われるのである[14]。かくして、法なるものは、すべてにまさって、共通善への秩序づけにもとづいて語られるものであってみれば、特殊的な働きにかかわる他のいかなる命令にもせよ、共通善への秩序づけにもとづくのでなければ法としての本質をもつことはないであろう。このゆえに、すべての法が共通善に秩序づけられている⑮。

㈠については、それゆえ、こう言うべきである。命令なるものは法によって規制されていることがらへの法の適用⑯ applicatio を意味する。しかるに、法に属するものである共通善への秩序 ordo は、個別的な目的にたいしても適用可能である。ここからして、何らかの特殊的なことがらについても命令が与えられるのである。

㈡についてはこう言うべきである。たしかに諸々の活動は特殊的な状況において営まれる。しかし、そうした特殊的なことがらは共通善へと関連づけられることが可能である――たしかに類や種を共にするという意味での共通性 communitas をもってではないが、目的因を共にするとの意味での共通性をもって。それというのも共通善とは共通的な目的 finis communis を指して言うのであるから。

㈢についてはこう言うべきである。思弁理性 ratio speculativa に従えば、第一の論証不可能なる根源への分析 resolutio によるのほかは何ごとも不動の仕方で確証されることはないが、それと同じく、実践理性 ratio practica による場合には、究極的目的――これは共通善にほかならぬ――への秩序づけによるのほかは何ごとも不動なる仕方で確立されることはない。しかるにこのような仕方で理性をもって確証されることがらは法たるの本質 ratio を有するものである。

第三項　いかなる人の理性も法を創出しうるか

第三については次のように進められる。——いかなる人の理性も法を創出しうる factiva、と思われる。なぜなら

(一)　使徒パウロは『ローマ人への書翰』第二章（第十四節）において「律法のない異邦人が自然に律法の掟《おきて》を実行するなら、律法がなくても自分自身に律法となる」とのべている。この場合、かれはこのことをすべての人間について共通のこととして語っているのである。それゆえ、人はだれでも自らのために法をつくりだすことができる。

(二)　アリストテレスが『ニコマコス倫理学』第二巻⑰でのべているように、「立法者の意図するところは人を徳へと導くということである」。しかるに、人はだれでも他の人間を徳へと導くことができる。それゆえ、いかなる人の理性も法を創出することができる。

㈢　国の君主・首長が国を支配する者であるように、家父は家を支配する者である。しかるに国の君主は国において法を制定することができる。それゆえ、家父たるものはだれでも自らの家において法をつくりだすことができる。

しかし、その反対に、イシドールスは『語源集』第五巻⑱において次のようにのべており、その言葉は『法令集』⑲に収録されている——「法とは上層部が庶民ともども、それによって或ることを確定・認可するところの、国民的規制 constitutio populi である」。それゆえ、だれでもが法をつくりだしうるのではない。

私は答える——。

本来の意味での法は、第一に、かつ主要的に、共通善への秩序づけにかかわっている。しかるに、或ることを共通善へと秩序づけることは、人民全体 tota multitudo か、もしくは全人民の代理として統治する者に属する。このようなわけで、法を制定することは全人民にか、あるいは全人民の配慮をゆだねられている公職者 persona publica に属する。というのも、他のすべてのことにおいても、目的へと秩序づけることは、当の目的を自らの固有目的とするような者の任務だからである。

㈠については、それゆえ、こう言うべきである。前述のように（第一項第一異論解答）、法が或る者のうちに見出されるのは、たんに規則を与える者のうちに在るような仕方においてのみでなく、また分有という仕方で、規則を受けとる者のうちに在るような仕方においてでもある。そしてこの（後者の）意味においては、なんびとでも或る規則を与える者の秩序づけを分有するかぎりにおいて、自らにとって法なのである。したがって同じ箇所で（第十五節）「かれらは自分たちの心のうちに書き記された法の働きを示す」と説明されている。

㈡についてはこう言うべきである。私人は徳へと有効に導くことはできない。なぜなら、かれはたんに勧告することができるのみで、自分の勧告が聴きいれられなかったときは、強制力を行使することはできない。ところで、アリストテレスが『ニコマコス倫理学』第十巻⑳において言うように、法は徳へと有効に導かんがために、こうした強制力をもつべきなのである。しかるに、後でのべるように（第九十二問題第二項第三異論解答、第二部の第二部第六十四問題第三項）、刑罰を課するという機能を行使するところの人民、ないしは公職者は、こうした強制力を有する。それゆえ、法を制定するのはかれらのみである。

㈢についてはこう言うべきである。人間が家の部分であるように、家は国家の部分である。しかるに、『政治学』第一巻㉑に言われているように、国家は完全なる共同体communitas perfectaである。それゆえに、一個の人間の善は究極の目的ではなく、共通善へと秩序づけられているように、一個の家の善も、完全な共同体である一個の国家の善へと秩序づけられている。ここからして、或る家族を管理するところの者は何らかの規定praeceptumもしくはきまりstatutumを定めることはできるが、本来の意味で法の本質をそなえているような規定を制定することはできない。

第四項　公布は法の本質に属することであるか

第四㉒についていは次のように進められる。――公布promulgatioは法の本質に属することではない、と思われる。なぜなら

㈠　自然法は最高度にmaxime法の本質を有する。しかるに自然法は公布を必要としない。それゆえ公布されるということは法の本質に属することではない。

(二)　或ることを為《な》すようにか、あるいは為さないように拘束することは、本来的に法に属することである。しかるに、法がその面前において公布されたところの人々のみが、法を遵守するように拘束されるのみでなく、その他の人々もやはり拘束されるのである。それゆえ公布は法の本質に属するものではない。

(三)　法が課する責務は将来へも及ぶものである。なぜなら、諸法jura㉓に言うように、「法は将来の交渉・業務にたいしても必然性を課する」からである。しかるに公布は現存する者にたいして行われる。したがって公布は法の必須条件に属するものではない。

しかし、その反対に、『法令集㉔』のうちに「法はそれらが公布されることをもって制定される」とある。

私は答える——。

前述のように(第一項)、法は他の人々にたいして、規則ならびに規準という仕方で課せられる。しかるに規則や規準は、規則や規準に服することがらにたいしてそれが適用される、という仕方で課せられる。したがって、法が自らに固有のものなる拘束力を取得せんがためには、当の法によって規整せられるべき人々にたいして適用されることが必要である。しかるにこうした適用 applicatio は、公布の事実によって、法がかれらに周知せしめられることによって為されるのである。したがって公布そのものは法が自らの力をもたんがために必須のことに属する。

こうして、前述の四つのことを考え合わせることによって法の定義を下すことができるが、それは、共同体の配慮を司《つかさど》る者によって制定され、公布せられたところの、理性による共通善への何らかの秩序づけ、にほかならない。

㈠については、それゆえ、こう言うべきである。自然法の公布は、神がそれを自然本性的に認識されるような仕方で人々の心に植えつけた、というそのことによって為されているのである。

㈡についてはこう言うべきである。その面前において法が公布せられたのでない人々も、他の人々を通じてその人々にも法が周知せしめられているか、あるいは、公布が為されている以上、周知せしめられることが可能なかぎりにおいて、やはり法を遵守するように拘束されている。

㈢についてはこう言うべきである。現在なされる公布は、書き記されたものが不動であることによって、将来へと推し及ぼされる。すなわち、書き記された法は或る意味でたえず semper 公布されるのである。ここからしてイシドールスは『語源集』第二巻㉕において「法 lex は読むということから a legendo 名づけられている、なぜならそれは書き記されたものであるがゆえに」とのべている。

第九十一問題（全六項）
法の多様性について

次に法の多様性 diversitas について考察しなくてはならないが、この点をめぐっては六つのことがらが探求される。

第一　永遠法なるものがあるか
第二　自然法なるものがあるか
第三　人定法なるものがあるか
第四　神法なるものがあるか
第五　（神法は）ただ一つのみか、それともいくつもあるのか
第六　罪の法なるものがあるか

第一項　永遠法なるものがあるか

第一㉖については次のように進められる。——永遠法 lex aeterna なるものは存在しない、と思われる。なぜなら

㈠　すべて法は何らかの者どもにたいして課せられるものである。しかるに永遠の昔から㉗ ab aeterno 何らかの法がそれにたいして課せられるような者が存在していたわけではない。なぜなら永遠の昔から存在していたのは神のみであるから。それゆえ永遠であるような法はない。

㈡　公布は法の本質に属する。しかるに公布が永遠の昔からあることは不可能であった、なぜならそれにたいして公布が為《な》されるような者が永遠の昔からいたわけではないからである。それゆえいかなる法も永遠的ではありえない。

㈢　法は目的への秩序 ordo を意味するものである。しかるに目的へと秩序づけられているものは永遠的ではありえない。なぜなら永遠的なのは究極の目的のみであるから。それゆえいかなる法も永遠ではない。

しかし、その反対に、アウグスティヌスは『自由意思論』第一巻において「至高なる理念と名づけられたところのかの法は、わきまえのある者ならだれしも不可変で永遠的なるものと見なさざるをえない」とのべている。[28]

私は答える——。

前述のように（第九十問題第一項第二異論解答、第二、三項）、法とは何らかの完全なる共同体を統治する首長・支配者が発するところの実践理性の命令にほかならぬ。しかるに、第一部で示されたように（第二十二問題第一、二項）、世界が神的摂理 divina providentia によって支配されていることを認めるならば、この宇宙世界の全共同体が神的理念によって統治されていることはあきらかであろう。それゆえに、宇宙全体の支配者としての神のうちに見出されるところの、事物の統治理念そのものは法の本質を有する。ところで『箴言《しんげん》』第八章（第二十三節）に言われているように、神的理念における事物の把捉 concipere は時間のうちに為されるのではなく、永遠的であるからして、このような法は永遠的と呼ばれるのでなくてはならぬ。

㈠については、それゆえ、こう言うべきである。それ自身においてはいまだ存在していないところのものも、神によって知られ、あらかじめ秩序づけられているかぎりにおいて、神のうちに存在する。これは『ローマ人への書翰《しょかん》』第四章(第十七節)に「いまだ存在しないものを存在するかのように呼びよせる御方」と言われているごとくである。このようなわけで、神の法の永遠なる理念conceptusは、神によって、神が予知した事物の統治へと秩序づけられているかぎりにおいて、永遠法の本質を有する。

㈡についてはこう言うべきである。公布は語られた言葉、もしくは書き記された言葉によって行われる。そして、公布を行う神の側から言うなら、この両者の仕方によって永遠法は公布されている。なぜなら、神の御言葉も、生命の書[29]liber vitaeに書き記されていることも永遠だからである。しかし、(神の御言葉を)聴き、読むところの被造物の側から言えば、公布は永遠的ではありえない。

㈢についてはこう言うべきである。法は能動的な意味では、すなわち法が何ものかを目的へと秩序づけるかぎりにおいては、目的への秩序ということを含意している。しかし受動的な意味では、つまり法そのものが目的へと秩序づけられるという意味では、そうしたことを含意してはいない。ただし、自己の外に目的を有し、したがってその者の法もそうした目的へと秩序づけられなくてはならないような統治者の場合は、付帯的なる仕方で per accidens そうしたことが起こるのではあるが。しかるに神的なる統治の目的は神自身であり、またその法は神自身にほかならない。(30) それゆえに、永遠法は何か他の目的へと秩序づけられているのではない。

第二項　われわれのうちに自然法なるものがあるか

第二(31)については次のように進められる。――われわれのうちに自然法なるものは存在しない、と思われる。なぜなら

(一) 人間は永遠法によって充分に統治されている。なぜなら、アウグスティヌスは『自由意思論』第一巻(32)で「永遠法とは、それによって、万事が最もよく秩序づけられることが正しいとされるところの法である」とのべているからである。しかるに、自然は必要なるものにおいて欠けるところがないように、余分なものをやたらに生ずることもない。それゆえ、人間のためにことさら自然法なるものがあるわけではない。

(二) 前述のように、(第九十問題第二項)人間の行為は法によって目的へと秩序づけられ

ている。しかるに、自然本性的なる欲求 appetitus naturalis のみによって目的へと向かって行為するところの非理性的なる被造物においてはそうでもあろうが、人間的行為が目的へと秩序づけられるのは自然本性によるものではなく、むしろ人間は理性 ratio と意志 voluntas によって、目的へ向かって行為するのである。それゆえ、人間にとって自然本性的であるような法なるものはない。

㈢　或る人はそのより自由なるに応じて、それだけ法の下《もと》にはない。しかるに、人間は他の動物に立ちまさって有するところの自由意思 liberum arbitrium のゆえに、他のすべての動物よりもより自由である。しかるに、他の動物が自然法の下に在るのではないのであってみれば、まして人間が自然法なるものの下に在るはずはない。

しかし、その反対に、『ローマ人への書翰』第二章（第十四節）の「律法を有しないところの異邦人たちが自然本性的に律法に属することがらを為すとき」という箇所について、『註釈』㉝はこうのべている。「かれらは書かれたる法は有しないにしても、自然法は有しているのであって、それによってだれでも何が善であり、何が悪であるかを理解し、自覚 sibi conscius しているのである。」

私は答える――。

前述したように(第九十問題第一項第一異論解答)、法は規則であり規準であるところから、二様の仕方で或る者のうちにあることが可能である。一つの仕方は規則や規準を課する者のうちにある場合であるが、もう一つは規則や規準を課せられる者のうちにある場合である。それというのも、規則や規準を課せられるということ(規制され、規準でもってはかられること)は、(当の課せられている者が)規則や規準を何ほどか分有していることによって成り立つのだからである。ところで既に言われたことからあきらかなように(第一項)、神の摂理に服しているところのものはすべて永遠法によって規制されているのであってみれば、すべてのものは、永遠法の刻印 impressio からしてそれぞれに固有の働きや目的への傾向性を有しているかぎりにおいて、何らかの仕方で永遠法を分有していることは明白である。

しかるに他の諸々のものの間にあって、理性的なる被造物は自らも摂理の分担者 particeps となって自己ならびに他のもののために配慮(摂理)するかぎりにおいて、何らかのより卓越した仕方で神の摂理に服している。したがって理性的被造物自体においても永遠なる理念が分有され、それによって正しい行為および目的への自然本性的なる傾向性を有するのであって、理性的被造物におけるこのような永遠法の分有が自然法と呼ばれるのである。

このゆえに詩篇作者は、『詩篇』第四(第六節)において「正義のいけにえを捧げよ」と言った後に、あたかも正義の業《わざ》とは何かと問う人々を代弁するかのように「多くの者が、だれがわれわれに善い業を示してくれるのか、と言っている」と付け加え、この問いに答えてこうのべている——「あなたの御顔の光が、主よ、われらの上に印しづけられています」。その言わんとするところは、つまり、われわれがそれに照らして何が善であり、何が悪であるかを判別するところのいわば自然的理性の光 quasi lumen rationis naturalis、すなわち自然法とは、われわれのうちなる神的光の刻印にほかならぬ、ということである。

このようにして、自然法とは理性的被造物における永遠法の分有にほかならないことがあきらかである。

(一)については、それゆえ、こう言うべきである。もし自然法が永遠法とは別の何物かであったならば、このような議論もなりたったことであろう。だが主文において言われたように、自然法は永遠法の分有と言うべきものにほかならないのである。

(二)についてはこう言うべきである。前述のように(第十問題第一項)、われわれのうちにあっては、理性ならびに意志のすべての働きは、自然本性にもとづくところのものから派生する。なぜなら、すべての推論は自然的に知られた諸原理 principia naturaliter nota から導出されるのであり、また目的へのてだてたるものの欲求はすべて、究極目的の自然本性的なる欲求から派生するものなのである。したがってわれわれの行為が目的へと方向・秩序づけられるその発端も、自然法によるのでなければならない。

㈢についてはこう言うべきである。理性的被造物と同じく、非理性的なる動物もそれなりの仕方で永遠的なる理念を分有するのではある。しかし、理性的被造物は永遠的理念を知性的 intellectualiter ないしは理性的に rationaliter 分有するところから、理性的被造物における永遠法の分有は固有の意味で proprie 法と呼ばれるのである。なぜなら、さきに言われたように(第九十問題第一項)、法とは理性に属するところの或るものだからである。しかるに、永遠法は非理性的被造物においては理性的に分有されるのではない。したがって比喩的に per similitudinem しか法とは呼ばれえないのである。

第三項　人定法なるものがあるか

第三[36]については次のように進められる。――人定法 lex humana なるものは存在しない、と思われる。なぜなら

(一)　前述のように(第二項)、自然法は永遠法の分有である。しかるに、『自由意思論』第一巻[37]でアウグスティヌスがのべているように、永遠法によって「すべては最もよく秩序づけられている」。それゆえ、人間にかかわることどもをすべて秩序づけるのには自然法で充分である。したがって、人定法なるものが存在することは必要ではない。

(二)　法は、前述のように(第九十問題第一項)、規準たるの性格を有する。しかるに、『形而上学』第十巻[38]に言われているように、人間理性が事物の規準なのではなく、むしろその逆である。それゆえ、人間理性はいかなる法をつくりだすこともできない。

(三)　『形而上学』第十巻[39]にあるように、規準は最も確実なるもの certissima でなければならない。しかるに、為すべきことがらに関して人間理性が命ずるところは不確実であり、これは『智書』第九章(第十四節)に次のように言われているごとくである――

「死すべき輩《やから》の思いは怖れに満ち、われらの配慮するところは不確かである」。それゆえ、人間理性からは何らの法も生じえない。

しかし、その反対に、アウグスティヌスは二つの法、すなわち永遠なる法 lex aeterna と時間的なる法 lex temporalis があるとしており、この後者を人定的(人間的)なる humana 法と呼んでいる(40)。

私は答える――。

前述のように(第九十問題第一項第二異論解答)、法は実践理性の命令とも言うべきものである。しかるに、実践理性と思弁理性については類似の推論過程が見出される。つまり、前述のように(同右)、両者とも何らかの原理から何らかの結論へと論を進めるのである。このことにもとづいて、それゆえ、次のように言わなくてはならない。すなわち、自然本性的に認識せられた論証不可能なる諸原理 principia indemonstrabilia naturaliter cognita からして種々の学の諸結論――その認識は自然本性によってわれわれに賦与されたもの naturaliter indita ではなく、理性の努力 industria rationis によって見出されたものである――がひきだされるごとく、そのようにまた何らかの共通的にして論証不可能なる原理にもたとえるべき自然法の諸規定から出発して、人間理性はより特殊的に秩序づける disponere ことを要するようなことがらへと進まなくてはならないのである。そして、人間理性によってつくりだされた、こうした特殊的な秩序づけ dispositio が、前述したような(第九十問題第一—四項)、法たるの本質を構成するところの他の諸条件を満たしている場合には、それらは人定法 lex humana と呼ばれるのである。このことをふまえてキケロはその『修辞学』(41)の中で次のようにのべている。「法《ユス》の発端は自然に由来する。ついで何らかのことがらが有用さのゆえをもって慣習へと定着した。その後、このように自然に由来し、慣習となることによって確証されたことがらを、法にたいする怖れと崇敬が確立・認可した。」

(一)については、それゆえ、こう言うべきである。人間理性は神的理性の命ずるところを十全に自分のものとする participare ことはできず、ただ、それなりの仕方で、不完全に為しうるにとどまる。それゆえに、思弁理性に関して言えば、神的知恵を自然本性的に分有することによって、何らかの共通的なる諸原理の認識がわれわれのうちに刻みつけられてはいるものの、あらゆる真理のそれぞれについての固有的認識 propria cognitio——神的知恵にはこれがふくまれている——がわれわれのうちに在るのではない。

ちょうどそのように、実践理性に関しても人間は何らかの共通的なる原理㊷については、永遠法を自然本性的に分有することによってこれを自らのうちに有するのであるが、この分有は、個別的なることを導くべき特殊的なる規定——それらは永遠法にはふくまれている——にまでは及ばないのである。このゆえに、ここからさらに進んで、人間理性が諸々の法を何らかの特殊的なる仕方で確立・認可 sanctio することが必要なのである。

㈡についてはこう言うべきである。人間理性はそれ自体としては事物を規制するものではなく、㊸むしろ理性に自然本性的にそなわっているところの諸原理が、人間によって為されるべきすべてのことがらにとっての一般的なる規則ないし規準とも言うべきものである。自然的理性は自然本性にもとづくことがらの規準ではないが、人間によって為されるべきことがらの規則であり、規準なのである。

㈢についてはこう言うべきである。実践理性は個別的にして偶然的なものであるところの行為的なことがらにかかわっているのであって、思弁理性のように必然的なることがらにかかわっているのではない。それゆえ、人定法は、諸学の論証的結論が有しているような、そうした不可謬性《ふかびゅうせい》 infallibilitas をもつことはできない。また、すべての規準があらゆる仕方で不可謬にして確実なものであることは必要ではなく、それぞれの領域において可能なかぎりにおいて不可謬かつ確実であればよいのである。㊹

第四項　神法なるものの存在は必要であったか

第四[45]については次のように進められる。——神法なるものの存在は必要ではなかった、と思われる。なぜなら

㈠　前述のように(第二項)、自然法はわれわれにおける永遠法の分有である。しかるに、前述のように(第一項)、永遠法は神法である。それゆえ、自然法、およびそれから導き出された人定法の他に、さらに神法なるものが存在することは必要ではない。

㈡　『集会書』第十五章(第十四節)に「神は人が自ら思量するにまかせた[46]」と言われている。しかるに思量 consilium はさきに見たように(第十四問題第一項)理性の働きである。それゆえ、人間は自分の理性で自分を支配するのにまかせられている。しかるに、前述のように(第三項)、人間理性の命令は人定法である。それゆえに、人間が何らかの神法によって支配される必要はない。

㈢　人間の自然本性は非理性的な被造物よりもより自足せるものである[47]。しかるに、

非理性的な被造物はかれらにそなわっている自然本性的な傾向性 inclinatio naturalis の他に神法のようなものを有してはいない。それゆえ、まして理性的なる被造物は自然法の他に神法のようなものをもつべきいわれはない。

しかし、その反対に、ダビデは『詩篇』第百十八(第三十三節)において自分のために法を定めて下さるよう神に請うて、次のように言っている。「主よ、私のために法を定めて下さい、あなたが人を義とし給う道を。」

私は答える——。

自然法と人定法の他に、人間的生活を導くために神法をもつことが必要であった。そして、このことは四つの理由にもとづくものである。

第一の理由は、法は人間を導いて究極目的への関連において適切な行為 actus proprius を為さしめるものだ、ということである。ところで、仮に人間の秩序づけられている目的が、人間の自然本性的な能力 facultas と釣りあって、これを超え出ることのないようなものだけであったならば、人間が自然法およびそれから導出された人定法 lex humanitus posita を超えて、その理性を導いてくれるような何かをもつことは必要ではなかったであろう。しかるに、前述のように(第五問題第五項)人間は、人間の自然本性的な能力との釣りあいを超え出るところの、永遠の至福なる目的へと秩序づけられているがゆえに、自然法および人定法に加えて、その固有の目的へ向かってさえも、神与の法によって導かれることが必要だったのである。

第二の理由は、人間的判断の不確実さのゆえに、とくにも偶然的で特殊にわたることがらに関しては、人間的行為について異なる人々が異なる判断を下すということが起こり、そこからしてまた相互に異なり、対立的な法が生じてくる、というものである⁽⁴⁸⁾。それゆえ、人間が何らの疑いもなしに、自分が何を為すべきであり、また何を避けるべきであるかを知ることができるように、その固有の行為において、誤りえぬことが保証されているところの神与の法によって導かれることが必要であった。

第三の理由は、人間はその判断の力が及ぶ範囲内のことについてのみ法をつくることができるということである。しかるに、人間の判断は秘められた内心の動きには及びえないのであって、ただ外面に現われた行為についてのみ下されることが可能である。しかしながら、徳の完成のためには、これら両方の行為について人間が正しい考えをもつことが要求される。このような次第で、人定法は内的なる行為を充分に抑制し、秩序づけることができなかったのであり、むしろそうしたことのために神法によって補足される必要があった。

第四の理由は、アウグスティヌスが『自由意思論』第一巻で指摘しているように、人定法はすべての悪しき行為を処罰、もしくは禁止できないということである。というのは、仮に人定法がすべての悪を除去しようと欲したならば、多くの善までも取り去られ、人間的なる交わり conversatio humana において必要とされるところの、共通善の効益 utilitas が阻害されることにもなりかねないからである。それゆえ、悪が何一つ禁止ないし処罰されないままに放置されることのないように、すべての罪を禁止するところの神法の付加が必要であった。

ところで、『詩篇』第十八（第八節）の次の一節はこれら四つの理由にふれている。すなわち「主の法は汚《けが》れを知らず」というのは罪のいかなるみにくさも許容しないことを指し、「魂を（神へと）転じさせる」というのは、外面的行為のみでなく、内面的な行為をも導くからであり、「主の仰せは確かである」と言われるのは、この法が真理と正しさ rectitudo を確実に教えることによるものであり、人間を超自然的で神的なる目的へと秩序づけるかぎりにおいて「小さき者どもに知恵を授ける」と言われるのである。

㈠については、それゆえ、こう言うべきである。自然法を通じて為される永遠法の分有は、人間本性の能力・可能性 capacitas に応じた仕方で行われるものである。しかるに、人間は超自然的なる究極目的へ向かっては、より高い仕方で導かれることが必要である。このゆえに、神与の法が付加されたのであって、この法を通じて永遠法がより高い仕方で分有されるのである。

㈡についてはこう言うべきである。思量とは一種の探求 inquisitio であるから(51)、何らかの原理から出発するのでなければならない。しかるに、主文においてのべられた理由からして、自然法の規定であるところの、自然本性的にそなわっている諸原理から出発するのでは充分ではない。むしろ、それ以外の何らかの原理、すなわち神法の規定が付加されることを必要とするのである。

㈢についてはこう言うべきである。非理性的なる被造物は、かれらの自然本性的な能力 virtus に釣りあった目的よりも、より高い目的に秩序づけられてはいない。それゆえ、同じような論拠は見出されないのである。

第五項　神法は一つのみであるか

第五については次のように進められる。――神法 lex divina は一つのみである、と思われる。なぜなら

(一)　一つの王国における一人の王は一つの法しか制定しない。しかるに『詩篇』第四十六(第八節)に「神は全地の王である」と言われているように、神は全人類にとっての一人の王のような者である。それゆえ神法は一つのみである。

(二)　すべての法は、立法者が法の対象たる人々において実現しようと意図している目的へと秩序づけられている。しかるに、神がすべての人間において実現しようと意図していることは一つにして同一のことなのであって、それは『テモテへの第一書翰《しょかん》』第二章(第四節)によれば、「かれはすべての人間が救われ、真理を悟るにいたることを望む」と言われている。それゆえ、神法は一つのみである。

(三)　神法のほうが一であるところの永遠法に、自然法よりもより近いものであると思われるのであって、それは恩寵《おんちょう》なる啓示が自然本性的なる認識よりもより高いものであ

るのに応ずるものである。しかるに自然法はすべての人間において一である。それゆえ、神法はそれにもはるかにまさって一でなければならない。

しかし、その反対に、使徒パウロは『ヘブライ人への書翰』第七章(第十二節)において「司祭職が変わるときには、律法も必ず変わるのでなければならぬ」とのべている。しかるに同じ箇所で言われているように、司祭職には二つのものがあり、それはレビ人の司祭職とキリストの司祭職である。それゆえ、神法にも二つのものがあり、それは旧法 lex vetus と新法 lex nova の二つである。

私は答える——。

第一部で言われたように(第三十問題第三項)、数は区別にもとづいて生ずるものである。しかるに、事物が区別されるのに二通りの仕方が見出される。その一つは、馬と牛のように、種的に specie まったく異なったものが区別される場合であり、もう一つは少年と成年男子のように、同一の種において完成されたもの perfectum と未完成なるもの imperfectum とが区別される場合である。そして、神法が旧法と新法へと区別されるのはこの後者の仕方による。ここからして使徒パウロは『ガラテヤ人への書翰』第三章

（第二十四節）において、旧法の状態を養育係の下《もと》にある少年の状態にたとえ、これにたいして新法の状態を、もはや養育係の下にはない、成人をとげた男子の状態にたとえている。

しかるに、これらの二つの法の完全さ perfectio、不完全さ imperfectio は、前述したような（第九十問題第一、二、三項）法の三つの要件に照らして考察される。

なぜなら、前述のように（第九十問題第二項）、法の第一の要件はその目的たる共通善へと秩序づけられる、ということである。しかるに共通善には二つの種類を区別することが可能である。その一つは感覚的で地上的な sensibile et terrenum 善であり、このような善へと直接的に秩序づけたのが旧法である。ここからして『出エジプト記』第三章（第八―十七節）に言うように、旧法の発端において、ただちに、イスラエルの民はカナン人の住む地上的なる王国へと招かれたのである。ところで、もう一つは知性的で天上的なる intelligibile et caeleste 善であって、新法はそうした善へと秩序づけるのである。ここからして、『マタイ福音書』第四章（第十七節）にあるようにキリストはその説教の発端において、ただちに、「悔いあらためなさい、天国が近づいたからである」とのべて、天上的なる王国へと招かれたのである。このゆえにアウグスティヌスは「旧約には現世のことがらの約束がふくまれていて、そのために「旧」と呼ばれるのであるが、これにたいして永遠なる生命の約束は新約に属する」⑬と語っている。

第二に正義の秩序にのっとって人間的行為を導くことが法の任務であるが、この点においても新法は旧法にまさって完全である。それというのも『マタイ福音書』第五章(第二十節)に「あなたがたの正義が、律法学士やファリサイ人たちのそれにまさっているのでないなら、天国に入れないだろう」とあるように、新法は心の内的行為をも秩序づけるものだからである。ここからして、「旧法は手を拘束するが、新法は精神を支配する」⑭と言われている。

第三に、人々を法規の遵守《じゅんしゅ》へと導くことは法の機能に属することであるが⑮、旧法はこのことを刑罰にたいする怖れという手段によって遂行した。これにたいして、新法はそのことを、キリストの恩寵によってわれわれの心に注ぎこまれるところの愛によって為すのである。こうした恩寵は旧法においては予表されるにとどまっていたが、新法においてはじっさいに与えられるものである。このゆえをもってアウグスティヌスは、「律法(旧法)と福音(新法)との違いを簡単に言うなら、怖れ timor と愛 amor の違いである」⑯とのべている。

㈠については、それゆえ、こう言うべきである。家長がその家において、子供たちとそれ以外の成人たちにたいしては別々の命令を与えるように、一人の王なる神も自らの一つの王国において、いまだ不完全な状態にある人々にたいしては一つの法を与え、その法によって今では神的なることがらをより充分に受けいれることができるところまで導かれた人々にたいしては、それとは別の、より完全な法を与えたのである。

㈡については、こう言うべきである。人々の救いはキリストによる他は成就されえなかったのであって、これは『使徒行伝』第四章（第十二節）に「われわれがそれによって救われなければならない名はこれ以外には与えられなかった」(57)とある通りである。それゆえ、万人を完全に救いへと導くところの法は、キリストが到来されるまでは与えられることはできなかった。しかし、それ以前において、キリストがその中から生まれ給うべき民にたいして、キリストを受けいれる準備となるような法が与えられる必要があったのであって、この法のうちに人を救う正義の基本 rudimenta salutaris justitiae とも言うべきものがふくまれていたのである。

㈢については、こう言うべきである。自然法は何らかの共通的なる規定でもって人間を導くのであり、これらの規定に関するかぎり、完成の域に達した人々とそうでない人々との違いはない。それゆえに、万人にとって一つの自然法がある。しかるに、神法は、それにたいしては完全なる人々とそうでない人々とが同様の仕方でかかわってはいないような、何らかの特殊的なることがらについても人間を導くのであり、そのために、すでに主文においてのべられたように、神法は二様でなければならなかったのである。

第六項　邪欲の法なるものがあるか

第六[58]については次のように進められる。——邪欲[59] fomes の法なるものはない、と思われる。なぜなら

(一)　イシドールスは『語源集[60]』第五巻において「法は理性にもとづくものである」とのべている。しかるに、邪欲は理性にもとづくものではなく、かえってむしろ理性からの逸脱である。それゆえ、邪欲は法の本質・側面を有するものではない。

(二)　すべての法が拘束的なもの obligatoria であり、このため法を遵守しない者は違反者 transgressor と呼ばれることになる。しかるに、或る人が邪欲に従わないとき、その人はそのことによって違反者となるのではなく、かえってむしろ、それに従った場合に違反者たらしめられるのである。それゆえに、邪欲は法の本質・側面を有しない。

㈢　さきにあきらかにされたように(第九十問題第二項)、法は共通善へと秩序づけられている。しかるに邪欲は人を共通善へと傾かしめるのではなく、かえってむしろ私的な善 bonum privatum へと傾かしめる。それゆえ邪欲は法の本質・側面を有しない。

しかし、その反対に、使徒パウロは『ローマ人への書翰』第七章(第二十三節)において「私は私の肢体のうちに別の法があって、精神の法にたいして戦うのを見る」と語っている。

私は答える――。

前述したように(第二項、第九十問題第一項第二異論解答)、法は本質的には essentialiter、規則および規準を与えるところのものにおいて見出されるが、分有的には participative 規準や規則を受け取るところのものにおいて見出される。かくして、法の下にあるところのものにおいて見出される傾向性 inclinatio や秩序づけ ordinatio はすべて、前述したところからあきらかなように(第二項)、分有的な意味で「法」と言われる。

しかるに、法に下属するところのものにおいては、何らかの傾向性は二通りの仕方で立法者から由来することが可能である。その一つの仕方は、立法者が自分に下属するものを直接に或ることへと傾かしめる場合であり、時としては異なれるものを異なれる働きへと向かって動かすのである。兵士たちにとっては或る法があり、商人たちにとっては別の法がある、といったことが言えるのはこの意味においてである。もう一つの仕方は間接的であって、立法者が自分に下属するところの或る者から何らかの品位 dignitas を取り去ると、その結果として、その者は別の身分 ordo へ移り、したがってまた、言ってみれば別の法に下属することになる、つまりそのかぎりにおいて立法者はかれを秩序づけるのである。たとえば、もし兵士が除隊になったならば、農夫たち、あるいは商人たちを規制する法の下へと移ることになる。

このような次第であるから、立法者たる神の下において、様々なる被造物が様々なる自然本性的な傾向性を有するが、その場合、一つのものにとっては或る意味で法であると言えるものが、他のものにとっては法に反する、といった事情が認められる。言ってみるならば、狂暴であることは或る意味では犬にとっての法であるが、羊やその他の温順な動物にとっての法であるとは言えない。したがって、人間の固有的な在り方にもとづいて、神的な秩序づけからして人間にふりあてられた法とは、理性に従って行動する、ということである。ところでこの法は、原初の状態においては、理性以外の何物も、あるいは理性に反するようないかなることも、人間を不意討ちにすることのできないほどの効力をそなえていた。しかるに人間が神から離反したとき、人間は感覚的な欲求の衝動 impetus sensualitatis のままに動かされる、という状態に陥った。そしてこのことは各人において、どれほど理性から離反しているかに従って、それぞれに特定の仕方で起こるのである。こういうわけで、人間は、感覚的欲求の衝動のままに動かされるところの獣どもに似たものとなる。それは『詩篇』第四十八(第二十一節)に「人は誉れのうちにあったときは悟らなかった。人は愚かな駄獣になぞらえられ、かれらに似たものとされた」と言われているごとくである。[61]

このような次第で、感覚的欲求の傾向性 sensualitatis inclinatio そのもの――それは(人間においては)「邪欲」と呼ばれる――は、他の諸動物においては、それが法の直接的な傾向性たるかぎり、端的に言って法の本質・側面を有する。もちろん、それは、このようなものにおいても法があると言えるかぎりにおいてであるが。しかし、人間においてはこのようなものたるかぎりでは法の本質・側面を有しないのであり、むしろ理性の法からの逸脱 deviatio である。しかし、神的正義によって人間が原初の正義 justitia originalis と理性の活力 vigor rationis とを取り去られたのであるかぎりにおいては、人間を動かすところの感覚的欲求の衝動そのものは、それが刑罰であり、人間から人間が本来そなえていた品位を取り去るところの神法にもとづくものであるかぎりにおいて、[62]

法の本質・側面を有する。

㈠については、それゆえ、こう言うべきである。この議論は、それ自体において考えられた邪欲、つまり悪へと傾かしめるものとしての邪悪にかかわっている。たしかにこの意味では、主文において言われたように、邪欲は法の本質・側面を有しないのであり、むしろ神法の正義にともなうものとして法の本質・側面を有するのである。それは言ってみるなら、或る高貴なる人がその罪過のゆえに奴隷的な労働をするように定められるのが法である、と言われるようなものである。

㈡についてはこう言うべきである。この異論に言う法とは、いわば規則ないし規準たるかぎりで法であるところのものである。たしかにこの意味での法から逸脱する者は違反者にほかならない。しかし、邪欲はこの意味で法であるのではなく、前述のように(主文)、一種の分有という仕方で法と言われるのである。

㈢についてはこう言うべきである。この議論は邪欲をそれに固有の傾向性に関するかぎりでとりあげており、それのよって来る起源に関してとりあげているのではない。だがそれにしても、仮に感覚的欲求の傾向性が他の諸々の動物において見出されるかぎりにおいて考察されたとすれば、それは共通善へと、つまり種あるいは個物における自然の維持・保存 conservatio naturae へと秩序づけられている。そして、このことは感覚的欲求が理性に従属しているかぎり、人間の場合についても言えるであろう。しかし、感覚的欲求は、それが理性の秩序を逸脱しているかぎりにおいて「邪欲」と言われるのである。

第九十二問題（全二項）
法の効果について

次に法の効果 effectus について考察しなくてはならない。この点をめぐっては、次の二つのことがらが問題となる。

第一　法の効果は人々を善き者たらしめることであるか

第二　法の機能とは、法学者(63)の言うように、命令し imperare、禁止し vetare、許可し permittere、処罰する punire ことであるか

第一項　法の効果は人々を善き者たらしめることであるか

第一[64]については次のように進められる。――法の効果は人々を善き者たらしめることではない、と思われる。なぜなら

(一)　人間が善き者であるのは徳をもつことによってである。なぜなら、『ニコマコス倫理学』第二巻[65]に言われているように、徳とは「それを有する者を善き者たらしめる」ものだからである。しかるに、徳はただひとり神によってのみ人間に与えられる。というのは、さきに徳の定義において言われたように（第五十五問題第四項）、神が「われわれのうちに、われわれの手をかりずに、徳をつくりだす」のだからである。それゆえ人々を善き者たらしめるのは法の機能ではない。

(二)　法は人間がそれに従うのでなければ、かれを益するところはない。しかるに、人間が法に従うということ自体が、人間にそなわっている善さによるものである。それゆえ人間の善さは法に先立って要求されるものであり、したがって法が人々を善き者たらしめるのではない。

(三)　前述のように(第九十問題第二項)、法は共通善へと秩序づけられている。しかるに、共同的なことがらに関してはりっぱにふるまいながら、自分自身のことに関してはまともにふるまわないような人々がいる。それゆえ、人々を善き者たらしめるということは法の機能ではない。

(四)　アリストテレスが『政治学』[66]で言っているように、法の中の或るものは僭主的《せんしゅてき》 tyrannica である。しかるに、僭主はその支配下にある者の善さではなく、ひたすら自分自身の利益をめざす。それゆえ人々を善き者たらしめることは法の機能ではない。

しかし、その反対に、アリストテレスは『ニコマコス倫理学』第二巻[67]において「いかなる立法者といえどもその欲するところは人々をして善たらしめることにある」とのべている。

私は答える――。

前述のように(第九十問題第一項第二異論解答、第三、四項)、法は、従属者たちがかれによって統治されるところの、支配者における理性の命令 dictamen rationis にほかならない。しかるに、およそ従属者にふさわしい徳とは、統治者にたいしてよく従属せしめられることである。それはちょうど感覚的な欲求能力——怒情的 virtus irascibilis および欲情的な欲求の力 virtus concupiscibilis——にふさわしい徳が理性の命ずるままによく従うことに存するようなものである。(68) アリストテレスが『政治学』第一巻(69)において「およそ従属者にふさわしい徳とは、その支配者によく従属する者となることである」と言っているのは、このような意味においてである。

しかるに、すべての法がめざすところは、従属者たちがそれを遵守する、ということである。ここからして、法にとっての固有の機能とは、あきらかに、従属者たちがおのれに固有の徳を身につけるよう導くことにほかならない。ところで徳とはそれを有する者を善き者たらしめるものであるからして、(70) 法に固有の効果とは、その法によって支配されるところの人々を、端的に simpliciter かあるいは限定された意味において secundum quid、善き者たらしめることであるとの結論が生ずる。

なぜなら、もしも立法者の意図するところが真実の善 verum bonum、すなわち神的正義に従って規制されているような共通善に向かうならば、法によって人々が端的に善き者となる、という結果が生ずるであろう。これにたいして、もし立法者の意図するところが端的な意味での善にではなくて、立法者に利益ないし快楽をもたらすか、あるいは神的正義に反するようなことがらへと向けられるならば、その時には法は人々を端的に善き者たらしめるのではなく、限定された意味において、すなわちそうした体制regimenとの関連において善き者たらしめるであろう。このような意味では、それ自体としては悪しきことがらにおいても善が見出されるのであって、たとえば或る者が有効に目的を遂げるような仕方で働きを為すところから、善い泥棒と呼ばれるようなものである。

(一)については、それゆえ、こう言うべきである。前述のところからあきらかなように(第六十三問題第二項)、徳には二種類のもの、すなわち獲得されたもの acquisita と注入されたもの infusa とがある。しかるに、慣れ assuetudo はこの両者にたいして何らかの作用を及ぼすのであるが、それぞれ違った仕方においてである。というのは、獲得的な徳についてはそれをつくりだすのであるが、注入的な徳について言えば、それへの態勢dispositio をととのえ、すでに所有されているものについては、それを保存し、成長させるからである。ところで、法は人間的行為を導かんがために制定されるものであるから、人間的行為が徳の形成へ向けて遂行されるかぎりにおいて、法は人々を善き者たらしめるのである。ここからしてアリストテレスも『政治学』および『ニコマコス倫理学』において「立法者は習慣づけによって市民たちをして善たらしめる」(71)とのべている。

(二)についてはこう言うべきである。人が法を遵守するのはいつでも徳の完全な善性 bonitas perfecta virtutis にうながされてではなく、時としては刑罰を怖れるがゆえに、さらに時としてはただ理性の命ずるままに法を遵守するのであるが、この最後のものは、前述したように(第六十三問題第一項)、徳の始源・根源とも言うべきものである。

(三)についてはこう言うべきである。およそいかなる部分の善さも、それが属する全体との関連において考察される。このゆえにアウグスティヌスも『告白』第三巻⑫において「全体と適合しないような部分はすべて醜い」と語っている。ところで、すべての人間は政治社会の一部なのであってみれば、およそなんびとにもあれ、共通善によく適合せしめられているのでなければ、善き者たることは不可能である⑬。また政治社会の全体も、全体にたいして適合的であるような部分から構成されるのでなければ、善い状態にあることはできない。ここからして、市民たちが、少なくとも支配的地位にある人々が有徳であるのでなければ、政治社会の共通善が充分に実現されることは不可能である。しかし共同体の善 bonum communitatis に関して言うなら、(支配者以外の)他の人々は、支配者たちの命令に服従するという程度に有徳であれば充分である。このゆえにアリストテレスは『政治学』第三巻⑭において、「支配者にとっての徳と善き人のそれとは同一である。しかし、市民に要求される徳と善き人のそれとはかならずしも同一のものではない」とのべている。

㈣についてはこう言うべきである。僭主的なる法は、理性にもとづくものではないからして、端的な意味では法とは言えず、むしろ法の歪曲《わいきょく》 perversitas legis とも言うべきものである。しかし、このような法も、それが何ほどか法の本質・側面を有するかぎりにおいては、市民たちが善き者となることを意図していると言える。なぜなら、こうした法が法であるのは、ただそれが、従属者にたいして与えられた或る支配者の命令であり、従属者たちをその法によく従う者たらしめようとしむける、という点においてのみである。すなわち、僭主的なる法は、市民たちを端的な意味においてではなく、このような体制との関連において善き者たらしめようとしむけるのである。

第二項　法の働きの区分は適切であるか

第二については次のように進められる。——法の働きは命令し、禁止し、許可し、処罰することである（本問題序言）、というのは法の働きを適切に区分するものではない、と

思われる。なぜなら

㈠　法学者パピニアヌスが言っているように⑺⑸、法はすべて共通的な規定 praeceptum である。しかるに、命令する imperare とは命令・規定する praecipere ということと同じである。それゆえ、この他の三つは余分である。

㈡　法の効果は、前述のように(第一項)、それに従属する者を善へと導くことである。しかるに、助言 consilium のほうが規定 praeceptum よりも高次の善にかかわっている。それゆえ、規定することよりも、助言することの方が、より法に属する働きである。

㈢　刑罰は人をうながして善へと向かわしめるが、褒賞もまた同様である。それゆえ、処罰することが法の機能とされているように、褒賞を与えることも法の機能に数えなければならない。

㈣　立法者の意図するところは、前述のように(第一項)、人々を善き者たらしめることである。しかるに、ただ刑罰にたいする怖れだけから法を遵守する者は善き者ではない。なぜなら、アウグスティヌスが語っているように、「或る人は奴隷的な怖れ、つまり刑罰にたいする怖れからして、なるほど善事を為すことはあるかもしれないが、しかし何ごとかを善く為すことはない⑺⑹」からである。それゆえ、処罰することは法に固有なる機能であるとは思われない。

しかし、その反対に、イシドールスは『語源集』第五巻[77]において次のようにのべている。「法はすべて、強者は褒賞を要求することを得《う》、というふうに或ることを許可するか、あるいは、神に捧げられたる処女との結婚を求めることはなんびとにも許されぬ、というふうに或ることを禁止するか、あるいはまた、殺人を犯したる者は死刑に処せらるべし、というふうに刑罰を課するものである。」

私は答える——。

言表[78] enuntiatio が言表するという仕方で行われる理性の主張 dictamen であるように、法は規定する・命令する praecipere という仕方で行われるところの理性の主張・命令である。しかるに、理性に固有のやり方は、或ることにもとづいて或ることへと導く、というものである。したがって、論証的なる学において、理性は何らかの原理に訴えることを通じて結論にたいする承認が与えられるように導くのであるが、ちょうどそのように、何らかのことを通じて、法の規定するところにたいする承認を確保しようとするのである。

しかるに、法の諸規定は人間的行為にかかわるものであり、前述したように（第九十問題第一、二項、第九十一問題第四項）、法はこれらの人間的行為に関して指導するのである。

ところが、人間的行為には三つの異なった種類がある。つまり、前述したように、或る行為はその類からして善なるものであり、それらは徳の行為であって、こうした行為に関して法が為すのは規定もしくは命令することである。なぜなら、『ニコマコス倫理学』第五巻⑲において言われているように、「法は徳のすべての行為を命ずる」のである。これにたいして、或る行為はその類からして悪なるものであり、悪徳の行為がこれにあたるものであって、こうした行為に関して法が為すのは禁止するということである。ところが、或る行為はその類からすれば道徳的に無差別・無色 indifferens であり、こうした行為に関して法が為すのは許可するということである。さらに、はっきりと善でないか、あるいは悪でないような行為もすべて道徳的に無差別・無色と言うことができる。

しかるに法が自らへの服従を確保するために用いるのは刑罰にたいする怖れであって、そのかぎりにおいて処罰することが法の機能の一つに数えられるのである。

(一)については、それゆえ、こう言うべきである。悪から手を引くことが何らかの意味で善であるように、禁止することは何らかの意味で命ずることだと言える。このような意味で、「規定」(命令) praeceptum を広い意味に解した場合、法はすべて「規定」であると言われるのである。

(二)についてはこう言うべきである。助言することは法に固有なる働きではなく、法制定の機能を有しない私人でも為しうることである。したがって使徒パウロも『コリント人への第一書翰』第七章(第十二節)で、何らかの助言を与えるにさいして、「これを言うのは私であって、主ではない」と言っている。こうしたわけで、助言することは法の機能のうちには数えられない。

(三)についてはこう言うべきである。褒賞を与えることはなんびとでも為しうるが、処罰することは法を司る者 minister legis にのみ属する機能であって、かれの権威によって刑罰が課せられるのである。それゆえに、褒賞を与えることは法の働きとはされず、ただ処罰することだけが法の働きであるとされる。

(四)についてはこう言うべきである。或る人が初めは刑罰への怖れのゆえに悪事を避け、善事を実行するよう習慣づけられているが、時としては、そうしたことを悦《よろこ》んで delectabiliter 自発的に ex propria voluntate 行うところまで導かれることがある。こういうわけで、法は処罰することによっても人々が善き者となるように導くのである。

第九十三問題（全六項）
永遠法について

次に法のそれぞれの種類[80]について考察しなくてはならぬ。
第一　永遠法について[81]
第二　自然法について[82]
第三　人定法について[83]
第四　旧法について
第五　新法、すなわち福音の法について[84]
第六に取りあげられるはずの法、すなわち邪欲の法については、原罪[85]について論じた際にのべたことで充分であろう。
第一の点をめぐっては六つのことがらが問題とされる。

第一　永遠法とは何か
第二　永遠法は万人に知られているか
第三　すべての法が永遠法から派生するものであるか
第四　必然的なることがらは永遠法の下《もと》にあるか
第五　自然界における偶然的なることがらは永遠法の下にあるか
第六　人間的なることがらはすべて永遠法の下にあるか

第一項　永遠法は神のうちに在る最高の理念であるか

第一[86]については次のように進められる。——永遠法は神のうちに在る最高の理念summa ratioではない、と思われる。なぜなら

(一)　永遠法はただ一つしかないのにたいして、神の精神のうちなる事物の理念は数多《あまた》存在する。アウグスティヌスの言うところによると、「神は個々のものをそれぞれに固有の理念をもって造った[87]」からである。それゆえ、永遠法は神の精神のうちなる理念と

同じものであるとは考えられない。

(二) さきにのべたように(第九十問題第四項、第九十一問題第一項第二異論解答)、言葉による公布は法が法であるために必要とされる条件である。しかるに「言葉」verbum は、第一部において示されたように(第三十四問題第一項)、神のペルソナについて言われるものであり、これにたいして「理念」ratio は神の本質について言われるものである。それゆえに、永遠法と最高の理念とは同一ではない。

(三) アウグスティヌスは『真の宗教について』[88]において「われわれの精神を超えたところに法があることはあきらかであり、それが真理と呼ばれる」とのべている。しかるに、われわれの精神を超えたところに在る法とは永遠法である。それゆえ真理は永遠法である。しかるに、真理の概念 ratio と理念のそれとは同一ではない。それゆえに、永遠法は最高の理念と同一ではない。

しかし、その反対に、アウグスティヌスは『自由意思論』第一巻[89]で「永遠法は最高の理念であって、それには常に従わなくてはならない」とのべている。

私は答える——。

およそいかなる技術者 artifex のうちにも彼の技術 ars によってつくりだされる事物の理念があらかじめ存在しているように、そのようにまた、いかなる統治者のうちにも、その統治に服する人々によって為《な》されるべきことがらについての、秩序づけの理念 ratio ordinis が先在しているのでなくてはならない。そして、技術によってつくりだされる事物の理念が技術とも、または作品の範型 exemplar とも呼ばれるように、従属者たちの行為を統治する者のうちにある理念も、それがさきに法にとって本質的なことがらとしてのべた他の諸要件を満たしているかぎり(第九十問題第一―四項)、法たるの本質・側面 ratio を取得するのである。

しかるに、第一部であきらかにされたように(第十四問題第八項)、神はその知恵を通じて万物を創造したのであり、それら事物にたいして、作者 artifex がその作品にたいするような関係に立っている。さらにこれも第一部において示されたように(第百三問題第五項)、個々の被造物において見出されるところのすべての働きと運動とを統治する者でもある。こういうわけで、神的知恵の理念は、それを通じてすべてが創造されたかぎりにおいて技術知 ars、範型 exemplar、もしくはイデア idea たるの本質・側面を有するものであり、ちょうどそれと同じく、万物を正しい目的へ向かって動かすものとしての神的知恵の理念は、法たるの本質・側面をおびるのである。このような次第で、永遠法とは、すべての働きと運動とを導くものであるかぎりにおいての、神的知恵の理念にほかならぬ。

㈠については、それゆえ、こう言うべきである。アウグスティヌスがその箇所で語っているのは、個々の事物に固有なる本性にかかわるところの理念的な範型 rationes ideales についてである。したがって、第一部においてあきらかにされたように(第十五問題第二項)、それらの範型においては、事物への関係が多様なるに応じて、何らかの区別や数多性が見出される。しかるに前述のように(第九十問題第二項)、法は共通善をめざして諸々の働きを導くものと言われる。ところが、それ自体においては多様なるものごとも、或る共通のものへと秩序づけられているかぎりにおいては一であるというふうに見なされる。したがって、こうした秩序づけの理念たる永遠法は一なのである。

㈡についてはこう言うべきである。およそいかなる言葉についても二つのもの、すなわち当の言葉そのものと、その言葉によって表明 exprimere されていることがらとが考察の対象となりうる。なぜなら、音声言語 verbum vocale は人間の口によって発せられた何ものかであるが、この音声言語によって、人間的言語が表示(意味)する significare ところのものが表明されるからである。同じことが人間の精神的言語 verbum mentale についても言える――精神的言語とは精神のうちなる何らかの概念にほかならず、これによって人間は彼が思っていることがらを精神的に mentaliter 表明するのである。このようなわけで、神においては、御父の知性の概念・懐抱 conceptio たる御言葉そのものは、ペルソナを言いあらわすものである。しかるに、およそ御父の知 scientia にふくまれているものは何でも、それが神の本性にかかわるものであろうと、神のペルソナ、さらには神の業《わざ》にかかわるものであろうと、すべてこの御言葉によって表明されている――これはアウグスティヌスが『三位一体論』第十五巻⑨⓪でのべているところからあきらかである。そしてこの御言葉によって表明されている自余のものの中にあって、ほかならぬ永遠法もまさしくこの御言葉によって表明されているのである。しかし、だからといって永遠法が神においてペルソナを言いあらわすものである、との帰結は生じない――たしかに、理念 ratio が言葉 verbum と結びつくものであるところから、(神的理念たる)永遠法は(御言葉である)御子に帰属せしめられているのではあるが。

㈢についてはこう言うべきである。神的知性の理念は、人間的知性の理念とは異なった仕方で事物に関係づけられている。なぜなら、人間が形づくる概念 conceptus は自らによって真であるのではなくて、事物と合致することにもとづいて真であると言われるのであり、その意味で人間的知性は事物をその規準とする。じっさい、人間がいだく見解 opinio は事物がそのようであるか、あらぬかにもとづいて、真もしくは偽となるからである。これにたいして神的知性は事物の規準である。なんとなれば、第一部で言われたように(第十六問題第一項)、事物は、それが神的知性(のうちなる理念)への類似性に達しているかぎりにおいて真であると言われるからである。それゆえに、神的知性はそれ自らにおいて secundum se 真であり、したがってその理念は真理そのものである。

第二項　永遠法は万人に知られているか

第二[91]については次のように進められる。——永遠法は万人に知られているのではない、と思われる。なぜなら

㈠　使徒パウロが『コリント人への第一書翰』第二章(第十一節)でのべているように、「神の霊の他は、だれも神のことを知ってはいない」。しかるに永遠法は神の精神のうちに在る何らかの理念である。それゆえに、ひとり神に知られているのみで、万人がそれについては無知である。

(二)　アウグスティヌスが『自由意思論』第一巻[92]でのべているように、「永遠法はそれによって、万事が最も秩序正しくあることが正しいとされるところのものである」。しかるに、いかにすれば万事が最も秩序正しくあるかを万人が知っているわけではない。それゆえ万人が永遠法を知っているのではない。

(三)　アウグスティヌスは『真の宗教について[93]』において「永遠法とは、人間の判断の対象とはなりえないところのものである」とのべている。しかるに『ニコマコス倫理学』第一巻[94]にあるように、「およそなんびとでも自分が知っていることについては適切に判断することができる」。それゆえ永遠法はわれわれに知られているのではない。

しかし、その反対に、アウグスティヌスは『自由意思論』第一巻[95]で「永遠法についての観念 notio はわれわれに刻みつけられている」とのべている。

私は答える――。

或るものが知られるのには二つの仕方がある。その一つはそれ自体において知られる場合であり、もう一つは、たとえば太陽それ自体を直視することはなくても太陽をその輝き irradiatio において知る場合のように、或るものをそれの何らかの類似をおびているところの結果において知る、という仕方である。こういう次第で、神、および神をその本質において直視しているところの福者たち beati の他には、永遠法をそれ自体において知ることができる者は一人もいない、と言わなくてはならない。(96)だがすべての理性的被造物は、永遠法を、それの何らかの輝き——それが大きいものであるにせよ、かすかであるにせよ——にもとづいて、知るのである。

なぜなら、アウグスティヌスが『真の宗教について(97)』においてのべているように、真理の認識なるものはすべて、不可変の真理たる永遠法に照らしだされることであり、(その光を)分有することであると言える。しかるに万人が何らかの仕方で真理を認識しているのであって、少なくとも自然法の共通的なる原理は万人に知られている。しかし、自余のことがらについては、或る人々はより多く、そして他の人々はより少なく真理の認識を分有しているのであって、その意味で永遠法の認識にも多寡の違いが生ずるのである。

(一)については、それゆえ、こう言うべきである。神に属することがらは、なるほどそれ自体においてはわれわれによって認識されることはありえないが、その結果において明示されるのであって、それは『ローマ人への書翰《しょかん》』第一章(第二十節)において「神の見えざることがらは創られたるものを通じて理解され、あきらかに見てとられる」と言われているごとくである。[98]

(二)についてはこう言うべきである。なんびとでも前述した仕方で(本項主文)、それぞれの可能性・能力 capacitas に応じて永遠法を認識するとはいえ、それを把握[99] comprehendere しうる者はいない。なぜなら、永遠法はその結果を通じて全体があますところなく明示されることが不可能だからである。それゆえに、前述の仕方で永遠法を認識するところの者なら、だれでも、それによってすべてが最も秩序正しくあるような、事物の秩序の全体を認識する、というわけにはかならずしもいかないのである。

(三)についてはこう言うべきである。或ることについて判断する、ということは二つの意味で理解されることが可能である。その一つは、『ヨブ記』第十二章(第十一節)で「耳は言葉を聞きわけ dijudicare、食する者の舌は味をききわけるのではないか」と言われているように、認識能力がその固有の対象について判定する dijudicare ような場合である。[100] そしてアリストテレスが「およそなんびとでも、かれが知っていることについて適切に判断する dijudicare」[101]——つまり、提示されたことが真であるか否《いな》かを判断することによって——と言っているのはこの意味においてなのである。もう一つの仕方は、上位にある者が何らかの実践的な判断でもって、その下にあるものについて、しかじかであるべきか否かを判断するような場合である。そして、なんびとでもこの意味で永遠法について判断することはできない。(102)

第三項　法はすべて永遠法から導き出されるか

第三については次のように進められる。——すべての法が永遠法から導き出されるのではない、と思われる。なぜなら

(一)　前述のように(第九十一問題第六項)、邪欲の法 lex fomitis なるものが存在する。しかるにこの法は、神法——それは永遠法にほかならぬ——から導き出されるのではない。というのも、邪欲の法はこの世のおもんぱかり(肉の賢慮)prudentia carnis(103)から切り離せないものであるが、この後者について使徒パウロは『ローマ人への書翰』第八章(第七節)において「神の法に従うことができない」(104)とのべているからである。それゆえ、すべての法が永遠法から出てくるわけではない。

(二)　永遠法から邪悪なものが出てくることはけっしてありえない。なぜなら前述のよ

うに（第二項第二異論）、「永遠法はそれにもとづいて、万事が最も秩序正しくあることが正しいとされるところのもの」だからである。しかるに、法の中には邪悪なものがあり、それは『イザヤ書』第十章（第一節）に「邪悪なる法を制定する者は禍《わざわ》いなるかな」と言われているごとくである。それゆえ、すべての法が永遠法から出てくるのではない。

㈢　アウグスティヌスは『自由意思論』第一巻(105)で「人民を統治するために制定されるところの法は、神の摂理ならば見逃しておかないような多くのことがらを、正当にも許可している」とのべている。しかるに前述のように（第一項）、神的摂理の理念は永遠法にほかならない。それゆえ、正しい法ならすべて永遠法から出てくる、というわけでもない。

しかし、その反対に、『箴言《しんげん》』第八章（第十五節）において、神の知恵がこう語っている。「私によって諸々の王は統治し、また立法者たちも正しいことがらを命ずる。」しかるに前述のように（第一項）、神的知恵の理念は永遠法にほかならない。それゆえ、法はすべて永遠法から出てくるものである。

私は答える——。

さきに言われたように(第九十問題第一、二項)、法は行為を目的へと導く一種の理念、という意味をふくんでいる。しかるにすべて秩序づけられた動者の系列においては、第二の動者が行使する力は第一の動者からとってこられたものでなければならない。なぜなら、第二の動者は第一の動者によって動かされるのでなければ、動かす者とはならないからである。(106) このことに照らしてわれわれは、すべて統治する者において同様のことを見てとる。すなわち、統治の理念は第一の統治者から第二次的な統治者のもとへともたらされるのである。こうしてたとえば国家社会において為されるべきことがらの理念は、王から発して、命令によって下位の行政官たちにもたらされるのであり、さらに製作・建造物においても。製作活動の理念は棟梁から出て、手を使って仕事をする下働きの職人たちのもとへ達するのである。

こうした次第で、永遠法は最高の統治者のうちなる統治の理念 ratio gubernationis であってみれば、下位の統治者のうちに在る統治の理念はすべて、永遠法から導出されるのでなければならない。しかるに、下位の統治者たちのうちなるこうした理念とは永遠法以外の他の諸々の法にほかならない。したがって、すべての法は、それらが正しい理性 ratio recta を分有するものであるかぎりにおいて、永遠法から出てくるものである。そしてこのゆえをもってアウグスティヌスは、『自由意思論』第一巻で、「人定法(時間のうちなる法 lex temporalis）のうちに見出されるところの正しく justum かつ正当なる legitimum ことがらにして、人々が自らのために永遠法から導き出したものでないものは一つもない」とのべている。

㈠については、それゆえ、こう言うべきである。邪欲 fomes は、神の正義によって下された罰であるかぎりにおいて、人間においては法たるの本質・側面を有している。そして、この意味で永遠法から出てくるものなることは明白である。他方しかし、前述のところからあきらかなように（第九十一問題第六項）、それが罪へと人間を傾かしめるものたるかぎりにおいては、神の法に反するものであり、法たるの本質・側面を有しない。

㈡についてはこう言うべきである。人定法はそれが正しい理性 ratio recta にもとづくものであるかぎりにおいて、法たるの本質・側面を有するのであり、またその意味でそれが永遠法から出てくるものなることも明白である。これにたいして、それが理性から離反しているかぎりにおいては、邪悪なる法 lex iniqua と呼ばれ、そのようなものであるかぎりでは法たるの本質よりは、むしろ或る種の暴力 violentia の性質をおびるものとなる。しかしながら、邪悪な法においてさえ、立法者の権力秩序・権限 ordo potestatis のゆえに、法との類似性が何ほどか保たれているかぎりにおいて、邪悪な法もまた永遠法から出てくるものである。なぜなら、『ローマ人への書翰』第十三章（第一節）にあるように「すべての権力は主たる神からくる」(107)ものだからである。

㈢についてはこう言うべきである。人定法が或ることがらを許可する permittere と言われても、それは、当のことがらを是認する approbare という意味ではなくて、(108)いわばそれを導くことができないということなのである。だが人定法が導くことのできないような多くのことがらが、神法によっては導かれている。けだし、上位の原因にたいしては、下位の原因にたいするよりもより多くのことが下属しているからである。こういう次第で、人定法は自分が導くことのできないようなことがらには手を出さないということ自体、永遠法の秩序づけから出てくることなのである。だが仮に、永遠法が非としていることを（人定法が）是としたならば、事情は異なっていたであろう。こういうわけで、異論にのべられたところからは、人定法は永遠法から出てくるものではないとの結論は生ぜず、むしろ永遠法と完全に合致するところまではいかない、との結論がひきだされるのである。

第四項　必然的かつ永遠的なるものは永遠法の下にあるか

第四[109]については、次のように進められる。——必然的 necessaria かつ永遠的なるもの aeterna は永遠法の下にある、と思われる。なぜなら

(一)　すべて理性に適合するもの rationabile は理性の下にある。しかるに、神の意志は正しいものであるからして、理性に適合するものである。それゆえに、神の意志は理性の下にある。しかるに、永遠法は神的理性 ratio（理念）である。それゆえに、神の意志は永遠法の下にある。ところが神の意志は永遠的なるものである。それゆえに、永遠的、必然的なるものもやはり永遠法の下にある。

(二)　王の支配下にあるものなら何でもその王の法の支配下にある。しかるに『コリント人への第一書翰』第十五章（第二十五、二十八節）で言われているように、「御子は国を父なる神にわたしたとき、自らも父なる神に従うであろう」。それゆえに、永遠的なる者である御子は永遠法の下にある。

(三)　永遠法は神的摂理の理念である。しかるに不動・恒存的なる諸々の非物体的な実

体や天上界の物体のように、数多の必然的なるものが神的摂理の下にある。それゆえ、必然的なるものもやはり永遠法の下にある。

㈣しかし、その反対に、必然的なるものは、それ以外の状態にあることはできないものであるから、何らの抑止 cohibitio をも必要としない。しかるに、前述のところからあきらかなように（第九十二問題第二項）、人間にたいして法が課せられるのは抑止によって悪から遠ざけるためである。それゆえに、必然的なるものは法の下にはない。

私は答える——。

前述のように（第一項）、永遠法は神的統治の理念 ratio divinae gubernationis である。それゆえに、およそ神的統治の下にあるものなら、すべての永遠法の下に服するものでもある。これにたいして、神的統治の下にないものは永遠法の下にもない。

ところで、これら二種のことがらの区別は、われわれのまわりにある事物からして気付くことができる。というのは、人間的統治に服するのは、人々によって為されうることがらである。これにたいして、人間が魂、手、足をそなえているといったように、人間の自然本性に属することがらは人間的統治には服しないのである。(110) こういうわけで、神によって創造された事物のうちにあるところのものはすべて永遠法の下にあり、この場合、それらが偶然的なるものであろうと、必然的なるものであろうと、かわりはない。これにたいして、神の本性ないしは本質に属するところのことがらは永遠法の下にはなく、むしろ実在的に realiter 永遠法そのものと同一なのである。

(一)については、それゆえ、こう言うべきである。神の意志については二様の語り方が可能である。その一つは神の意志そのものを指す場合であり、この意味では神の意志は神の本質そのものであるからして、神的統治にも永遠法にも服するのではなく、むしろ永遠法と同一である。もう一つは神が被造物に関して意志するところのことがらについて、それが神の意志だといった語り方ができるのであり、そうしたことがらはその理念が神の知恵のうちにあるかぎり、永遠法に服しているのである。(111) そして、これらのことがらとの関連においては神の意志は理性に適合するもの rationabilis と言われるのであるが、他方、神自身との関連において見るときには、むしろ神的理念そのものと言うべきであろう。

(二)についてはこう言うべきである。神の子は神によって造られたのではなく、神から本性的に生まれたのである。(112) それゆえに、神的摂理や永遠法の下にあるのではなく、むしろ何らかの帰属 appropriatio という仕方に従って、神の子自身が永遠法にほかならないのであり、この点、アウグスティヌスが『真の宗教について』(113)(114)の中でのべているところからあきらかである。しかし神の子はその人間本性のゆえに父なる神に従属すると言われるのであり、また同じ理由から父なる神は神の子よりも大いなる者であると言われる[115]。

㈢は、必然的なる被造物について言われているものであるから、これを承認する[116]。

㈣(反論)についてはこう言うべきである。アリストテレスが『形而上学』第五巻でのべているように、「必然的なるもののうち或るものはその必然性の原因を有する」[117]。したがってこの場合、それらのものが別の仕方ではありえないということは、他のものに由来しているのである。ところで、このことこそ最も有効な抑止と言うべきものである。というのは、一般的に言って*抑止を受けているものは、それらが別の仕方では活動しえないように秩序づけられているかぎりにおいて、抑止されていると言われるからである。

* in communi を補って読む(P)。

第五項　自然界の諸々の偶然的事実は永遠法の下にあるか

第五[118]については次のように進められる。——自然界の諸々の偶然的事実 naturalia contingentia は永遠法の下にはない[119]、と思われる。なぜなら

(一)　前述のように(第九十問題第四項)、公布は法の本質に属することである。しかるに、公布は何らかの告知を受けることが可能であるような、理性的被造物にたいしてのみ為されることができる。それゆえ理性的被造物のみが永遠法の下にあるのであって、自然界の偶然的事実は永遠法の下にはない。

(二)　『ニコマコス倫理学』第一巻[120]において言われているように、「理性 ratio に従順である obedire ところのものどもは、何らかの仕方で理性を分有する participare」。しかるに、前述のように(第一項)、永遠法は最高の理念 ratio である。したがって、自然界の偶然的事実は何らかの仕方で理性を分有するものではなく、まったく理性的要素を欠くものであってみれば、それらは永遠法の下にあるのではないように思われる。

(三)　永遠法は最も強力・有効なるもの efficacissima である。しかるに自然界の偶然的事実においては欠陥・失敗 defectus が生ずることがある。それゆえに、それらは永遠法の下にあるのではない。

しかし、その反対に、『箴言』第八章(第二十九節)に「神が海にその境界を置き、水が

その境界を超えないように法を与えたとき」と言われている。

私は答える――。

人間の法についてと、神の法なる永遠法についてとでは、それぞれ違った語り方をしなくてはならない。というのも人間の法が及ぶ範囲は、人間に従属するところの理性的なる被造物のみに限られているからである。その理由は、法は何者かの統治 gubernatio の下にある者に適合するところの行為を指導するものだ、ということである。ここからして、厳密に言えば、なんびとも自己の行為にたいして法を課することはない。しかるに、人間に従属しているところの非理性的なる事物の使用に関して為されることがらは、それが何であろうとすべて、こうした事物を動かしている当の人間自身の行為によって為されるものである。なぜなら、さきに示されたように（第一問題第二項）、こうした非理性的なる被造物は自らを動かすのではなく、他からの働きかけを受けるものだからである。したがって、人間は非理性的なる事物にたいしては、それらがいかに人間に従属していようとも、法を課することはできない。しかし、自分に従属しているところの理性的なる存在にたいしては法を課することができるのであって、それは自らの命令もしくは何らかの告知によって、それらのものの精神にたいして何らかの規則――それは行為の原理 principium agendi にほかならぬ――を刻印するかぎりにおいてである。しかるに、人間がこのように告知することによって、自らに従属している人間にたいして何らかの行為の内的原理 principium interius actuum を印刻するように、そのように神もまた全自然界にたいしてそれぞれに固有なる行為の原理を印刻する。このような次第で、『詩篇』第百四十八(第六節)に「神は掟を定めた、そしてそれはすたれることはないであろう」と言われているように、神は全自然界にたいして命令する、と言われるのである。また、このような理由で全自然界のすべての運動と働きとが永遠法に下属しているのである。したがって、或る意味では非理性的なる被造物といえども、それらが神の摂理によって動かされているかぎりにおいて、永遠法に下属している。しかし、それは理性的なる被造物のように、神の命令を理解することによってではない。

㈠については、それゆえ、こう言うべきである。自然界の事物にたいして、その働きの内的な原理・根源 principium が刻印されることは、人間にたいして法が公布されることと同様の事態にほかならぬ。なぜなら、前述のように(本項主文)、法の公布によって、人間的行為を導くための何らかの原理・原則 principium が人々にたいして刻印されるのだからである。

(二)についてはこう言うべきである。非理性的なる被造物は人間的理性を分有することはないし、またそれに従いもしないが、しかし神的理性に関しては、それに服従するという仕方で、それを分有するのである。それというのも、神的理性の力は人間的理性の力よりもより多くのものにおよぶからである。こうして、手足など人間の身体の諸部分は、理性の命ずるままに動かされるとはいえ、理性へと秩序づけられているような把捉の働き apprehensio は何ら有しないところから、理性を分有することはないごとく、そのように非理性的なる被造物も神によって動かされるとはいえ、そのことからして理性的なものになるわけではない。

(三) 自然界の事物において生起するところの諸々の欠陥は、特殊的な因果連関 ordo causarum particularium から外れているものであるとはいえ、普遍的な因果連関 ordo causarum universalium からは外れているのではなく、とくに神であるところの第一原因の秩序 ordo の外にあるものではない。第一部においてのべられたように(第二十二問題第二項)、いかなるものも神の摂理から逸脱することはできないのである。(121) ところで、前述のように永遠法は神的摂理の理念なのであるから(第一項)、自然界の事物のうちに見出される諸々の欠陥は永遠法に従属しているのである。

第六項　人間界の出来事はすべて永遠法の下にあるか

第六[122]については次のように進められる。――人間界の出来事 res humanae がすべて永遠法の下にあるのではない、と思われる。なぜなら

(一) 使徒パウロは『ガラテヤ人への書翰』第五章(第十八節)において「もしあなたたちが霊に導かれているのなら、律法のもとにはいない」とのべている。しかるに『ローマ人への書翰』第八章(第十四節)において「神の霊によって導かれている人は神の子らである[123]」と言われているように、養子とされることによって神の子となった義人たち viri justi は神の霊によって導かれている。それゆえ、すべての人が永遠法の下にいるわけではない。

(二) 使徒パウロは『ローマ人への書翰』第八章(第七節)において「この世のおもんぱかり(肉の賢慮) prudentia carnis[124]は神の敵である。なぜなら神の法に従わないからである」とのべている。しかるに、こうしたこの世のおもんぱかりに支配されているような多くの人々が存在する。それゆえ、すべての人が神の法たる永遠法に従っているわけで

はない。

㈢　アウグスティヌスは『自由意思論』第一巻で125「永遠法とは、それにもとづいて邪悪なる者どもは悲惨な生に、善良なる者たちは幸いなる生に値する者となるところのものである」とのべている。しかるに、すでに至福なる者や断罪された者どもは価をかちとる状態にはない。それゆえ、かれらは永遠法の下にはいない。

しかし、その反対に、アウグスティヌスは『神国論』第十九巻126でこうのべている。「いかなることにもせよ、世界全体の平和を司《つかさど》っている至高なる創造主にして支配者なる者の法を逸脱することはけっしてありえぬ。」

私は答える――。

前述のところからあきらかなように（第五項）、或るものが永遠法に従うのには二つの仕方がある。その一つは、永遠法が認識という仕方で per modum cognitionis 分有される場合である。もう一つは働きかけ・働きかけられるという仕方による per modum actionis et passionis ものであり、それは事物が永遠法から内的な運動原理・根源を受けとることによって、永遠法を分有するかぎりにおいて行われるものである。そして前述したように（第五項）、非理性的な被造物は右の第二の仕方で永遠法の下にある。

しかるに、理性的存在はすべての被造物にとって共通であるものを有すると同時に、それが理性的なるかぎりで自らに固有なる何らかのものを有するのであり、それゆえ右の両方の仕方に従って永遠法に従属する。なぜなら、理性的存在はさきにのべたように、何らかの仕方で永遠法についての観念 notio を有するのであり、さらにまたそれぞれの理性的被造物のうちに、永遠法と調和するところのことがらへと向かう自然本性的なる傾向性が見出されるからである。なぜなら、『ニコマコス倫理学』第二巻[127]にあるように、「われわれは本性的に諸々の徳を受けいれるべくできているのである」。

だがこれら二つの仕方は悪《あ》しき者どもにおいては両方とも不完全であり、また何らかの仕方でそこなわれている。すなわち、かれらにおいては徳への自然本性的なる傾向性は邪悪な習慣によってそこなわれており、さらに善についての自然本性的な認識そのもののもかれらのうちにあっては情念や罪の習慣によってくらまされているのである。これにたいして善い人々においてはこれらの仕方は両方ともより完全なものとして見出される。なぜなら、かれらにあっては善についての自然本性的な認識にたいして信仰ならびに知恵による認識が付加され、また善への自然本性的な傾向性にたいして恩寵ならびに徳という内的な推進力 interius motivum が付加されているからである。

このような次第で、善い人々は常に永遠法に従って行為する者として、完全に永遠法の下にある。これにたいして、悪しき者どももたしかに永遠法の下にあるが、かれらの行為(能動)について見れば、善を不完全に認識しかつ不完全なる仕方で善へと傾かしめられるかぎりにおいて、不完全なる仕方で永遠法の下にある。しかし能動の側において欠けているだけ受動の側において補いをつけられているのであって、つまり、かれらが永遠法にかなった行為を為すことにおいて欠けているだけ、永遠法がかれらについて規定しているところを被《こうむ》っているわけである。ここからしてアウグスティヌスは『自由意思論』第一巻⑫⑧において「私は正しい人々は永遠法に従って行為していると考える」と言っており、また『教えの手ほどき⑫⑨』において「神は自分から離反した魂どもが受ける当然の悲惨さによって、その被造界の下位の部分をいともふさわしい法によって飾る⑬⓪すべを知っておられる」とのべている。

㈠については、それゆえ、こう言うべきである。使徒パウロのあの言葉は二様に解することが可能である。その一つは、自らの意志に反して、いわば何らかの重圧にたいするかのように法の課する責務に服するところの者が、法の下にあると解される場合である。ここからして『註釈⑬①』はその箇所で、「正義を愛するからではなく、法が脅かすところの刑罰への怖れからして悪行をひかえるところの者は法の下にある」とのべている。

ところで、霊的人物は聖霊がかれらの心に注ぎいれた愛徳 caritas によって、自らの意志で、法に属することどもを全うするのであるから、右の意味では法の下にはない。使徒パウロの言葉はもう一つの仕方でも理解されうるのであって、それは聖霊によって行為するところの人間の行為は、当の人間の行為であるよりもむしろ聖霊の行為であると言われるかぎりにおいてである。ここからして、前述のように（第四項第二異論解答）、聖霊は、御子もそうであるように、法の下に立つのではないから、このような行為は、それらが聖霊の行為たるかぎりにおいて、法の下にあるのではないということになる。そして使徒パウロが『コリント人への第二書翰』第三章（第十七節）において「主の霊のあるところには自由がある」とのべているのは、このことにたいする証言である。

(二)についてはこう言うべきである。この世のおもんぱかりは行為（能動）の側面について言えば、神の法に服することはできない[132]。なぜなら、神法に反するところの行為へと傾かしめるからである。これにたいして、受動の側面について言えば神の法に服するものである。なんとなれば神的正義の法に従って当然の罰を被るのだからである。しかし、それにもかかわらず、いかなる人間においても自然本性の善がまったくそこなわれてしまうほどこの世のおもんぱかりが支配をふるうことはない。したがって人間のうちには永遠法に属することどもを行うことへの傾向性が残っているのである。なぜなら前述したように（第八十五問題第二項）、罪は自然本性の善を全く取り去ってしまうものではないからである。

㈢についてはこう言うべきである。或るものを終極 finis において保持・固定するところのものは、それを終極へと動かすところのものと同一である。たとえば、重い物体が低い場所において安定するのは重力 gravitas によるものであるように、その低い場所へと動かすのも同じ重力なのである。このような次第であるから、或る人々が至福もしくは悲惨を報いとして受けるのが永遠法によるものであるように、かれらが至福もしくは悲惨において保持・固定されるのも同じ法によるものである、と言わなくてはならない。そしてこのような意味で至福なる者も断罪された者も永遠法の下に立つのである。

第九十四問題（全六項）
自然法について

ついで自然法について考察しなくてはならぬ[133]。このことをめぐっては六つのことがらが問題とされる。

第一　自然法とは何か
第二　自然法の規定・命令 praeceptum とはどのようなものか
第三　徳の行為はすべて自然法に属するか
第四　自然法は万人において一つであるか
第五　自然法は可変的であるか
第六　自然法が人の心から抹殺されることが可能か

第一項　自然法は習慣・能力態であるか

第一[134]については次のように進められる。——自然法は習慣[135]・能力態 habitus である、と思われる。なぜなら

㈠　アリストテレスが『ニコマコス倫理学』第二巻[136]においてのべているように、「霊魂のうちには三つのもの、すなわち能力 potentia、習慣・能力態 habitus および受動 passio が見出される」。しかるに、自然法は霊魂の諸能力の中の或る一つではないし、また諸々の受動の中の或る一つでもないのであって、これはそれらを一つ一つ数えあげてゆくことによって判明するごとくである。それゆえ自然法は習慣である。

㈡　バシリウスは「良心 conscientia もしくは良知 synderesis はわれわれの知性の法である[137]」とのべているが、そこでかれの言う法とは自然法のことであるとしか考えられない。しかるに第一部でのべられたように(第七十九問題第十二項)、良知は一種の習慣である。それゆえ自然法は習慣である。

㈢　後のところであきらかにされるように(第六項)、自然法は常に人間のうちに存続

する。しかるに、人間の理性――法はそれに属するものであるが――はいつでも自然法について考えめぐらしているのではない。それゆえ自然法は働きではなくて、習慣である。

しかし、その反対に、アウグスティヌスは『婚姻の善について』(138)の中で、「習慣とは、必要なるときに或ることがそれによって為《な》されるところのものである」とのべている。しかるに自然法はそのようなものではない。というのも、自然法は、それによって行為することができないところの幼児 parvulus や断罪された者 damnatus のうちにも見出されるからである。それゆえ自然法は習慣ではない。

私は答える――。

或ることは二つの仕方で習慣と呼ばれることが可能である。その一つは固有的 proprie、かつ本質的な意味で essentialiter 習慣と言われる場合であり、この意味では自然法は習慣ではない。なぜなら前述のように(第九十問題第一項第二異論解答)、自然法は理性によって成立せしめられたところの或るものであり、それはあたかも命題が理性によってつくりあげられたものであるのと同様である。しかるに、或る人が為すところのことと、かれがそれによって為すところのものとは同一ではない。なぜなら、或る人は文法学という習慣によって正しい話し方をするのである。このように習慣とはひとがそれによって或ることを為すところのものであるから、何らかの法が固有的かつ本質的な意味で習慣であることは不可能である。

ところでもう一つ、信仰によって把持されているところのものが信仰と呼ばれるように、習慣として habitu 把持されているところのものが習慣と呼ばれることが可能である。⑬⑨ そしてこの意味においては、自然法の命令は時としては理性によって現実に考察されているが、時としてはたんに習慣的に habitualiter 理性のうちに見出されるにすぎないこともあるので、このような意味においては自然法が習慣と呼ばれることが可能である。ちょうどそれは、思弁的なことがらにおける論証不可能なる諸原理 principia indemonstrabilia がそれ自体、(諸原理を直知するところの)習慣なのではなくて、むしろそれらの原理を直知するところの習慣があるのと同様である。⑭⓪

㈠については、それゆえ、こう言うべきである。アリストテレスがここであきらかにしようとしているのは、徳がそれに属するところの類である。ところで、徳が行為の根源の中の一つであることは明白であるところから、人間的行為の根源たるところのもの、すなわち能力、習慣、受動だけを挙げたのである。しかし、霊魂のうちにはこれら三つのもの他にも諸々のものが見出されるのであって、それは、たとえば意志する者のうちには意志するという行為（能動）があるように、何らかの行為であり、また認識する者のうちにおける認識されたものであり、さらに不死性とか他のそうしたことがらのような、霊魂の自然本性的な固有性 proprietas naturalis も霊魂のうちに見出されるのである。

㈡については こう言うべきである。良知は、人間的な行為の第一の根源・原理たるところの、自然法の諸々の命令をふくむ習慣たるかぎりにおいて、われわれの知性の法であると言われる。

㈢については こう言うべきである。この議論は自然法が習慣的に把持されるとの結論に到達しており、そのことはわれわれも認めている。

反対の論としてのべられたところについては、こう言っておかなくてはならぬ。或る人はかれのうちに習慣的にそなわっているところのものを、時として、何らかの障害のゆえに行使できないことがある。たとえば、人間は睡眠のゆえに学知・論証知 scientia という習慣を行使できないのであるし、同様にまた、子供は年齢の不足のゆえに、諸原理の直知の習慣 habitus intellectus principiorum や、あるいはまたかれのうちに習慣的に見出されるところの自然法をも行使することができないのである。

第二項　自然法は数多《あまた》の規定をふくむか、あるいはただ一つだけか

第二⑭については次のように進められる。――自然法は数多の規定・命令 praecepta をふくむものではなくて、ただ一つだけである、と思われる。なぜなら

㈠　法はさきに示されたように（第九十二問題第二項）、規定・命令 praeceptum という類にふくまれている。それゆえ、もしも自然法の規定が数多あったとしたら、自然法もやはり数多存在する、ということになるであろう。

㈡　自然法は人間本性にともなって成立するものである。しかるに人間本性はその全体について見れば一なるものである――その部分について見れば多様であるとはいえ。それゆえに、自然法の規定は（人間本性の）全体が一なるにもとづいてただ一つであるか、あるいは、その部分の多数なるにもとづいて数多の規定があるか、そのいずれかである。ところで、後者をとるならば、欲情的 concupiscibilis なる感覚的欲求の傾向性に属する

ことがらまでも自然法に属する、としなければならないであろう。

㈢　前述のように（第九十問題第一項）、法は理性に属するところの或るものである。しかるに、人間のうちには一つの理性しかない。それゆえ自然法の規定も一つしかない。

しかし、その反対に、自然法の諸々の規定が、行為的なことがら operabilia に関するかぎりにおいて、人間において有する位置づけは、第一の諸原理が論証的なことがらにおいて有するそれと同様である。しかるに、第一の論証不可能なる諸原理は数多ある。それゆえに自然法の規定もやはり数多存在する。

私は答える――。

さきにのべたように（第九十一問題第三項）、自然法の規定が実践理性にたいして有する関係は、諸々の論証の第一原理が思弁理性にたいして有するものと同様である。というのも、これらはともに自体的に知られるところの諸原理 principia per se nota だからである。

しかるに、或ることが自体的に知られると言われる場合、そこには二つの仕方がある。すなわち、その一つはそれ自身において secundum se であり、他の仕方はわれわれから見て quoad nos である。(142) それ自身において言うなら、その述語が主語の意味 ratio にふくまれているような命題はすべて自体的に知られる、と言われる。しかるに主語の定義を知らない者にとっては、かかる命題が自体的には知られない、といったことが起こる。たとえば「人間は理性的なるものである」との命題は、その本性にもとづいて secundum sui naturam 自体的に知られるものである――なぜなら「人間」ということは「理性的」ということをふくむのであるから。そうではあっても、やはり人間とは何であるかを知らない者にとっては、この命題は自体的に知られるものではない。ここからして、ボエティウスがのべているように、(143)「万人に共通的に知られているところの若干の基本命題 dignitates もしくは自体的に知られる命題がある」ということになる。そうした命題とはその名辞が万人に知られているような命題であって、たとえば「すべて全体はその部分よりも大である」とか「同一の第三者に等しいところのものは相互にも等しい」などがそうである。

しかるに命題の中の或るものは、それら命題を構成する名辞が何を意味するかを理解するところの、賢者たちにのみ自体的に知られる。たとえば、天使が物体ではないことを理解する者にとっては、天使が劃域的《かくいきてき》なる仕方で circumscriptive 場所のうちにあるのではないことは自体的に知られる。(144) だが、このことはそれを理解しない無学な者にとっては明白ではないのである。

しかるに、万人によって把捉されるところのことがらのうちには、何らかの順序 ordo が見出される。というのも、まず第一に把捉されるのは有 ens であって、およそわれわれが把捉するところのすべてのことがらのうちに有についての理解 intellectus がふくまれている。したがって、第一の論証不可能なる原理 principium は、「同時に肯定し、かつ否定するということは(ありえ)ない」というものであって、それは有と非有の観念 ratio にもとづいている。そして他のすべての原理はこの原理にもとづいているのであって、それはアリストテレスが『形而上学』第四巻[145]でのべているごとくである。

しかるに、端的に言って第一に把捉されるのが有であるように、行為・働き opus に秩序づけられているところの実践理性によって第一に把捉されるのは善 bonum である[146]。なぜなら、すべて働きを為す者 agens は目的のゆえに働きを為すのであり、目的は善の側面 ratio boni を有するからである[147]。したがって、実践理性における第一原理は善の観念 ratio boni にもとづくものであり、善の観念とは、すなわち、善とはすべてのものが欲求するところのものである、というものである。それゆえ、「善は為すべく、追求すべきであり、悪は避けるべきである」というのが法の第一の規定・命令である。そして、自然法の他のすべての規定はこの規定にもとづいて成立するものであり、すなわち、実践理性が自然本性的に人間的善なりと捉えるところの、かの為すべきこと、もしくは避けるべきことのすべてが自然法の規定に属するのである。

ところが善は目的・終極 finis たるの側面を有するのにたいして、悪はその反対の側面を有しているところから、人間がそれにたいして自然本性的なる傾向性を有するところのもののすべてを、理性は自然本性的なる仕方で善きものとして捉え、したがってまた働きを通じて追求すべきものというふうに捉える。それらとは反対のことがらについては、それらを悪しきもの、そして避けるべきものとして捉えるのである。

それゆえに、自然本性的な傾向性 inclinatio naturalis の段階・序列 ordo に従って自然法 lex naturae の諸々の規定が秩序づけられることになる。なぜなら、まず第一に、人間のうちには、すべての実体と共通であるごとき自然本性にもとづくところの、善への傾向性が見出される。つまり、およそいかなる実体も、その自然本性にもとづいて、自己の存在が保持されることを欲求するのである。そして、このような傾向性にもとづいて、人間の生命がそれによって保持され、また生命保持に対立することがらが阻止されるところのことがらが、自然法に属するのである。(148)

第二に、人間のうちには、他の諸動物と共通であるような自然本性にもとづいて、より特殊的なることがらへの傾向性が見出される。そして、このことにもとづいて、雌雄の性交、子供の教育、およびこれと同様のことがらのように、自然がすべての動物に教えたところのことがら(149)が自然法に属すると言われる(150)。

第三に、人間のうちには、人間自身に固有的なる理性的本性にもとづくところの、善への傾向性が見出される。すなわち、人間は神について真理を認識することや、社会のうちに生活することなどへの自然本性的なる傾向性を有する(151)。そして、このことにもとづいて、たとえば人間は無知を避けるべきであるとか、親しく交わってゆくべき他の人々と事をかまえないなど、この点にかかわる他のこの種のことがらをもふくめて、こうした傾向性にかかわるところのことがらが自然法に属するのである。

(一)については、それゆえ、こう言うべきである。こうした自然法の諸々の規定はすべて、それらが一個の、第一の規定へと関係づけられるかぎりにおいて、一つの自然法たるの側面 ratio をおびることになる。

(二)についてはこう言うべきである。欲情的 concupiscibilis および怒情的 irascibilis 情念など、とにかく人間本性のいかなる部分に属するものであろうと、こうした傾向性はすべて、それらが理性によって規制されるかぎりにおいて自然法に属するのである。そして、それらは前述のように(本項主文)、一個の、第一の規定に帰着せしめられるのであって、このことにもとづいて、自然法の規定はそれ自体において見れば数多あるとはいえ、しかしそれらはすべて一つの根元 radix を共有するものなのである。

㈢については こう言うべきである。理性はそれ自体においては一個であるとはいえ、人間にかかわりのあるすべてのことを秩序づける力を有するのであって、このことにもとづいて、理性によって規制せられうるものもすべて、理性の法の下《もと》にふくまれるのである。

＊ピオ版では「人々の」hominum とあるが、レオ版に従って「万人の」omnium と読む。

第三項　徳の行為はすべて自然法に属するか

第三については次のように進められる。――諸々の徳のすべての行為が自然法に属するのではない、と思われる。なぜなら

㈠　前述のように（第九十問題第二項）、共通善へと秩序づけられる、ということが法の本質に属することである。しかるに、徳の行為のうちの或るものは、とくに節制 temperantia の行為の場合にあきらかに見られるように、或る人の私的な善 bonum privatum へと秩序づけられている。[152] それゆえ、徳の行為がすべて自然法の下にふくまれるわけではない。

(二) 罪はすべて何らかの有徳な行為へと対立するものである。それゆえ、もし徳の行為がすべて自然法に属するものであったら、すべての罪が自然に反する contra naturam ものだとの帰結が生ずるように思われる。だが「自然に反する」とは、特別に或る罪についてのみ言われることである。

(三) 自然にもとづいて生ずることがらにおいてはすべてのものが一致する。しかるに徳の行為においてはすべてのものが一致するわけではない。というのも、或る者にとっては有徳であることが、他の者にとっては悪徳である、といったことが起こるからである。それゆえ、徳の行為がすべて自然法に属するのではない。

しかし、その反対に、ダマスケヌス[153]は「徳は自然本性的なるものである[154]」とのべている。それゆえ、諸々の有徳なる行為も自然法の下に属する。

私は答える――。

われわれは二通りの仕方で有徳なる行為について語ることができる。その一つは、それらが有徳なものたるかぎりにおいてであり、他の仕方は、それらがそれぞれ固有の種において考えられた、特定の種類の行為たるかぎりにおいてである。

したがって、もしわれわれの語っている徳の行為が、有徳なものであるかぎりにおいてのそれであるならば、その場合にはすべての有徳なる行為が自然法に属する。(そのわけはこうである。) 人間がそれへと向かって自らの自然本性にもとづいて傾かしめられるところのもの、それがすべて自然法に属すると言われた(第二項)。しかるに、いかなるものでも自らの形相にもとづいて自己に適合するところの働きへと向かって自然本性的に傾かしめられるのであって、たとえば火が熱することへと傾かしめられるごとくである。ここからして、人間に固有なる形相とは理性的なる霊魂であるから、いかなる人間のうちにも理性に従って行為することへ向かう自然本性的なる傾向性が見出される。⑮⑤ところが、理性に従ってとは、徳にもとづいて行為することにほかならない。このような次第で、徳の行為はすべて自然法に属するものである。なぜならいかなる人間にたいしても、かれに固有の理性が、有徳なる仕方で行為せよと自然本性的に命ずるからである。⑮⑥

しかしながら、もしわれわれがそれ自体において見られた有徳なる行為について、つまり、それぞれ固有の種において考察されるかぎりでの有徳なる行為について語るならば、その場合には有徳なる行為がすべて自然法に属するのではない。というのも、有徳なる行為のうちの多くのものは、自然本性がわれわれを初めからそれへと傾かしめるのではなくて、むしろ人々は理性による探求を通じて、そうした行為がいわば善き生にとって有用なものであることを見出すのである。(157)

(一)については、それゆえ、こう言うべきである。節制は飲食および性的なことがらにたいする自然本性的な欲情 concupiscentia にかかわっているが、これらのものはじっさい自然的な共通善 bonum commune naturae へと秩序づけられているのであって、それは他の実定法的なことがら legalia が倫理的な共通善 bonum commune morale へと秩序づけられているのと同様なのである。

(二)についてはこう言うべきである。人間の本性なるものは二様の仕方で語られうるものであって、その一つは人間に固有なる本性を意味する場合である。この意味では、すべての罪は、それらが理性に反するものたるかぎり、また自然本性にも反するものなのであって、これはダマスケヌス(158)の言うところによってあきらかなごとくである。もう一つは人間と他の動物とに共通なる本性を意味する場合であって、この意味では或る特殊な罪が自然本性に反するものと言われる。たとえば、男性間の性交は、すべての動物において共通であるところの雌雄間の性交に反するものであるところから、特別に自然本性に反する悪徳と称せられるのである。[159]

(三)についてはこう言うべきである。この議論はそれ自体において考察された行為について進められているものである。なぜなら、この場合には、人々の状態が多様なるに応じて、或る行為が或る人々にとっては、かれらに相応し proportionati、適合的なる convenientes をもって、有徳なるものでありながら、他の人々にとっては、かれらに相応しないところから、悪徳なるものとなる、といったことが起こるのである。

第四項　自然法は万人において一つであるか

第四[160]についいては次のように進められる。――自然法は万人において一つではない、と思われる。なぜなら

(一)『法令集』[161]に「自然法 jus naturale は律法と福音とにふくまれているところのものである」と言われている。だが、このことは万人に共通のことではない。なぜなら

『ローマ人への書翰』第十章（第十六節）に言われているように、「皆が福音に従ったのではない」からである。それゆえ、自然法は万人において一つではない。

(二)『ニコマコス倫理学』第五巻[162]において言われているように、「法にかなったことがらが正しいことと言われるのである」。しかるに同じ書物において、[163]「或る者どもにおいて相違が見出されないほど、それほど万人において正しいようなことは何もない」と言われている。それゆえ、自然法もやはり万人において同一であるのではない。

(三) 前述のように（第二、三項）、人間がその自然本性にもとづいてそれへと傾かしめられるところのことがらが自然法に属する。しかるに、それぞれに異なった人々は、異なったことがらへと自然本性的に傾かしめられる。じっさい、或る人々は快楽の欲望へと、他の人々は名誉の希求へと、さらに他の人々は他のことがらへと傾かしめられるのである。それゆえ、自然法は万人において一つではない。

しかし、その反対に、イシドールスは『語源集[164]』において「自然法 jus naturale はすべての国民に共通である」とのべている。

私は答える――。

さきに言われたように(第二、三項)、人間がそれへと自然本性的に傾かしめられるところのことがらが自然法に属する。それらのことがらの中にあって人間に固有的であるのは、理性に従って行為するようにと傾かしめられることである。しかるに『自然学』第一巻(165)からしてあきらかなように、一般的・共通的なことから特殊的・固有的なことへ進んでゆくことが理性に属する。ところが、この点に関して思弁理性と実践理性とでは、在り方が異なっている。なぜなら、思弁理性は何よりも主として必然的なるもの、つまりそれ以外の在り方ができないものにかかわっているところから、共通的な諸原理においてと同様に、特殊的・固有的な諸結論においても、何らの間違い・欠陥 defectus もなしに真理が見出される。しかし実践理性は偶然的なることがらにかかわるのであり、人間的行為もそうした偶然的なことがらにふくまれる。したがって、共通的なる原理においては何らかの必然性が見出されるとしても、特殊的・固有的なことがらへと下ってくるにつれて、それだけますます間違い・欠陥が多く見出される。

このような次第であるから、思弁的なことがらにおいては、諸々の原理においても、それらからひきだされた結論においても、万人において真理は同一である。ただし、万人がそれらの結論における真理を認識するわけではなく、万人によって認識されるのは「共通的概念」communes conceptiones(166)と称せられるところの、諸々の原理における真理のみなのではあるが。これにたいして、行為に関することがらにおいては、特殊的・固有的なことにおいては万人にとって同一であるような真理もしくは実践的な正しさというものはなく、そうした真理が見出されるのは共通的な原理に関してのみである。さらに、特殊的・固有的なことがらにおいて、その人々の間にあってはことの正しさが同一であるような、そうした人々においても、それがかれらすべてに等しく知られているのではない。

右のようなわけで、思弁理性であろうと実践理性であろうと、その共通的な原理に関しては、万人において同一の真理もしくは正しさ rectitudo があり、また等しく知られている。(167) ところが、思弁理性の特殊的・固有的結論に関しては、真理は万人において同一であるとはいえ、万人に等しく知られているわけではない。なぜなら、三角形は二直角に等しい三つの角を有するということは万人において真なのではあるが、そのことは万人に知られているわけではないのである。しかるに、実践理性の特殊的・固有的結論に関して言えば、万人において同一の真理もしくは正しさがあるのでもなく、また同一の真理が妥当する人々の間にあってさえも、等しく知られているわけでもない。

なぜなら、理性に従って行為すべしということは万人にとって正しく、かつ真である。しかるに、この原理からして、いわば固有的な結論として、預かったものは返却すべきである、との帰結が出てくるのであるが、このことはたしかに大多数の場合についてはut in pluribus 真である。だが、或る場合には預かったものを返却することは有害であり、したがって理性に反する、といったことも起こりうるのであって、それはたとえば、或る人が祖国を攻撃するために返却を要求するような場合である。そしてこのことは、特殊的なことがらへと下ってゆくにつれて、いよいよ例外が多くなってくる。たとえば、預かったものは特定の保証 cautio をもって、あるいは特定の仕方で返却すべし、などの条件がつけられた場合がそうである。というのも、多くの特殊的条件が付加されるのに応じて、それだけ多くの仕方で例外が生じてくるのであって、場合によっては返却することが正しくなかったり、あるいは返却しないことが正しくなかったりするのである。

このような次第であるから、自然法はその第一の共通的原理に関して言えば、その正しさについても、(人々による)その認識についても、万人において同一であると言わなくてはならない。しかし、共通的原理からの結論とも言うべき特殊的・固有的なことがらについて言えば、自然法はその正しさについても、またその認識についても、大多数の場合には万人において同一である。しかし、少数の場合においては、自然法はその正しさに関して、何らかの特殊的な障害のゆえに、例外が生ずることがありうる——ちょうど生成し、消滅することが可能な諸事物が、少数の場合に、何らかの障害のゆえに、欠陥を生ずるように。さらに自然法は少数の場合においては、その認識についても例外を生ずることが可能であるが、このことは情念、ないし悪しき慣習、もしくは生まれつきの悪い性向からして、或る人々が歪《ゆが》められた理性 depravata ratio を有する、ということによるものである。たとえばユリウス・カエサルが『ガリア戦記』[168]の中で物語っているように、かつてゲルマン人の間にあっては、盗みは明白に自然法に反するものであるにもかかわらず、邪悪なこととは見なされていなかったのである。

(一)については、それゆえ、こう言うべきである。この言葉は、あたかも律法と福音とにふくまれているすべてのことが自然法に属することであるかのような、そうした意味に解すべきではない。というのは、そこで伝えられている多くのことが自然本性を超えるものだからである。そうではなくて、この言葉の意味するところは、自然法に属することがらが、そこにおいて充分に伝えられている、ということである。ここからしてグラティアヌスは「自然法は律法と福音とにふくまれているところのものである」と言った後で、ただちにその意味を説明して、「それによってだれでもが、自分にしてもらいたいことを他人にするように命ぜられ、自分にしてもらいたくないことは他人にしてはならぬと禁ぜられるのである[169]」と付け加えている。

㈡についてはこう言うべきである。アリストテレスのこの言葉は自然本性的に正しいことがらについてのものであるが、共通的な原理としてではなく、むしろそうした原理から導出された何らかの結論としての、自然本性的に正しいことがらについてのべているると解すべきである。こうしたことがらは大多数の場合には ut in pluribus 正しさを有するが、少数の場合には ut in paucioribus 妥当しないのである。

㈢についてはこう言うべきである。人間においては理性が支配し、他の諸々の能力にたいして命令を下すものであるように、他の諸々の能力に属するところの自然本性的な傾向性はすべて、理性に従って秩序づけられるのでなければならぬ。ここからして、人間のすべての傾向性が理性に従って導かれるということは、万人において共通的に communiter 正しいことなのである。

第五項　自然法は改変されることが可能か

第五⑰⁰については次のように進められる。――自然法は改変される mutari ことが可能

である、と思われる。なぜなら

㈠　『集会書』第十七章（第九節）の「神はかれらに教導と生命の法を与えた」という箇所について『註釈』⑰は「神は自然法を訂正するために成文法が書き記されることを欲した」とのべている。しかるに、訂正されたものは変えられたのである。それゆえ、自然法は変えられることが可能である。

㈡　罪のない者を殺すことや、さらに姦淫《かんいん》や盗みは自然法に反する。しかるに、これらの法が神によって変えられていることが見出される。たとえば、『創世記』第二十二章（第二節）にあるように、神がアブラハムにたいして罪のない息子を殺すように命じたり、『出エジプト記』第十二章（第三十五節）にあるように、ユダヤ人たちにたいしてエジプト人たちから借りた容器を盗むように命じたり、また『ホセア書』第一章（第二節）にあるように、ホセアにたいして姦淫の罪に陥った妻をめとるように命じたりしているのがそうである。それゆえに、自然法は変えられることが可能である。

㈢　イシドールスは『語源集』第五巻⑰においてすべての財の共有と万人一様の自由は自然法に属する」とのべている。しかるに、われわれの見るところ、これらのことは人定法によって変えられている。それゆえ、自然法は可変的であるように思われる。

しかし、その反対に、『法令集』[173]に「自然法は理性的な被造物の始源といっしょに始まり、時代によって変わることなく、不可変なるままに存続する」と言われている。

私は答える——。

自然法が改変されるということは二つの仕方で理解することができる。その一つは、何かが自然法に付加されることによる変化であり、この意味では自然法が変えられることには何の妨げもない。なぜなら、神法によって、[174]さらには人定法によって[175]自然法に付加されたところの多くのものは、人間生活に便益をもたらしたからである。

もう一つ、自然法の変化は除去 subtractio という仕方で、つまり、或ることがさきには自然法にもとづくものであったのに、自然法に属することをやめる、という意味に理解することができる。そしてこの場合、自然法の第一の諸原理に関するかぎり、自然法はまったく不可変である。しかし、第一の諸原理に近接した、固有的な結論のようなものと言われたところの(第四項)、第二次的諸規定について言えば、たしかに自然法は、大多数の場合において自然法の命ずるところは常に正しい、との意味においては、変化を被《こうむ》るものではない。他方しかし、或る特殊な場合において、また少数の事例においては、こうした第二次的規定の遵守《じゅんしゅ》を妨げるところの、或る特別な原因のゆえに、自然法が改変されることも可能であって、これは前述した通りである（第四項）。

㈠については、それゆえ、こう言うべきである。成文法が自然法を訂正するために与えられたと言われるのは、次のような理由による。すなわち、自然法において欠けているところが成文法によって補われた、という理由で、⑰あるいは、或る者どもが心の中で、自然本性的に悪であるようなことがらを善と見なしているかぎり、かれらにおいては自然法が或ることがらに関して歪められてしまったとの理由によってである。そして、こうした歪曲《わいきょく》は訂正を必要としたのである。

㈡についてはこう言うべきである。人はすべて、罪があろうと、なかろうと、同じように自然死というものを免れることはない。この自然死は『列王記第一』第二章（第六節）によれば「主は殺し、また生かす」と記されているように、原罪のゆえをもって神の権能によって課せられるものである。それゆえ、神の命令による場合には、罪があろうとなかろうと、いかなる人間にたいしても、何ら不正をふくむことなしに死が課せられることが可能である。同様にまた、姦淫とは、神によって授けられた法にもとづいて他人にめあわされたところの妻と、交わりを結ぶことである。したがって、或る人がどんな女性に近づこうと、それが神の命令によってであるならば姦淫でもないし、私通でもない。同じことが盗み、つまり、他の人に属するものを取ること、についても言える。⑰なぜなら、或る人が宇宙万物の主宰者なる神の命令によって何かを取る場合、それが何であろうと、持ち主の意志によらずに取るということ、つまり盗みにはならないからである。また、神によって命ぜられたことは、何ごとにもあれそのまま正しいことであるのは、たんに人間的なことがらにかぎられているわけではなく、第一部においてのべられたように、⑱自然的な事物においても、神によって為されることは何でも、或る意味で自然本性的なのである。

㈢についてはこう言うべきである。或ることは二つの仕方で自然法に属すると言われる。その一つは、自然本性がそのように傾かしめるとの理由によるものであり、他者に害悪を為してはならない、というのはその例である。もう一つは、それと反対のことが自然本性的に定められていないとの理由によるものであって、たとえば自然が人間に衣服を与えたのではなく、それをつくりだしたのは技術・人為 ars であるとの理由で、人間にとっては裸体であることが自然法に属する、と言うこともできるであろう。そして、すべての財の共有と万人一様の自由が自然法に属すると言われるのはこの意味においてである。というのは、所有物の区別・財の私有 distinctio possessionum とか奴隷制 servitus は自然によって定められたものではなく、人々の考案 ratio によって人間生活の便益のためにつくりだされたものだからである。[179] したがって、この場合においても、自然法は付加という仕方による以外には変えられていないのである。

第六項　自然法が人間の心から抹殺されることがありうるか

第六[180]については次のように進められる。——自然法が人間の心から抹殺される aboleri ことは可能である、と思われる。なぜなら

(一) 『ローマ人への書翰』第二章(第十四節)の「律法を有しない異邦人たちが……」という箇所について、『註釈』[181]は次のようにのべている——「罪過によって消し去られた正義の法は、恩寵によって新たにされた内的人間に刻みつけられる」。しかるに正義の法 lex justitiae は自然法 lex naturae である。それゆえ、自然法は消し去られることがありうる。

(二) 恩寵の法は自然法よりもより強力・有効である。しかるに恩寵の法は罪過によって消し去られる。それゆえ、なおさらのこと自然法が消し去られることは可能である。

㈢　法によって確立されることは、いわば正しいこととして課せられる。しかるに、人間によって法として確立されたことの多くは自然法に対立するものである。それゆえ、自然法が人々の心から抹殺されることは可能である。

しかし、その反対に、アウグスティヌスは『告白』第二巻(182)の中で、「あなたの法は人々の心に書き記されていて、いかなる不義もそれを消し去ることはない」と語っている。しかるに人々の心に書き記された法とは自然法である。それゆえ、自然法が消し去られることはありえない。

私は答える——。

さきにのべたように(第四、五項)、自然法に属するのは、第一に、万人に知られているところの、或る最も共通的な規定であり、第二に、そうした諸原理に近接的なる諸結論とも言うべき、より特殊的・固有的な第二次的諸規定である。それゆえ、こうした共通的な諸原理について言えば、自然法はその普遍的側面に関するかぎり、けっして人々の心から消し去られることはありえない。しかし、特定の行為という面においては、さきにのべたように(第七十七問題第二項)、欲情 concupiscentia もしくはその他の情念のゆえに、理性が共通的原理を特定の行為の場面へと適用するのを妨げられるかぎりにおいて、自然法は人々の心から消し去られる。

しかるに、他の第二次的規定について言えば、自然法は次の理由からして人々の心から消し去られることが可能である。すなわち、思弁的なことがらにおいても、必然的結論に関して誤謬《ごびゅう》が生ずるのと同じ仕方で、悪しき説得 persuasio mala によって自然法が消し去られることもあれば、あるいはまた歪められた慣習や堕落した習慣のゆえにそうしたことが起こることもある――たとえば或る人々の間では強盗や、[183] さらには、使徒パウロが『ローマ人への書翰』第一章（第二十四節）でのべているように、自然に反する悪徳ですら罪とは見なされていなかったのである。

(一)については、それゆえ、こう言うべきである。罪過は自然法をその特殊的側面においては消し去っても、普遍的な面で消し去ることはない。ただしかし、おそらく自然法の第二次的規定に関しては、主文においてのべられた仕方で自然法が消し去られることはある。[184]

(二)についてはこう言うべきである。恩寵は自然本性よりもより強力・有効であるとはいっても、人間にとってより本質的であり、したがってより永続的なのは自然本性である。

㈢についてはこう言うべきである。この議論は自然法の第二次的規定についてあてはまるものであり、或る立法者たちはそれらの規定に背いて、何らかの邪悪な法令を制定したのである。

第九十五問題（全四項）
人定法それ自体について

次に人定法について考察しなくてはならぬ。[185] まず第一に、人定法そのものをそれ自体において考察し、第二に、人定法の力・権能 potestas について、[186] 第三にはその可変性 mutabilitas について考察しなくてはならない。[187]

第一の点をめぐって、四つのことがらが問題となる。

第一　人定法の効用 utilitas について
第二　人定法の起源 origo について
第三　人定法の特質 qualitas について
第四　人定法の区分 divisio について

第一項　人間によって何らかの法が定められることは有益であったか

第一[188]については次のように進められる。――人間によって何らかの法が定められることは有益 utile ではなかった、と思われる。なぜなら

(一)　前述のように（第九十二問題第一項）、いかなる法もその意図するところは、それによって人々が善い者になることである。しかるに人々は法によって強制されるよりは、むしろ勧告 monitio に従って自分の意志によるほうが、より効果的に善へと導かれるものである。それゆえ、法を定めることは必要ではなかった。

(二)　アリストテレスが『ニコマコス倫理学』第五巻[189]でのべているように、「人々は裁判官に、いわば生きた正しさへ向かうように、訴えに赴くのである」。しかるに、生きた正義 justitia animata のほうが、法にふくまれているところの生命なき正義よりもまさっている。それゆえ、正義の執行は裁判官たちの裁定にゆだねたほうが、それに加えて何らかの法を制定するよりも、よりよかったであろう。

㈢　さきにのべられたところからあきらかなように（第九十問題第一、二項）、法はすべて人間的行為を指導すべきものである。しかるに人間的行為は無際限に数多い個別的なことがらにかかわるものであるから、人間的行為の指導に属するところのことがらは、個別的なことがらを吟味する賢者 sapiens によるのでなければ、充分に考察されることは不可能であろう。それゆえ、人間的行為は或る定立された法によるよりは、賢者の判断・裁定 arbitrium によって導かれるほうが、よりよかったであろう。それゆえに、人定法を定めることは必要ではなかった。

しかし、その反対に、イシドールスは『語源集』第五巻⒇において「法にたいする怖れによって人間の横暴さ audacia が抑制され、邪《よこしま》な者どもの間にあって（人間の）汚《けが》れのなさ innocentia が保護され、また邪な者ども自身、罰にたいする怖れによってかれらの害悪を為す力が抑止されんがために、法は制定されたのである」とのべている。しかるにこうしたことがらは人類にとって最も必要なものであった。それゆえ人定法を制定することは必要だったのである。

私は答える――。

前述のところからあきらかなように(第六十三問題第一項、第九十問題第三項)、人間のうちには自然本性的に徳へ向かう或る種の傾き aptitudo が見出される。しかし人間が徳の完全性そのものに到達するためには何らかの訓練 disciplina によることが必要である。ちょうど、人間は食物や衣服など、その生存に必要なものをうるためにも何らかの努力にまたねばならないのと同じことである。こうしたことがらの端緒とも言うべきもの、つまり理性や手などは自然が授けてくれるのではあるが、その完全な充足そのものにいたっては、身を包むものや食物を自然から充分に授かっている他の動物たちのように、自然がこれを授けてくれるのではない[191]。しかるに、こうした訓練に関して、自分だけでそれを充足しうるような人間というのは容易に見つかるものではない。なぜなら、徳の完全性というのは、とりわけ、人々がそれへと傾きがちな――そしてこの傾向は若者においで最も著しく、かれらについてはここで言う訓練はより大きな効果を発揮する――過度の快楽から人間を遠ざけることに存するからである。このような次第であるから、人間を徳へと導いてくれるところのこうした訓練については、人々はこれを他人から受けとらなくてはならないのである。

ところで、生まれつきの善い性向、あるいは慣習、あるいはむしろ神の賜物《たまもの》によって、徳の行為への傾きを有する若者たちに関しては、勧告によって行われる父親的訓練で充分である。しかるに、言葉によっては容易に動かすことのできないような過激な者や悪徳に傾き易い者どもが見出されるので、かれらが力と怖れによって悪から引き離されることが必要であった。それはすなわち、少なくともこのようにしてかれらが悪事を働くことをやめて、他の人々が静穏な生活を送ることをえしめ、ついにはかれら自身も、このような習慣づけ assuetudo を通じて、さきには怖れによって実行したことがらを自分の意志で為すところまで導かれ、こうして有徳なる者とならんがためであった。しかるに、罰にたいする怖れによって強制するところの、このような訓練が、法の訓練にほかならない[192]。

したがって、人々の平和と徳のために法が定められることが必要であった。なぜなら、アリストテレスが『政治学』第一巻[193]でのべているように、「人間は、もし徳において完全であるならば動物のうちで最善のものであるが、もしも法と正義から離れてしまっているならば、すべての動物のうちで最悪である」からである。それというのも、人間は欲情と野獣性とを充足する[194] explere ための理性という武器――他の諸動物はそれを有していない――をそなえているからである。

(一)については、それゆえ、こう言うべきである。善い性向を有する人々にあっては、強制によるよりも、勧告に自分の意志で従ってゆくほうが、徳へとよりよく導かれるものである。しかし、悪しき性向の者どもは強制されるのでなければ徳へともたらされることはない。

(二)についてはこう言うべきである。アリストテレスが『弁論術』第一巻[195]でのべているように、「すべてのことが法によって秩序づけられるほうが、裁判官たちの裁定にゆだねられるよりも、より適当である」。これは次の三つの理由による。第一に、正しい法を制定するのに充分なだけの少数の賢者を見出すことのほうが、個々のことがらについて正しく判断(裁判)するのに必要とされる多数の賢者を見出すよりも、より容易である。第二に、法を制定する人々は多くの時間をかけていかなることが法によって成就されるべきかを熟考するが、個々の事実についての判断(裁判)は突然起こった事例について下されるものである。しかるに、人間は或るただ一つの事実からよりは、多くの熟考を重ねる場合のほうが、より容易に何が正しいかを見てとることができるからである。第三に、立法者は全般的な仕方で、そして将来のことについて判断を下すのであるが、裁判官たちは自分たちの前にあることがらについて判断(裁判)を行う。ところが、こうしたことがらに関しては、かれらは愛・憎、あるいは何らかの欲望によって影響され、こうしてかれらの判断(裁判)がそこなわれるからなのである[196]。

このように、裁判官の生きた正義なるものは多くの人々において見出されるものではなく、またそれは曲げられ易い flexibilis ものであるからして、それが可能な場合にはいつでも法がいかなる判断(裁判)を為すべきかを確定し determinare、人々の裁定にはできるだけ僅《わず》かのことがゆだねられる、ということが必要だったのである。

㈢についてはこう言うべきである。法に包みこまれることが不可能であるような何らかの個別的なことがら、つまり、たとえば或ることが事実であるかどうか、ないしこの種の他のことがらについては、アリストテレスが同じ箇所でのべているように、(197) これを裁判官たちの判定にゆだねなければならないのである。

第二項　人間によって制定された法はすべて自然法から導出されたものであるか

第二(198)については次のように進められる。――人間によって制定された法 lex humanitus posita がすべて自然法から導出されるわけではない、と思われる。なぜなら

㈠　アリストテレスは『ニコマコス倫理学』第五巻(199)において、「(人為)法による正しさ justum legale はもともとこのようであろうと他のようであろうとどうでもよいようなことである」とのべている。しかるに自然法に由来するところのことがらにおいては、このようであろうと他のようであろうとどうでもよいというわけにはいかない。それゆえ、人定法によって規定されていることがすべて自然法から導出されるのではない。

㈡　実定的なる正 jus positivum は自然本性的なる正 jus naturale と対立するものであること、イシドールス(『語源集』第五巻(200))およびアリストテレス(『ニコマコス倫理学』第五巻(201))があきらかにしているごとくである。しかるに、さきにのべたように(第九十四問題第四項)、自然法の共通的な原理からいわば結論として導出されるところのことがらは、自然法に属する。それゆえ、人定法に属するところのことがらは自然法から導出されるのではない。

㈢　自然法は万人にとって同じものである。なぜなら、アリストテレスは『ニコマコス倫理学』第五巻において(202)、「自然本性による正しさはいずこにおいても同じ力をもつ」とのべている。それゆえ、もしも人定法が自然法から導出されたものであったならば、それもまた万人において同じものであったであろうが、じっさいはあきらかにそうではない。

(四)　自然法から導出されることがらについては、何らかの理由をつけることができる。しかるに法学者ユリアヌスが言うように、先祖たちによって法をもって規定されたことのすべてについて理由を提示することはできない[203]。それゆえ人定法のすべてが自然法から導出されるわけではない。

しかし、その反対に、キケロはその『修辞学[204]』の中で、「自然に由来し、慣習によって是認されたところのことがらを、法にたいする怖れと崇敬とが(法として)確立・認可sancireした」とのべている。

私は答える――。
アウグスティヌスが『自由意思論』第一巻[205]でのべているように、「正しいものではなかったような法は、法であるとは思われない」。したがって、法はそれが正義の要素を有するかぎりにおいて、法としての力virtus legisを有するのである。しかるに、人間的なことがらにおいては、或ることは理性の規則regula rationisに照らして間違っていないということからして正しいと言われる。しかるに、さきにのべたところからあきらかなように(第九十一問題第二項第二異論解答)、理性の第一の規則は自然法である。

ここからして、人間によって制定された法はすべて、それが自然法から導出されているかぎりにおいて法の本質 ratio legis に与《あずか》ると言える。これにたいして、何らかの点で自然法からはずれているならば、もはやそれは法ではなくて、法の歪曲《わいきょく》 corruptio legis になるであろう。

しかしながら、或ることが自然法から導出されるには二つの仕方がありうることを知っておくべきである。その一つは、原理 principium からいわば結論が導出されるような仕方であり、もう一つは或る共通的・一般的なことがいわば特殊的に確定・規定 determinatio されるような仕方である。第一の仕方は、諸々の学において原理から論証的結論がひきだされる仕方に似ている。これにたいして第二の仕方に似ているのは、諸々の技術 ars において一般的な構想 formae communes が或る特定の形へと特殊化され、確定されてゆく仕方である。たとえば建築家が家の一般的な構想を、あれこれの特定の形をもつ家へと特殊化し、確定してゆかなくてはならないのがその例である。

それゆえ、或ることがらは自然法の共通的原理から結論へという仕方で導出されるのであって、たとえば「殺すなかれ」ということが「何人にたいしても悪を為してはならぬ」ということから、結論とも言うべきものとして導出されるのがそれにあたる。これにたいして、何らかのことがらは特殊的確定という仕方で導出されるのであり、たとえば、罪ある者は罰せられるべきである、というのは自然法にもとづくのであるが、しかじかの刑罰をもって罰せられるべきであるとするのは、自然法にたいして加えられた或る特殊的確定である。

したがって、この両方とも人定法において制定されていることが見出される。しかし、第一の仕方によるものは、いわばたんに法によって定められた solum lege posita こととして人定法のうちにふくまれているのではなく、自然法からもその効力 vigor の一部を得てきている。しかしながら、第二の仕方によるものは、ただ人定法からのみその効力を得ているのである。

㈠については、それゆえ、こう言うべきである。アリストテレスは、自然法の規定を何らか特殊的に確定あるいは規定 determinatio vel specificatio するという仕方で、法によって定められたことがらについて語っているのである。

㈡についてはこう言うべきである。この議論は自然法からいわば結論として導出されたことがらについてあてはまるものである。

㈢についてはこう言うべきである。自然法の共通的原理は、人間的なことがらに見られる大いなる多様性のゆえに、万人にたいして同一の仕方で適用されることはできない。

したがって、様々に異なった人々のもとにおいて、実定的な法の多様性が生ずるのである。

㈣についてはこう言うべきである。法学者のこの言葉は、自然法の特殊的規定に関して先祖たちが導入したことがらを指すものと理解すべきである。これらの特殊的規定は経験があり、思慮をそなえた人々が下す判断 udicium expertorum et prudentum にたいして、その原理とも言うべき関係に立つものである――それはすなわち、これらの人々が(それら原理に照らして)個々の場合についてどのように規定するのがより適切であるのかを、ただちに見てとるかぎりにおいてである。ここからしてアリストテレスは『ニコマコス倫理学』第六巻(206)において「これらのことがらに関しては、経験があり、年功を積み、思慮ある人々の判断を、論証的なことがらにおとらず、論証しえない主張や見解においても、尊重しなければならない」とのべているのである。

第三項　イシドールスは実定法の特質を適切に記述しているか

第三については次のように進められる。――イシドールスが『語源集』第五巻(207)においで実定法 lex positiva の特質を次のように記述しているのは不適切である、と思われる。「法は貴く honesta、正しく justa、(服従)可能であり possibilis、自然本性と国の慣習にかない、時と所とに適合し conveniens、必要で necessaria、有用であり utilis、また曖昧《あい》味《まい》さが欺瞞《ぎまん》への道を開くことのないよう、明瞭なものであり manifesta、けっして私的利得のためにではなく、市民たちの共同的福祉のために制定されたもの、であるべきだろう。」なぜなら

(一)　イシドールスは右の箇所に先立って(208)、法の特質を次のように三つの条件でもって説明しているからである。すなわち、かれは「法は、宗教と調和し、規律と一致し、福祉に寄与するものであるかぎりにおいて、理性にもとづくところのもののすべてであろう」と言っている。それゆえ、後になって法たるの条件を沢山にしたのは余分なことであった。

(二)　キケロが『義務について』(209)においてのべているように、正義 justitia は貴さ honestas の一部をなすものである。それゆえ、「貴い」と言った後で「正しい」と付加するのは余計なことである。

(三)　成文法はイシドールスによると(210)慣習 consuetudo と対立するものとして区分され

ている。それゆえ、法(全般)の定義にあたって「国の慣習にかなうもの」という条件がたてられるべきではなかった。

(四)「必要な(必然的)」ということは二つの意味で言われる。すなわち、(その一つは)端的に simpliciter 必然的なるもの、つまりそれ以外の仕方ではありえないところのものである。この意味で必然的なるものは人間的判断の下にあるものではなく、したがってこの種の必然性は人定法に属するものではない。(もう一つ)さらに、或ることは目的の実現のために必要 necessarium なのであって、この種の必要性は有用さと同じことである。それゆえ「必要な」と「有用な」とを二つとも挙げたのは余分なことである。

しかし、イシドールス自身の権威(211)がこれと対立している。

私は答える――。

およそ何らかの目的のためにあるようないかなるものについても、その形相は当の目的に適合するような仕方で規定されなければならない。たとえば『自然学』第二巻(212)で示されているように、鋸《のこぎり》の形相は切断するのに適したものとなっているのである。さらに、すべて規則や規準に服するところのものは、自らの規則や規準に適合した形相をもっているのでなければならない。しかるに人定法はこれら二つの条件をともにそなえている。なぜなら、それは目的へと秩序づけられた何ものかであり、また何らかの高次の規準によって規制されているところの何らかの規則であり、規準であるからである。この高次の規準というのは、前述のところからあきらかなように（本問題第二項、第九十三問題第三項）、二つのもの、すなわち神法と自然法である。

しかるに人定法の目的は、法学者モデスティヌス(213)ものべているように、人々の利益・福祉である。それゆえにイシドールスは法の条件としてまず三つのことを挙げたのである。すなわち、宗教と調和するものというのは、つまり神法と適合するかぎりにおいて言われることであり、規律と一致するものというのは、自然法と適合するかぎりにおいて言われることであり、福祉に寄与するというのは、人間的利益・福祉と適合するかぎりにおいて言われることにほかならない。

そして、後になって枚挙された他の諸条件はすべてこれらの三つに還元される。というのは、「貴い」と言われているのは「宗教と調和する」ということを指すものであるし、「正しく、可能であり、自然本性と国の慣習とにかない、時と所とに適合し」と付加されているのは「規律と一致し」ということに還元されるからである。なぜなら人間的規律 humana disciplina は、第一に、理性の秩序という観点から考慮されるのであるが、その点は「正しい」と言われているところにふくまれている。第二に、人間的規律は行為者の能力、および人間がおかれている条件という観点から考慮される。なぜなら、この前者について言えば、規律・訓練は(それを課せられる)各々の人間の可能性や能力に適合したものでなければならず、そのさい自然本性の可能性も考慮にいれなければならないからである。じっさい、成人にたいして課せられるのと同じことを未成年者にたいして課すべきではない。後者について言えば、人間は他の人々に自分を適応させないで、自分ひとりで社会のうちに生きることはできないからである。第三に、ふさわしい状況という観点から、「時と所とに適合し」と言っているのである。これにたいして「必要で、有用であり、等々」と付け加えているのは、福祉に寄与するということを指示するものであって、必要ということは諸々の悪の除去を、有用ということは諸々の善の達成を指すものであり、明瞭にするということは、法それ自体からして生ずることのありうるような害悪を避けるべきことを指示している。そして、前述のように(第九十問題第二項)、法は共通善へと秩序づけられているものであるから、このことが法の記述の最後の部分において示されているのである。

右にのべたところから、異論にたいする解答はあきらかである。

第四項　イシドールスは人定法の区分を適切に行っているか

第四[214]については次のように進められる。――イシドールスは諸々の人定法 leges humanae もしくは実定法 jus humanum の区分[215]を不適切に行っている、と思われる。なぜなら

㈠　彼は人定法のうちに万民法 jus gentium をふくめているが、万民法はイシドールス自身のべているように、[216]「ほとんどすべての国民がそれを用いている」との理由からそのように呼ばれているものである。しかるに、同じところでかれがのべているように[217]「自然法 jus naturale はすべての国民に共通的なるものである」。それゆえ万民法は人間的実定法 jus positivum humanum の下にではなく、むしろ自然法の下にふくまれるのである。

㈡　同一の効力 vis を有するところのものは、形相的に formaliter ではなく、たんに質料的に materialiter[218] 相違しているように思われる。しかるにイシドールスが同じ箇所で区分しているところの法律 leges、平民会議決 plebiscita、元老院議決 senatusconsulta、および他のこの種のものは、すべて同一の効力を有する。それゆえ、それらはただ質料的にのみ相違しているように思われる。しかるに、こうした区別は無際限になる可能性があるから、学術 ars においてはとりあげるべきではない。それゆえ人定法をこのように区分するのは不適切なやり方である。

㈢　国 civitas には首長・君主たち principes、司祭たち sacerdotes および軍人たち milites がいるが、それと同じようにこの他にも諸々の人間の職務がある。それゆえ、軍務法 jus militare や、司祭たちや君主たちに関する公務法 jus publicum のようなものが区分として設けられているように、(219) 国の他の職務にかかわるところの他の諸々の法も枚挙すべきである、というふうに考えられる。

㈣　偶然的 per accidens なることがらは考慮に入れるべきではない。しかるに、法の制定がこの人、あるいは他の人の手にかかるものであるということは、法にとっては偶然的なことである。したがって、たとえば或る法がコルネリウス法と呼ばれ、また或る法がファルキディウス法、(220) などと呼ばれているように、人定法の区分が立法者の名前にもとづいているのは不適切なやり方である。

しかし、右の異論にたいするにはイシドールスの権威(221)で充分である。

私は答える――。

およそいかなるものでも、そのものの本質 ratio にふくまれていることがらにもとづいて、本質的な仕方で per se 区分されることが可能である。たとえば、動物の本質のうちには魂 anima がふくまれているが、魂は理性的であるか非理性的であるか、である。それゆえに、動物は理性的および非理性的ということにもとづいて本来的 proprie かつ本質的な仕方で区分されるのであって、白いか黒いかにもとづいてではない。この後者はまったく動物の本質とはかかわりがないからである。(222) しかるに人定法の本質に属することがらには多くのものがあり、そのいずれにもとづいても人定法は本来的かつ本質的な仕方で proprie et per se 区分されることが可能である。

第一に、前述のところからあきらかなように(第二項)、自然法から導き出されたものであることが人定法の本質 ratio に属するところからして、このことにもとづいて実定法 jus positivum は万民法と国法 jus civile とに区分される。この区分はさきに同じ箇所でのべたように(第二項)、自然法から何らかのことが導出されるさいの二つの仕方にもとづくものである。すなわち、万民法に属するのは、原理から結論が導出されるような仕方で自然法から導出されるところのことがらであって、たとえば公正な売買、ならびにそれなしには人々が相互に共同生活を営むことができないような、その他のことがらがそれにあたる。このこと(人々の共同生活)が自然法に属するものであるのは、『政治学』第一巻[223]において示されているように、人間は自然本性的に社交的な動物animal socialeであることによる。これにたいして、国法に属するのは特殊的確定という仕方で自然法から導出されるところのことがらであり、この場合、それぞれの国は自ら適当とするところを確定・規定するのである。

第二に、国の共通善に秩序づけられているということが人定法の本質に属する。したがって、人定法はこの観点からして、共通善のために働くことをもって自らの特別の職務とするような人々の多様性にもとづいて区別されることが可能である。たとえば、人民のために神に祈願する司祭たち、人民を統治する君主たち、さらに人民の福祉のために戦う軍人たちなどがそうである。このような理由からして、これらの人々に何らかの特定の法がふりあてられているのである。

第三に、前述のように(第九十問題第三項)、政治的共同体を統治する者によって制定されるものであることが人定法の本質に属する。したがってこの観点から、人定法は国制が異なるのにもとづいて区分される。アリストテレスが『政治学』第三巻[224]でのべているところに従うと、その中の一つは王制regnumであり、それは国が一人によって統治される場合である。そしてこのような国制に対応するものが君主の勅法 constitutiones principum である。ところで、もう一つの国制は貴族制 aristocratia、つまり最善の人々 optimi、もしくは最高位の人々 optimates による支配であって、これに対応するものが法学者の解答 responsa prudentum、ならびに元老院議決 senatusconsulta である。さらに別の国制は寡頭制 oligarchia、つまり少数の富者や権力者による支配であって、これに対応するものが法務官法 jus praetorium であり、これはまた名誉法 honorarium とも呼ばれる。もう一つの国制は人民による支配であって、民主制 democratia と呼ばれ、これに対応するものが平民会議決 plebiscita である。ところで、このほか僭主制《せんしゅせい》 regimen tyrannicum なるものがあるが、これはまったく堕落していて、そこではいかなる法も成立することはない。さらに、以上のべたものが融合した国制なるものもあるが、これが最善である。[225] こうした国制に対応するのが、イシドールスがのべているように[226]、「貴族たちが人民とともども確立・認可したところの」法である。

第四に、人間的行為を指導するものであるということが人定法の本質に属する。ここからして、法はことがらの多様なるに応じて——これらのことがらについて法は制定されるのであるが——区別されるのであって、これらの法は時として制定者の名をとって呼ばれることがある。たとえば、姦淫に関しては「ユリウス法」[227]、殺人に関しては「コルネリウス法[228]」、等といったふうに区別されるが、これは制定者にもとづいて区別しているのではなく、法が取りあつかっていることがらにもとづく区別である。

(一)については、それゆえ、こう言うべきである。万民法は結論をひきだすという仕方で自然法から導出されるかぎりにおいては、たしかに或る意味では人間にとって――かれが理性的であるかぎりにおいて――自然本性的である。それら結論はあまり原理からへだたってはいないので、これらのことがらに関しては人々の間に容易に同意が成立する。しかし万民法は自然法からは区別されるのであり、とくにすべての動物に共通であるところの自然法から区別される[229]。

この他の異論にたいする解答は主文においてのべられたところから明白であろう。

第九十六問題（全六項）
人定法の権能について

次に人定法の権能 potestas について考察しなくてはならぬ(230)。この点をめぐって、六つのことがらが問題となる。

第一　人定法は全般的な仕方で in communi 制定されるべきか
第二　人定法はすべての悪徳を禁止すべきであるか
第三　すべての徳の行為を命ずることができるか
第四　人の良心を拘束するものであるか
第五　すべての人が人定法の下《もと》にあるか
第六　法の下にある者が法の字句から離れて行動することが許されるか

第一項　人定法は特殊的な仕方ではなく全般的な仕方で制定されるべきであるか

第一[231]については次のように進められる。――人定法は全般的な仕方で in communi ではなくて、むしろ特殊的な仕方で in particulari 制定すべきである、と思われる。なぜなら

㈠ アリストテレスは『ニコマコス倫理学』第五巻[232]において「諸々の実定法的なことがら legalia というのは、およそ個々の場合について法律として定立されることがら、ならびに諸般の議決・判決のようなことがらである」とのべているが、この後者もやはり個別的なものである。というのは議決・判決 sententia は個々の行為にかかわるものだからである。それゆえ、法はたんに全般的な仕方においてのみでなく、個別的な仕方においても制定される。

㈡ さきに言われたように(第九十問題第一、二項)、法は人間的行為を指導するものである。しかるに人間的行為は個別的なことがらにかかわっている。それゆえ、人定法は

一般的・普遍的な仕方をもってではなくて、むしろ個別的な仕方で制定されるべきである。

(三)　さきにのべられたように(第九十問題第一、二項)、法は人間的行為の規則であり規準である。しかるに『形而上学』第十巻で言われているように[233]、「規準は最も確実なものたるべきである」。したがって、人間的行為においては何らかの一般的・普遍的原理が、特殊的なことがらへの適用においてけっして欠けるところがないほど、それほどに確実であることは不可能であるからして、法は一般的・普遍的な仕方においてではなく、個別的な仕方で制定されることが必要であるように思われる。

しかし、その反対に、法学者ポムポニウスおよびケルスス[234]は「法はしばしば起こるところのことがらを考慮して制定されるべきであって、一度だけ起こりうるかもしれぬようなことがらのために制定されるべきではない」とのべている。

私は答える——。

およそ目的finisのゆえにあるところのものはすべて当の目的に適合せしめられているのでなければならない。しかるに法の目的は共通善である。というのは、イシドールスがのべているように、[235]「法はけっして私的な便益のためにではなく、市民たちの共同的な福祉のために制定されるべき」だからである。したがって人定法は共通善に適合せしめられている proportionata のでなくてはならない。

しかるに共通善は多くの要素をふくんでおり、したがって法は人 persona、業務 negotium、時機 tempus などに関して多くのことがらを考慮しなければならない。なぜなら、政治共同体は多くの人 personae からなりたっており、その福祉は数多《あまた》の行為・活動によって確保されるのだからである。またアウグスティヌスが『神国論』[236]でのべているように、政治共同体はただしばらくの間だけ存続するためにではなく、市民たちが次々と後を継ぐことによっていつまでも永続することをめざして確立されているのである。

㈠については、それゆえ、こう言うべきである。アリストテレスは(実定)法的なる正しさ justum legale、つまり実定的なる正・実定法 jus positivum について三つの部分を区別している。[237]すなわち、(1)たんに全般的な仕方で制定されているようなことがらがあり、これらは共通的な(すべての市民に共通なる)法である。彼はこの種の法に関して「実定法的なることがらとは、当初はこうであってもまたそれ以外の仕方であっても一向差支えを生じないのであるが、いったん定められるとそうでなくては差支えを生ずるようなことがらである」とのべ、その例として捕虜釈放のための身代金の確定を挙げている。⑵或る点では共通的であって、或る点では個別的であるようなことがらがあり、この種のことがらは「個人規定」privilegium と呼ばれるが、それはあたかも「個人的な privata 法 lex」とでも言うべきものである。なぜなら、それらは個々の人間にかかわるものでありながら、それらの権能は多くのことがらにおよぶからである。かれが「さらにおよそ個々について立法の行われていることがら」と付言しているのはこの点を考慮してのことである。⑶さらに或ることがらは、それらが法であるからではなく、共通的なる法が或る特定の事例にたいして適用されたものであるとの理由からして法的なことがらと呼ばれる。その例は法 jus の効力をもつと見なされるところの「議決・判決」sententia であり、この点を指してアリストテレスは「議決・判決」的な性質のことがらも、というふうに付言しているのである。

(二)についてはこう言うべきである。およそ指導するところのものは多くのものを指導するのでなくてはならない。ここからして、アリストテレスは『形而上学』第十巻(238)において、「或る一つの類に属するところのすべてのものは、その類における第一のものたる、或る一つのものを規準とし、それによってはかられる」とのべている。なぜなら、はかられ、規制されるべきものの数だけ規則や規準があったならば、規則や規準というものの効用もなくなってしまうであろう。その効用というのは、一つのものからして多くのものが知られうる、ということにほかならぬ。これと同じく、法がただ一つの個別的な行為にかかわるだけであったならば、法について何の効用も認めえないことになろう。なぜなら個々の行為を導くためには思慮ある者(239)の個別的な命令・規定 praecepta singularia prudentium が与えられるのであり、これにたいして、さきにのべられたように(第九十二問題第二項第一異論)、法は共通的な規定である。

(三)についてはこう言うべきである。『ニコマコス倫理学』第一巻(240)で言われているように、「すべてのことがらにおいて同一の確実性を要求すべきではない」。したがって、自然界の出来事や人間的なことがらがそうであるように、偶然的なことがら res contingens においては、或ることがたとえ少数の事例において欠陥が見られても、大多数の事例においては真であるといった程度の確実性で充分なのである(241)。

第二項　すべての悪徳を抑止することは人定法の機能であるか

第二(242)については次のように進められる。——すべての悪徳 vitium を抑止することは人定法に属する機能である、と思われる。なぜなら

(一)　イシドールスは『語源集』第五巻(243)において「諸々の法は、それらにたいする怖れによって横暴さ audacia が抑制されるために制定された」とのべている。しかし、あらゆる悪 malum が法によって抑止されるのでなかったら、抑制は充分に為《な》されたとは言えないであろう。それゆえ、人定法はおよそいかなる悪といえども抑止すべきである。

(二)　立法者の意図するところは市民たちを有徳ならしめることである。しかるに、いかなる人も、すべての悪徳からへだてられるのでなければ有徳ではありえない。それゆえ、すべての悪徳を抑制することが人定法の機能に属する。

(三)　さきにのべたように(第九十五問題第二項)、人定法は自然法から導き出される。しかるに、すべての悪徳は自然法に反する。それゆえ人定法はすべての悪徳を抑止すべきである。

しかし、その反対に、アウグスティヌスは『自由意思論』第一巻においてこうのべている。「人民の統治のために制定されたこの法が、神的摂理ならそれを罰するようなことがらを許容するのは正当である、と私には思われる。」しかるに、神的摂理が罰するのは悪徳のみである。それゆえ、人定法が或る悪徳を抑止しないで、それらを許容することは正当である。

私は答える――。

すでにのべられたように(第九十問題第一、二項)、法は人間的行為にとっての或る規則もしくは規準として制定されている。しかるに、『形而上学』第十巻にあるように、(244)規則は「それによってはかられるものと同類 homogenea でなければならない」。なぜなら、それぞれ違ったものは違った規準によってはかられるからである。したがって法もやはり人々がおかれている条件に応じてかれらに課せられるのでなければならない。というのも、イシドールスがのべているように、(245)「法は(服従)可能であり、自然本性と国の慣習にかなうものでなければならぬ」からである。

しかるに何らかの働きを為す力 potestas もしくは能力 facultas は内的な能力態・習

慣habitusないし状態dispositioから出てくるものである。それというのも、徳という能力態を有しない者はそれを有する者(すなわち有徳なる者)と同一のことを為しえないのであり、それはまた子供が成人と同じことを為しえないのと同様である。このゆえに、法は成人にたいして課されているのと同じことを子供に課することはしない。というのも、成人にあっては法によって罰せられるか、あるいは少なくとも非難されるような多くのことがらが、子供には許容されているからである。これと同様に、有徳なる人々の間にあっては容認せられなかったであろうような多くのことが、徳において完全ではないところの人々には許容されてしかるべきである。

だが人定法は、その大多数が徳において完全ではないような人々(246)の集団のために制定されるものである。それゆえ、有徳な人々が避けるようなすべての悪徳が人定法によって禁止されるのではなく、人民の大部分が避けうるようなより重大な悪徳のみを、とくに、それを禁止することなしには人間社会が保持せられえないような、他人に害悪を及ぼすような悪徳を禁止するのである。たとえば、殺人、盗み、およびこの種のことがらが人定法によって禁止される。

(一)については、それゆえ、こう言うべきである。ここで言う横暴さaudaciaとは他人に危害を加える行為を意味しているように思われる。したがって、何よりもそれが隣人にたいして害悪を為すというあの罪に属するものであり、そうした罪は本項主文でのべられたように、人定法によって禁止されている。

㈡についてはこう言うべきである。人定法は人々を徳へと導くことを意図するのであるが、急激に subito ではなく、段階を追って gradatim 導こうとするのである。それゆえ、人定法はすでに有徳である人々に属するところのことがら、すなわち、すべての悪を避けることをただちに不完全な人々の集団に課することはしない。さもなければ、これらの不完全な人々は命ぜられたことを実行できなくて、もっとひどい悪へ走るであろう。それは『箴言《しんげん》』第三十章(第三十三節)に「鼻をあまりひどく[247]かむと血が出る」と言われており、また『マタイ福音書』第九章[248](第十七節)に、「もし新しい葡萄酒《ぶどうしゅ》(つまり完全な生活の掟)が古い革袋(つまり不完全な人々)にいれられると、革袋は裂け、葡萄酒は流れ出る(すなわち、命令は軽蔑され、人々はこうした軽蔑からしてよりひどい悪へ走る)」と言われているごとくである。

㈢についてはこう言うべきである。自然法はわれわれにおける永遠法の何らかの分有であるが、これにたいして人定法は永遠法(の分有)に達しえないところがある。なぜなら、アウグスティヌスは『自由意思論』第一巻[249]において次のようにのべているのである。

「国々の統治のために制定されるところのこの法は、神的摂理によって罰せられるような多くのことがらを容認し、罰せられないままに放置している。だが、この法がすべてのことを為さないからといって、それが為すことまで非難すべきいわれはない。」こういうわけで、人定法は自然法が禁じているところのすべてを禁止することはできないのである。

第三項　人定法はすべての徳の行為を命ずるか

第三㉕⓪については次のように進められる。――人定法はすべての徳の行為を命ずるのではない、と思われる。なぜなら

(一)　諸々の徳の行為に対立しているのは悪徳的な行為である。しかるに前述のように(第二項)、人定法はすべての悪徳を禁止するのではない。それゆえ、また、すべての徳の行為を命令することもしない。

(二)　徳の行為は徳があって初めてそこから生ずるものである。しかるに徳は法のめざ

す終極・目的 finis である。したがって、徳からでてくるものが法の規定の下にはいることはできない。それゆえ人定法はすべての徳の行為を命ずるものではない。

㈢　前述のように（第九十問題第二項）、法は共通善に秩序づけられている。しかるに徳の行為の中には共通善にではなくて、私的善に秩序づけられているものがある。それゆえ法はすべての徳の行為を命ずるのではない。

しかし、その反対に、アリストテレスは『ニコマコス倫理学』第五巻[252]において次のようにのべている。「法は勇敢なひとに属すべき行為とか、節制的なひとに属すべきそれとか、穏和なひとに属すべきそれとかを為すように命じており、同じくまた、その他の徳と非徳にわたってあるいは行為を命じ、あるいは行為を禁じているのである。」

私は答える――。

さきにのべられたところからあきらかなように（第五十四問題第二項、第六十問題第一項、第六十二問題第二項）、諸々の徳の種的な区別はその対象にもとづいて為される。しかるに諸々の徳の対象はすべて或るひとの私的な善にたいしてか、あるいは集団の共通善に関係づけられることが可能である。たとえば或るひとは勇気 fortitudo に属することがらを国を防護するためにも、あるいは友の正当な権利 jus を擁護するためにも為しうるのであって、この他の場合にあっても同様である。

しかるに前述のように（第九十問題第二項）、法は共通善に秩序づけられている。それゆえ、およそいかなる徳であっても、法はそれに属する行為を命ずることができる。しかし、人定法はすべての徳についてすべての行為を命ずるのではなくて、共通善へと秩序づけられうるような行為のみを命ずるのである。[253] この秩序づけは、或ることが直接に directe 共通善のために為される場合のように直接的・無媒介的 immediate であるか、あるいは立法者によって（市民たちの）善き規律・訓練に属することがらが規定される場合のように間接的 mediate である。すなわち、こうした訓練を通じて市民たちは正義[254]や平和[255]などの共通善を維持してゆくように教導・形成されるのである。

(一)については、それゆえ、こう言うべきである。人定法はすべての悪徳的な行為を規定・命令によって拘束するという仕方で禁止するのではなく、またそうした仕方ですべての有徳な行為を命ずるのでもない。だが個々の悪徳に関連して何らかの行為を禁止するのであり、そのようにまた個々の徳について何らかの行為を命ずるのである。

(二)についてはこう言うべきである。或る行為が徳の行為であると言われるのには二つの仕方がある。その一つはひとが諸々の有徳なること virtuosa を為すことにもとづくものであり、たとえば正しいことを為すのは正義という徳の行為であり、勇気あることを為すのは勇気(という徳)の行為にほかならず、この意味で法は何らかの徳の行為を命ずるのである。もう一つの仕方は、或るひとが諸々の有徳なること virtuosa を、有徳なる者 virtuosus が為すような仕方で為すところから、その行為が徳の行為と呼ばれるものである。そしてこのような行為は常に徳から出てくるものであり、またそれは法の規定・命令の下に入るものではなく、むしろ立法者がそこへと導くことを意図するところの終極・目的である。

(三)についてはこう言うべきである。前述のように(本項主文)、直接的にせよ間接的にせよ、とにかくそれの行為が共通善へと秩序づけられえないような徳というものは存在しない。

第四項　人定法は良心の法廷において人間を拘束するか

第四[256]については次のように進められる。――人定法は良心の法廷[257] forum conscientiae において人間を拘束する imponere necessitatem ものではない、と思われる。なぜならば、

(一)　下位の権能 potestas は上位の権能による裁判に関して何ら法を課することはできない。しかるに、人定法を制定するところの人間的権能は神的権能の下位にある。それゆえ人定法は神的な裁判、つまり良心の裁判(判断)に関して何ら法を課することはできない。

(二)　良心の判断は神的命令に依存するところが最も大きい。しかるに時として神的命令は人定法によって無効にされる。それは『マタイ福音書』第十五章(第六節)に「あなたがたは自分たちの言い伝えのゆえに神の命令を空しいものとした」とのべられているごとくである。それゆえ人定法は良心に関しては人間を拘束することはない。

(三)　人定法はしばしば人々を罪人呼ばわりし、危害をおよぼすものであって、そのことは『イザヤ書』第十章(第一―二節)に「禍《わざわ》いなるかな、邪悪なる法を制定し、判決を書き記すときは不正なる判決を書き記し、かくて裁判において貧しき者を圧迫し、わが民のうちの卑しい者の権利を侵す者どもよ」とあるごとくである。しかるに、人はだれでも圧迫や暴力を避けることを許されている licitum。それゆえ人定法は良心に関して言えば人間を拘束するものではない。

ている。

しかし、その反対に、『ペテロの第一書翰』第二章(第十九節)に「人がもし良心のゆえに、(258)不正な仕うちを受けながら、苦しみに耐えるならば、それは恩寵である」と言われている。

私は答える——。

人間によって制定された法は正しいか不正であるか、である。もし正しいならば、その源泉たる永遠法からして、良心の法廷において責務を課する力 vis obligandi を有する。(259)それは『箴言』第八章(第十五節)に、「われによって諸王は統治し、立法者たちは正しいことがらを命ずる」とあるごとくである。

しかるに、法は三つの観点からして正しいと言われる。(1)その目的 finis からして、すなわち、法が共通善に秩序づけられているときに。(2)その制定者 auctor からして、すなわち、制定された法が立法者の権限を超えていないときに。(3)その形相 forma からして、すなわち共通善をめざして、比例的均等性にもとづいて secundum aequalitatem proportionis 諸々の負担が市民たちに課せられるときに。なぜなら、一個の人間は集団の部分であるところから、およそいかなる部分も部分たるかぎり全体に属するように、いかなる人間もかれ自身、およびそのもつところのものは集団に属するものだからである。(260)ここからして自然的事物にあっても全体を救うために部分に何らかの損害を被《こうむ》らせることがある。(261)したがって、負担を比例にかなった仕方で proportionabiliter 課するところのこうした法は正しいものであって、良心の法廷において拘束的であり、正当な法 leges legales である。

これにたいして、法が不正であるのは二つの仕方においてである。その一つは、右にのべたことと反対に人間的善に対立することによってである。すなわち、目的について言えば、或る支配者が共同の福祉ではなく、おのれの欲望や名声を実現するための負担の重い法を市民たちに課する場合である。また制定者について言えば、或る者が自分に委託された権限を超えて法を制定する場合である。さらに形相について言えば、たとえ共通善をめざしてではあっても、集団にたいして負担が不均等な仕方で配分される場合である。このような法は法というよりはむしろ暴力 violenita である。なぜなら、アウグスティヌスが『自由意思論』第一巻(262)においてのべているように「正しいものでなかったような法は法とは見なされない」からである。したがって、このような法は良心の法廷において拘束力を有しない――思うにおそらく、躓《つまず》き scandalum (263)や騒動を避けるために、というのでなければ。こうした理由のためには、ひとは自分の正しい主張さえも放棄しなくてはならないのであって、それは『マタイ福音書』第五章（第四十、四十一節）に、「あなたに千歩行けと強いるような者とは、いっしょに二千歩行きなさい。あなたの上着を取ろうとする者にはマントも与えなさい(264)」と記されているごとくである。もう一つは、神的なる善に対立することによって法が不正である場合であって、たとえば偶像礼拝や、その他、およそ神法に反するようなことがらをさせる僭主たちの法がこれにあたる。このような法にはけっして従ってはならない。なぜなら『使徒行録』第五章（第二十九節）に言われているように、「人間によりはむしろ神に従わなくてはならない」からである。

(一)については、それゆえ、こう言うべきである。使徒パウロが『ローマ人への書翰』第十三章（第一節）でのべているように、「すべての人間的権能は神からのものである」。それゆえに、当の権能の範囲内のことがらに関して「権能にさからう者は、神の定めにさからうものであり(265)」、そのゆえに良心に従って咎《とが》あるものとなる。

(二)についてはこう言うべきである。この議論は神の命ずることに反するような人定法についてのべられているものである。ところで、そのようなことは（人間的）権能の範囲を超えるものであり、したがってこのようなことがらにおいては人定法に従うべきではない。

㈢についてはこう言うべきである。この議論は(法の下にある)市民にたいして不正な重荷を課するところの法についてのべられており、そうしたことは、たとえ神から授けられた権能であっても、その範囲を超えている。したがって、このようなことがらにおいてもひとは法に従う責務はない――もしも躓き、もしくはより大きな害悪なしに抵抗することができるならば。

第五項　すべての者が法の下にあるか

第五㉖⑥については次のように進められる。――すべての者が法の下にあるのではない、と思われる。なぜなら

㈠　その者にたいして法が課せられるところの者だけが法の下にある。しかるに使徒パウロは『テモテへの第一書翰』第一章(第九節)において「正しい人にたいしては律法は課せられていない」とのべている。それゆえ、正しい人々は人定法の下にはない。

(二) 教皇ウルバヌス二世の次の言葉が『法令集』(267)に収められている。「私的な法 lex privata によって導かれている者は公的な法 lex publica によって強制される理由は何もない。」しかるに『ローマ人への書翰』第八章(第十四節)に「神の霊によって導かれる者は神の子である」とあるところによって、神の子であるところの霊的な人々はすべて聖霊の私的な法によって導かれている。それゆえ、すべての人間が人定法の下にあるのではない。

(三) 法学者ウルピアヌス(268)は「君主は法の拘束を受けない」とのべている。しかるに法の拘束を受けない者は法の下にはない。それゆえすべての者が法の下にあるのではない。

しかし、その反対に、使徒パウロは『ローマ人への書翰』第十三章(第一節)において、「人はみな上に立つ権威に従うべきである」とのべている。しかるに、権能によって制定される法に従わないところの者は、権能に従っているとは思われない。それゆえ、すべての人間が法の下にあるべきである。

私は答える——。

前述のところからあきらかなように(第九十問題第三項第二異論解答)、法はその本質からして二つの側面を有する。第一は人間的行為の規則 regula であるということであり、第二は強制力 vis coactiva を有するということである。ここからして、或る人は二つの仕方で法の下にあることができる。

その一つの仕方は、規制されるものが規則にたいするような場合であり、この仕方においては権能 potestas の下にある者はすべて当の権能が制定するところの法の下にある。しかるに或る人が権能の下にはいらないという事態は、二つの仕方で起こりうる。その一つは、無条件的に simpliciter 当の権力への服従から解除されている absolutus ことによるものであって、たとえば一つの国 civitas ないし王国 regnum に属する人々は、他の国や王国の君主が制定した法にも、その支配にも服することがないのである。もう一つはより上位の法によって支配されていることによる。たとえば、もし或る人が地方総督の下にいるならば、かれの命令によって規制されなければならないが、かれが皇帝から免除 dispensatio を授けられているところのことがらに関してはそうではない(269)。というのもそれらのことがらに関しては、より上位の命令によって導かれているがゆえに、より下位の命令による強制を受けないからである。このようなわけで、端的に言えば法の下にあるところの者が、或ることがらに関しては、上位の法によって支配されるところからして、当の法によって拘束されないという事態が起こるのである。

しかしもう一つの仕方においては、或る人は、強制されている者が強制するものにたいするような仕方で、法の下にある。このような仕方においては有徳なる人々や正しい人々は法の下にはなく、ひとり悪しき者どものみが法の下にある。なぜなら、強制的coactum ならびに暴力的 violentum[270] なことがらは意志に対立するものだからである。しかるに善い人々の意志は法と合致しており、悪しき人々の意志はこれと不一致である。それゆえ、この意味では、善い人々は法の下にはなく、ただ悪い者どものみが法の下にある。

(一)については、それゆえ、こう言うべきである。この議論は強制という仕方による服従についてのべられている。なぜなら、この場合には「正しい人々にたいしては律法は課せられていない」――なぜなら使徒パウロが『ローマ人への書翰』第二章(第十四節)でのべているように、「律法の働きが自らの心に書き記されていることを示すがゆえに、かれらは自らにとって律法である」からである。

(二)についてはこう言うべきである。聖霊の法は人間によって制定されたすべての法よりも上位にある。それゆえに、霊的な人間は聖霊の法によって導かれているかぎり、聖霊の導きに反するようなことがらに関しては、法の下にはない[271]。しかしながら霊的な人間が人定法の下にあるということ自体が聖霊の導きによることであって、それは『ペテロの第一書翰』第二章（第十三節）に「あなたがたは神のゆえに、人間が作ったすべての制度に従いなさい」とあるごとくである。

㈢についてはこう言うべきである。君主は法の強制力に関するかぎり、法によって拘束されないと言われる。なぜなら、厳密に言えばなんぴともおのれによって強制されることはないのであるが、法は君主の権能によるのでなければ強制力をもつことはないからである。こういうわけで、君主が法によって拘束されないと言われるのは、たとえかれが法に背いたとしても、なんぴともかれを罪に定める判決を下すことはできないからである。ここからして『詩篇』第五十（第六節）の「私はあなたにたいしてのみ罪を犯した」という一節について、『註釈』(272)は「王はおのれの為したことを裁くような者をもたぬ」とのべている。

しかし、法の指導的な力 vis directiva について言えば、君主は自分の意志でもって法に従うのであって、この点は『グレゴリウス九世法令集』(273)に「なんぴとにもあれ、他の者のために法を定めた者は、自らもその同じ法を守るべきである」と言われているごとくである。また権威ある賢者（賢者の権威）sapientis auctoritas(274)も「あなたは自分が制定した法に従いなさい」とのべている。また『マタイ福音書』第二十三章（第三節）に言われているように、「言うだけで実行しない者」や「他の人々に重荷をおしつけて、自分はそれを指で動かそうとも欲しない者」㉗⑤は主によって叱責《しっせき》されている。したがって神の審判の前にあっては、君主も法の指導的な力に関するかぎり、法の拘束から除外されてはいないのであって、強制されてではなく自分の意志で法を遵守しなければならない。なおまた、君主は適宜と認めた場合には法を改変し、また場所と時期に応じて法からの免除を授けることができるかぎりにおいても、法の上に立つ者である。

第六項　法の下にある者が法の字句からはずれて行為することが許されるか

第六㉗⑥については次のように進められる。——法の下にある者は法の字句からはずれて praeter verba legis 行為することは許されない、と思われる。なぜなら

㈠　アウグスティヌスは『真の宗教について㉗⑦』の中で次のようにのべている。「現世的な法 lex temporalis においては、人々はそれらを制定する際にはそれらについて判断

するが、ひとたび制定され、確定されたうえは、それらについて判断することは許されず、むしろそれらにもとづいて判断すべきであろう。」しかるに、もし或る人が、自らいるように思われる。それゆえ、法の下にある者にとっては、立法者の意図をくむために、法の字句を無視することは許されない。

(二)　法を解釈する interpretari ことは法を制定する者にのみ属する機能である。しかるに、およそ法の下にある者には法を制定するという機能は属しない。それゆえ、立法者の意図を解釈するという機能もかれらに属するものではなく、かれらは常に法の字句にもとづいて行為すべきである。

(三)　すべて知恵ある者 sapiens はおのれの意図を言葉でもってあきらかにするすべを心得ている。しかるに法を制定する人々は知恵ある者であると考えられるべきである。なぜなら神の知恵 Sapientia は『箴言』第八章(第十五節)において「私によって王たちは統治し、立法者たちは正しいことがらを命ずる」と語っているからである。それゆえ、立法者の意図は法の字句によるのほかは判断すべきではない。

しかし、その反対に、ヒラリウスは『三位一体論』第四巻(278)においてこうのべている。

「語られたことの意味はそれが語られる根拠・理由 causa からくみとるべきである。なぜなら、ことがらが言語 sermo に従属するのでなく、言語がことがらに従属すべきものだからである。それゆえ、法の字句そのものよりは、立法者の動機となった理由のほうにより注意をはらうべきである。

私は答える――。

さきにのべたように(第九十問題第二項、第九十六問題第四項)、法はすべて人々の共同の福祉に秩序づけられており、またそのかぎりにおいて法たるの力と本質とを有する。他方、この点において欠けるかぎりにおいて拘束力を有しない。ここからして法学者モデスティヌス(279)は次のようにのべている。「人々の福祉のために健全なる仕方で導入されたところのことがらを、われわれが厳格な解釈を加えて、人々の便益に反して苛酷なものにしてしまうことは、法の道理 ratio juris から言っても、衡平の仁慈 benignitas aequitatis から言っても許されないところである。」

しかるに、或る規定を守ることが大多数の場合には ut in pluribus 共同の福祉にとって有益でありながら、或る場合にはきわめて有害である、といったことがしばしば起こることがある。

したがって、立法者は個々の事例をすべて見通す intueri ことは不可能であるから、共同の利益を意図しつつ、大多数の場合に起こるところのことがらにもとづいて法を制定する。したがって、このような法を遵守することが共同の福祉にとって有害であるような事態が生じたならば、その法をそのまま守るべきではない。たとえば、包囲された都市において、その都市の門は閉ざしておくべしとの法が制定されたとすれば、この法は大多数の場合、共同の福祉にとって有益である。しかし、敵がこの都市の守備にあたっている或る市民たちを追撃してくるという事態が起こったならば、それらの市民たちのために門を開いてやらなかったら都市にとって大打撃となろう。したがって、このような場合には、立法者によって意図されている共同の利益を確保するために、法の字句に反して門を開くべきである。

とはいえ、次のことに考慮をはらわなければならない。すなわち、法を字句通りに守ることが、ただちに対処することを要するような突発的な危険をともなうのでなければ、国にとって何が有益であり、何が有益でないかを解釈する機能は、だれにでもゆだねられているわけではない。むしろ、この機能は、このような(例外的な)事態のゆえをもって法からの免除を授ける権威を有するところの、首長・支配者にのみ属する。だが危険が突発的であって、上長に伺いをたてる余裕がなかったならば、その緊急さそのものからして（法からの）免除が与えられる。というのも緊急さ・必然性 necessitas は（人定）法に服するものではないからである。

㈠については、それゆえ、こう言うべきである。緊急な事態にさいして法の字句をはずれて行為するところの者は、当の法そのものについて判断するのではなく、むしろ個別的な場合について判断しているのであって、当の場合に関しては法を字句通りに守るべきではないことを見てとっているのである。

㈡についてはこう言うべきである。立法者の意図に従っているところの者は法を端的な意味で simpliciter 解釈しているのではなく、明白な害悪が現われているところから、立法者の意図したところは別にあることが明白であるような場合について解釈しているのである。だから、もし疑義があったならば、法の字句通りに行為するか、上長の指示を仰ぐべきである。

㈢についてはこう言うべきである。いかなる人間の知恵も個々の事例をすべて考慮しつくせるほどのものではない。したがって、言葉によってはその意図している目標と合致するところのことがらを充分に言いあらわすことはできない。またもし、立法者がすべての事例を考慮することができたとしても、混乱を避けるために、すべてのことを言いあらわすべきではない。かれはむしろ、大多数の場合に起こることがらにもとづいて法を制定すべきである。

第九十七問題（全四項）
法の改変について

次に諸々の法の改変 mutatio について考察しなくてはならぬ。(280) この点をめぐって四つのことがらが問題となる。

第一　人定法は可変的であるか
第二　それは何かよりよいことを思いついたたびに常に改変されるべきか
第三　それは慣習によって廃されうるか、また慣習が法の力をもちうるか
第四　人定法の適用はそれを司《つかさど》る者の裁量によって改変されるべきか

第一項　人定法は何らかの仕方で改変されるべきか

第一[281]については次のように進められる。——人定法はいかなる仕方においてもけっして nullo modo 改変されるべきではない、と思われる。なぜなら

(一)　さきにのべられたように(第九十五問題第二項)、人定法は自然法から導き出される。しかるに自然法は不変なるものとして永続する。それゆえ人定法もまた不変なるままに永続するのでなければならぬ。

(二)　アリストテレスが『ニコマコス倫理学』第五巻[282]でのべているように、「規準は最も恒久的でなければならない」。しかるに、さきに言われたように(第九十問題第一、二項)、人定法は人間的行為の規準である。それゆえ、それは不可変的に永続するのでなければならぬ。

(三)　さきに言われたように(第九十五問題第二、三項)、正義にかない justa、かつ(道徳的に)正しい recta ことは法の本質に属することである。しかるにひとたび正しければ、常に正しい。それゆえ、ひとたび法であるものは常に法であるのでなければならぬ。

しかし、その反対に、アウグスティヌスは『自由意思論』第一巻(283)において「現世的な法は、いかに正しいものであろうと、時がたつにつれて正しい仕方で改変されることが可能である」とのべている。

私は答える――。

さきにのべられたように(第九十一問題第三項)、人定法はそれによって人間的行為が導かれるところの何らかの理性の命令 dictamen rationis であるところから、人定法が正しい仕方で改変されるためには二つの根拠・理由 causa がありうる。その一つは理性の側からのものであり、これにたいしてもう一つは、その行為が法によって規制されるところの人間の側に由来する。

理性の側から言えば、人間の理性にとっては不完全な状態から完全な状態へ次第にたどりつくということが自然なことであると考えられるからである。ここからしてわれわれは思弁的な学問において、最初に哲学した人々が論じたところの何らかの不完全なことがらが、後につづく人々の論述を通してより完全なものになっているのを見るのである。これは実践的な問題においても同様である。すなわち、人々の共同体の役に立つような何らかの制度をつくりだそうと意図した最初の人々は、自分たちだけではすべてのことを考慮することができなかったので、多くの点で欠陥をふくむような不完全な制度を定めたのであるが、それを後代の人々は改変して、共同の福祉のためにならないような点がより僅《わず》かなものにとどまるような制度を定めたのである。

これにたいして、法によってその行為を規制されているところの人々の側から言えば、法は人々の条件が変化することを理由に――かれらにとってはその条件が様々に変わるのに応じて様々の異なったことが有益となる――正しい仕方で改変される。これはアウグスティヌスが『自由意思論』第一巻㉘④で例示している通りである。すなわち「もし人民が自制心と責任感をそなえ、共同の福祉の維持に大きな心づかいを示すならば、このような人民にたいして、国を統治すべき行政官たちを任命する権限を授けるような法を制定することは正しい。しかしこの同じ人民がしだいに堕落して、票を売り、統治を無頼の徒や犯罪者の手にゆだねるようになったならば、人民からこうした任命権が奪われ、少数のすぐれた人々の決定に帰することが正しいのである」。

㈠については、それゆえ、こう言うべきである。さきに言われたように(第九十一問題第二項、第九十六問題第二項第三異論解答)、自然法は永遠法の何らかの分有であり、それゆえに不可変なるものとして永続する。そのことは、自然本性を創造したところの神的理性の不可変性と完全性とによるものである。しかるに人間的理性は可変的で不完全であるから、その法も可変的である。さらにまた、自然法は恒久的なものであるところの或る普遍的な諸規定をふくんでいるのにたいして、人間によって制定された法は、生起してくる様々の事態に対応するために、何らかの特殊的な規定をふくむものなのである。

㈡についてはこう言うべきである。規準は可能なかぎりにおいて恒久的でなければならない。しかし、可変的なる事物の世界においては、まったく不可変なるままに永続するようなものはありえないのであり、したがって人定法がまったく不可変であることは不可能である。

㈢についてはこう言うべきである。物体的な事物について「正しい」rectum という言葉が用いられる場合には、それは無条件的に(他のものとの関係においてではなく)用いられている。したがって、そのもの自身に関するかぎり、常にその正しいことにかわりはない。しかし法の正しさ rectitudo は共同の利益との関係において語られるものであるが、前述のように(本項主文)、いつでも同一のものが共同の利益にかない、それに適合するわけではない。したがって、この種の正しさは可変的である。

第二項　人定法は何かよりよいものを思いついたたびに常に改変すべきであるか

第二[285]については次のように進められる。――人定法は何かよりよいものを思いついたたびに常に改変すべきである、と思われる。なぜなら

(一)　人定法は他の諸々の技術 artes もそうであるように、人間的理性によって創案されたものである。しかるに他の諸技術においては、以前把持されていたものは、何かよりよいものが思いつかれたならば、それに変更される。それゆえ人定法においても同様のことをすべきである。

(二)　われわれは過ぎ去ったことがらにかんがみて将来のことに備えることができる。しかるに、よりよい案が考えつかれるのに応じて人定法が改変されてきたというのでなかったら、古い法は多くの不備な点をふくんでいるのであるから、数々の不都合が生じたことであろう。それゆえ、法は何か制定すべきよりよいことが思いつかれるたびごとに改変すべきであるように考えられる。

㈢　人定法は人々の個別的な行為に関して制定される。しかるに、個別的なことがらにおいては経験による per experientiam ことなしには完全な認識に到達することはできないのであるが、経験は『ニコマコス倫理学』第二巻㉘に言われているように、「時を要する」。それゆえ、時の経過にともなって何か制定すべきよりよいことが思いつかれるように思われる。

しかし、その反対に、『法令集㉘』にはこう言われている。「われわれがむかし父祖たちから受けついだ伝統が侵害されるような目にあうのは、愚かであり、きわめておぞましき恥辱である。」

私は答える――。

さきに言われたように（第一項）、人定法はその改変によって共同の利益に資するところがあるかぎりにおいて、正しい仕方で改変される。しかるに、そもそも法の改変そのものが、それ自体において見た場合、共同の福祉を或る程度阻害するものである。なぜなら、共通の慣習に反して為されることは、たとえそれ自身些細《ささい》なことであっても、より重大なことがらと映るかぎりにおいて、慣習というものは法の遵守に大いに力をかすものだからである。ここからして、法が改変される場合、そこで慣習が廃されることになるかぎりにおいて、法の拘束力は減少する。したがって、人定法はその改変からして共同の福祉が阻害されるだけ、それだけ他の面で補いがつくのでなければ、けっして改変されるべきではない。

こうした補いは、一つには或るきわめて大きくかつ明白な利益が新しい法規によって生ずる、ということによって為されるであろう。また、これまで慣習的となっていた法が明白な邪悪さをふくむとか、あるいはそれを守ることが大いに有害であるといった、改変を緊急に必要とする事態からして、そうした補いが為されるであろう。このゆえに法学者ウルピアヌス(288)はこうのべている。「新しく何らかのことを制定するにあたっては、長い間衡平にかなうものと見なされてきた法から離れる、ということの利益が明白でなければならぬ。」

(一)については、それゆえ、こう言うべきである。技術に属することがらはただ理性のみからその有効さを得てくる。したがって、何かよりよいことが思いつかれるたびごとに、以前把持されていたことは改変されるべきである。しかし、法はアリストテレスが『政治学』第二巻でのべているように、その最大の力を慣習から得てきている。したがって法は軽々しく改変すべきではない。

㈡については、こう言うべきである。この議論は法が改変されるべきことを結論しているのではあるが、どのような改善のためにでもというのではなく、大きな利益もしくは必要性のゆえをもって改変は為されるべきであることを結論しており、この点、主文でのべた通りである。

㈢についても右と同じように解答すべきである。

第三項　慣習が法の力を獲得することが可能か

第三[289]については次のように進められる。——慣習 consuetudo が法の力を獲得することも、法を廃止することも不可能である、と思われる。なぜなら

㈠　前述のところからあきらかなように（第九十三問題第三項、第九十五問題第二項）、人定法は自然法ならびに神法から導き出される。しかるに、人々の慣習は自然法をも、また神法をも改変することはできない。それゆえ、慣習が人定法を改変することも不可能で

ある。

㈡　多くの悪から一つの善が生ずることなどありえない。しかるに、最初に法に反する行為をなしはじめた者は悪を為す者である。それゆえ、同様の行為がいくら重ねられても何らかの善が生ぜしめられることはない。しかるに法は人間的行為の規則であるから、何らかの善である。それゆえ、慣習そのものが法の力を獲得するという仕方で、慣習が法をおしのけることは不可能である。

㈢　法の制定は共同体を統治するところの公的権力の担い手たち personae publicae に属する機能である。したがって私人 privata persona は法を作ることはできない。しかるに慣習は私人たちの行為を通じて力を得てゆくものである。それゆえ、慣習が法の力を獲得し、この力によって法をおしのけることは不可能である。

しかし、その反対に、アウグスティヌスは『カスラヌスへの書翰(290)』においてこうのべている。「神の民の習俗とわれわれの先祖の制度は法と見なすべきものである。(291)」そして神法に背く者と同様に、教会の慣習を軽んずる者どもも抑制されるべきである。

私は答える——。

すべての法は立法者の理性と意志から発出する。(292) すなわち、神法ならびに自然法は神の条理にかなった意志 voluntas rationabilis から発し、これにたいして人定法は理性によって規制された人間の意志から発出する。しかるに、実践的なことがらにおいては、人間の理性と意志は言葉によってと同じように、かれがじっさいに為すことによって明示される。なぜなら、なんびとにもあれ、かれがじっさいに行動にうつすところのことこそ、かれが善としてえらぶものにほかならぬように思われるからである。(293)

しかるに、人間の言葉が人間理性の内的な動きや考えをあらわにするものであるかぎりにおいて、それによって法が改変され、あるいはまた解明されることはあきらかである。したがってまた、慣習を形成するにいたるほどきわめて数多く重ねられた行為によっても、法が改変され、また解明されることが可能であり、さらにまた法たるの効力を有するような何らかのものが生ぜしめられることも可能である。つまり、こうしたことは、数多く重ねられた外的行為によって、内的な意志の動き interior voluntatis motus や理性の思考 conceptus rationis が最も有効に言いあらわされるかぎりにおいて可能なのである。それというのも、或る行為が数多く重ねられると、その行為は理性の熟考を経た判断 deliberatum rationis judicium から出てくるもののように思われるからである。

このような理由からして、慣習は法たるの力を有し、法を廃止し、かつ法の解釈者

interpretatrix である。

㈠については、それゆえ、こう言うべきである。すでに言われたように（本項主文）、自然法ならびに神法は神的意志から発出するものであるから、人間の意志から発出するところの慣習によっては改変されえないものであり、ただ神的権威によってのみ改変されることが可能である。したがって、いかなる慣習といえども神法や自然法に反して法たるの力を獲得することはできない。なぜならイシドールスは『類語』第二巻において「慣習は権威に服すべきであり、法と理性が邪悪な慣習を制圧すべきである」とのべているからである。(294)

㈡についてはこう言うべきである。さきに言われたように（第九十六問題第六項）、人定法は或る場合には欠陥を示すことがある。したがって、時としては、つまり法が欠陥を示すような場合においては法を離れて行為することが可能である。しかも、この場合、こうした行為は悪ではないであろう。したがって、何らかの人間的条件の変化によってこうした場合が数多く繰り返されたならば、慣習によって、当の法がもはや有用なものではないことがあきらかにされるであろう。ちょうど、（現行法と）反対の法が言葉によって公布された場合に、現行法がもはや有用なものでないことがあきらかにされるであろうように。しかしながら、もとの法を有用なものたらしめていた理由がそのままなお存続しているのならば、慣習が法にうちかつのではなく、法が慣習を制圧するのである。ただし、法が「国の慣習に照らして守ることが可能」――これは法の必要条件の一つであった㉙5――ではない、というただそれだけの理由で有用ではないと考えられる場合には別である。なぜなら、大衆の慣習を廃止することは困難だからである。

㈢についてはこう言うべきである。慣習がその間において成立するところの人民は二つの条件の下にあることが可能である。すなわち、もし人民が自由であって自らの法を制定しうる場合には、或ることを遵守すべしとする全人民の合意 consensus――これは慣習のあきらかにするところである――のほうが、人民を代表するかぎりにおいてでなければ法を制定する権能を有しないところの、首長・君主の権威よりも、よりまさっている。したがって、個々の人間は法を制定することはできないけれども、全人民は法を制定することが可能なのである。しかるに他方、人民が自分の法を制定したり、あるいは上位の権力によって課せられた法を排除する自由な権能を有しなかったとしても、こうした大衆の間にあって有効であるところの慣習そのものは、人民に法を課する権限を有する者によって容認 tolerare されているかぎりにおいては、やはり法たるの力を獲得する。なぜなら、かれらがそうした慣習を容認しているという事実そのものからして、かれらは当の慣習が導入したことを是認 approbare しているものと考えられるからである。

第四項　人民の支配者たちは人定法に関して免除を与えることができるか

第四[296]については次のように進められる。――人民の支配者たちは人定法に関して免除 dispensatio を与えることはできない、と思われる。なぜなら

(一)　イシドールスが『語源集[297]』においてのべているように、「法は共同の利益のために制定された」。しかるに共通善は或る個人の私的な便益のためになおざりにされるべきではない。なぜならアリストテレスが『ニコマコス倫理学』第一巻[298]でのべているように、「全国民の善は一個の人間の善よりもより神的だからである」。それゆえ、或る人にたいして共通的な法に反して行為してよいという免除を与えるべきではないと考えられる。

㈡　他の人々の上にたてられた者にたいして『申命記』第一章（第十七節）において「あなたがたは身分の高い者の場合と同じように、低い者の言い分を聴かねばならない。なんびとであれ、その身分に左右されてはならない、なぜなら審くのは神であるから」と命ぜられている。しかるに、すべての人々にたいして共通的に禁ぜられていることを或る者にたいして認めることは身分に左右されること・情実 acceptio personarum ㉙㉙ であるように考えられる。それゆえ、この種の免除を与えることは神法の規定に反することであるから、人民の支配者たちのなしえないところである。

㈢　人定法が正しいものであるためには、自然法および神法と調和しなければならない。そうでなければ、イシドールスが『語源集』第二巻㊿で言っているように、法の必要条件であるところの「宗教との調和」および「規律との一致」という条件が満たされないであろう。しかるに自然法や神法においてはいかなる人間もそれらの規定からの免除を与えることはできない。それゆえ、人定法に関しても同様である。

しかし、その反対に、使徒パウロは『コリント人への第一書翰』第九章（第十七節）において、「管理 dispensatio は私にまかせられている」とのべている。

私は答える——。

分与 dispensatio とは厳密に言って何か共同のものを個々の者に量りわけることを意味する。ここからして家長も家族の各々の者に仕事ならびに生活必需品を、適度の重さと量に応じて配分するかぎりにおいて、「分与者」dispensator と呼ばれる。同様にまたいかなる集団においても、或る人は何らかの共通の規定が個々の者によってどのように実行されるべきかを定めるところから、分与する dispensare と言われるのである。

しかるに、大多数の場合には人民の利益に役立つところの或る規定が、この人間にとって、もしくはこの場合においては適合しないということが時として起ることがある。その理由は、前述のところからあきらかなように(第九十六問題第六項)、それによって何かよりよいことが阻害されるとか、或る悪が導入されるということである。しかし、右のことが、さきにのべたように(同右)、明白にして突発的な危険にもとづく場合は別として、だれでもその判断するままにゆだねられたならば、危険なことであろう。したがって、人民を統治する機能を有するところの者が、自らの権威に依存するところの人定法に関して免除を与える権能 potestas dispensandi を有するのである。すなわち、法がそこにおいては欠陥を示すような人々、あるいは事例については、法の規定を守らなくてもよい、という許可 licentia を与えることができるのである。

しかしながら、もしかれがこうした理由がないのに、ただ欲するがままに pro sola voluntate 許可を与えるならば、かれは分与 dispensatio において忠実なる者 fidelis とは言えず、思慮なき者 imprudens であろう。じっさい、かれが共通善を意図しているのでないなら、不忠実であるし、免除を与えるべき理由を無視するならば無思慮であろう。このことのゆえに、主は『ルカ福音書』第十二章(第四十二節)において、「主がその家族の上にたてられた忠実にして思慮ある家令 dispensator はだれであるとあなたは思うか」とのべておられる。

(一)については、それゆえ、こう言うべきである。或る人にたいして共通的な法を守らなくてもよいという免除が与えられるとき、それは共通善を傷つけるような仕方においてではなく、共通善を増進しようとの意図をもって為されるべきである。

(二)　均等ではない人々にたいして均等ならざる取り扱いが為されたとしても情実 acceptio personarum があったとは言えない。したがって、或る人の条件からして、その人について特別の取り扱いが為されるべきことが条理をもって rationabiliter 要求される場合には、かれにたいして特別の恩恵が与えられたとしても、情実ということにはならない。

(三)についてはこう言うべきである。自然法はけっして誤ることのない共通的規定をふくむものであるかぎりにおいては、それに関して免除が与えられる余地はありえない。しかし、共通的規定からの結論とも言うべき、他の諸規定に関しては、時として人間によって免除が与えられることがある。たとえば、祖国を裏切る者にたいしては負債を返さなくてもよい、とかその類いのことがそれにあたる。しかるに、いかなる人間も神法にたいしては、私人 persona privata が公けの法 lex publica——かれ自身がそれに従属しているところの——にたいするような関係にある。ここからして、公けの人定法 lex humana publica に関しては、法の権威の源たるところの者、もしくはかれが委託した者をのぞいては免除を与えることができないように、神に由来するところの神法の規定 praecepta juris divini に関してはかれ自身、もしくは神が特別に委託した者をのぞけば、なんびとも免除を与えることはできないのである。(301)

第九十八問題（全六項）

旧法について

つづいては旧法 lex vetus について考察しなくてはならぬ。[302]
第一には旧法そのものについて。
第二にはその諸規定 praecepta について。[303]

第一の点をめぐって次の六つのことが問題になる。
第一　旧法は善いものであるか
第二　それは神からのものであるか
第三　神から天使たちの仲介を経てもたらされたものであるか
第四　万人にたいして与えられたものであるか

第五　万人を拘束するものであるか
第六　それは適当な時に与えられたか

第一項　旧法は善いものであったか

第一[304]については次のように進められる。――旧法は善いものではなかった、と思われる。なぜなら

㈠　『エゼキエル書』第二十章(第二十五節)に、「私はかれらに善いものではない規定と、かれらがそれによっては生きることのできない定めを授けた」と言われている。しかるに、法はそれがふくむ諸規定が善いものであるとの理由によってでなければ善いものとは言われない。それゆえ旧法は善いものではなかった。

㈡　イシドールスが『語源集』第二巻[305]においてのべているように、共同の福祉に資するところがあるということが法が善いものであるための要件である。しかるに旧法は福祉をもたらすもの salutifera ではなく、かえってむしろ死をもたらすもの mortifera で

あり、有害なものであった。なぜなら、使徒パウロは『ローマ人への書翰』第七章（第八節以下）において次のようにのべているのである。「律法がなければ罪は死んでいたであろう。私はかつて律法なしに生きていたが、戒めが来るにおよんで罪は生き返り、私は死んだ。」また、『ローマ人への書翰』第五章（第二十節）においてこうも言っている。「律法がはいってきて、罪が増し加わった。」それゆえ、旧法は善いものではなかった。

㈢　自然本性ならびに人間的慣習に照らして守ることの可能なものであることが、法が善いものであるための要件である。(306)しかるに旧法はこうした要件を備えていなかった。なぜならペテロは『使徒行録』第十五章（第十節以下）において「あなたがたはなぜ、われわれの先祖もわれわれ自身も負いきれなかったくびきを弟子たちの首にかけて神を試みるのか(307)」と語っているのである。それゆえ旧法は善いものではなかったように思われる。

しかし、その反対に、使徒パウロは『ローマ人への書翰』第七章（第十二節）において、「このようなわけで、律法は聖であり、戒めも聖であって、正しく、かつ善いものである」と言っている。

私は答える――。

何の疑いもなく旧法は善いものであった。教え doctrina は、それが正しい理性 ratio recta と合致するところからその善いものであることが示されるように、或る法もまた理性と合致するところからその善いものであることが示される。しかるに、旧法は理性と合致するものであった。なぜなら『出エジプト記』第二十章(第十七節)における「あなたはあなたの隣人のものを欲しがってはならない」という戒めがあきらかにしているように、旧法は欲情 concupiscentia を抑制したからである。旧法はまた、理性に反するところのすべての罪を禁じた。ここからして、旧法が善いものであったことはあきらかである。こうした論拠からして使徒パウロも『ローマ人への書翰』第七章において次のようにのべている。「私は内なる人 interior homo としては律法を悦《よろこ》ぶ」(第二十二節)。さらにこうも言っている。「私は律法が善いものであるがゆえに、それに同意する」(第十六節)。

しかしながら、ディオニシウスが『神名論』第四巻でのべているように、善には(308)種々の段階があることに注意しなければならない。なぜなら或る善は完全であり、或る善は不完全だからである。何らかの目的へと秩序づけられている事物の中にあって、或るものが目的に到達するのに自らだけで充分である per se sufficiens ようなものであれば、そこには完全な善性 perfecta bonitas が見出される。これにたいして、目的の到達のために何らかのことは為しえても、目的への到達のためには充分ではないところのものは不完全な善である。たとえば、人を癒《いや》すところの医術は完全に善であるが、人を(治癒へ向けて)助けることはできても、癒すことのできない医術は不完全な善である。

しかしまた、人定法と神法とではその目的・終極 finis が異なっていることを知っておかなければならない。なぜなら、人定法の目的は国の現世的な静穏さ temporalis tranquilitas であり、(人定)法は、国の平和な状態をかきみだすにいたりうるような諸々の悪に関するかぎり、人々の外的な行為を抑制することによってこの目的に到達するのである。(309) これにたいして神法の目的は人間を永遠的幸福という終極へと導くことである。(310) ところがこうした目的への到達はすべての罪によって阻害されるのであって、それはたんに外的行為のみによってではなく、内的行為によっても起こりうるのである。したがって、人定法の完全さのためにはそれで充分だとされること、すなわち罪悪を禁止し、刑罰を課することは、神法を完全なものにするにはたりないのであって、そのためには人間を全面的に永遠的幸福を分有しうるような者たらしめなければならないのである。そのことは、『ローマ人への書翰』第五章(第五節)にあるように、それによって「愛 caritas がわれわれの心に注ぎこまれる」ところの、聖霊の恩寵によるのでなければ為されえない。この恩寵は律法を成就するものである。なぜなら同第六章(第二十三節)で言われているように、「神の恩寵は永遠の生命である」からである。しかし、旧法はこの恩寵を授与することはできなかったのであって、それはキリストのものとして取っておかれていた。[311]というのは、『ヨハネ福音書』第一章(第十七節)にあるように、「律法はモーセによって与えられたが、恩寵と真理はイエス・キリストによって実現された」からである。こういうわけで、『ヘブライ人への書翰』第七章(第十九節)に「律法は何ごとをも完全なものへと導かなかった」と言われているように、旧法はたしかに善いものではあるが、不完全なものなのである。

(一)については、それゆえ、こう言うべきである。この箇所で主が語っておられるのは祭儀的規定[312] praeceptum caeremoniale についてである。それらが善いものではないと言われているのは、それらによって人々が罪人たることがあらわにされていながら、人々がそれによって罪から潔められたであろうような恩寵を授与することはしなかったからである。ここからして明確に「かれらがそれによっては生きることのできない定めを」、つまり、それによっては恩寵の生命を獲得することのできない定めを与えたと言われており、その後で「そして私は、かれらがすべての初子を捧げたとき、かれらの悪行のゆえにかれらをその捧げ物によって汚《けが》した」、つまり、かれらが汚れた者であることを示した、と付け加えられている。

(二)についてはこう言うべきである。律法が「殺した」と言われるのは、それが死を生ぜしめる原因であったとの意味においてeffectiveではなく、その不完全さからして死を招く機会になったとの意味においてoccasionaliterである。すなわち、人々がそれによって、律法が戒めたことを実行し、禁じたことを避けることができるところの恩寵を授与しなかったかぎりにおいて、律法は不完全だったのである。したがって、かの機会なるものは与えられたというよりは、人々によって捉えられたのである。ここからして使徒パウロも同じ箇所で「戒めによって機会を捉えた罪が私を欺き、戒めによって私を殺した」とのべている。さらにまた、これと同じ理由からして「律法がはいってきて、罪が増し加わった」lex subintravit ut abundaret delictumと言われているのであって、そこでのutは結果を示すものとしてconsecutive解すべきであって、原因的にcausaliter解すべきではない。すなわち、その意味するところは、人々は律法に機会を得て前よりももっと罪を犯したということである。その理由は律法による禁止の後においては罪がより重いものになったということでもあり、また欲情が増したということでもある。なぜなら、われわれは禁ぜられたことにたいしてはより大きな欲情をもやすものだからである。(313)

㈢についてはこう言うべきである。律法のくびきは恩寵の助けがなければ負いきれなかったであろうが、律法はその恩寵を与えはしなかった。なぜなら『ローマ人への書翰』第九章（第十六節）に「望む者や走る者によるのではなく」、つまり、神の命じたことがらを守ろうと欲し、実行しようと努力することによるのではなく、「憐《あわ》れんで下さる神による」と記されているからである。したがってまた『詩篇』第百十九（第三十二節）に「あなたが私の心を広くして下さったので」、つまり恩寵と愛との賜物によって、「私はあなたの戒めの道を走った」と言われている。

第二項　旧法は神からのものであったか

第二[314]については次のように進められる。――旧法は神からのものではなかった、と思われる。なぜなら

㈠『申命記』第三十二章（第四節）に「神のわざは完全である」と言われている。しかるにさきに言われたように（第一項、第九十一問題第五項）、律法は不完全であった。それゆ

え、旧法は神からのものではなかった。

(二)『伝道者の書』第三章(第十四節)に「私は神の為されるすべての業《わざ》が永遠に変わらぬことを学んだ」と言われている。しかるに旧法は永遠に変わらぬものではない。なぜなら使徒パウロは『ヘブライ人への書翰』第七章(第十八節)で「まことに前の戒めはその弱さと無益さのゆえに廃止された」とのべているのである。それゆえ旧法は神からのものではなかった。

(三)諸悪を取り除くだけではなく、諸悪の機会をも取り除くことが賢明なる立法者の為すことである。しかるに、さきにのべられたように(第一項第二異論解答)、旧法は罪の機会であった。それゆえ、『ヨブ記』第三十六章(第二十二節)に「立法者たちの間にあってかれのごとき者はひとりもいない」と言われる神が、このような律法を授けるわけはなかった。

(四)『テモテへの第一書翰』第二章(第四節)に「神はすべての人が救われることを望まれる」と言われている。しかるに、さきに言われたように(第一項、第九十一問題第五項第二異論解答)、旧法は人々の救いを実現するのに充分ではなかった。それゆえ、このような律法を授けることは神に属することではなかった。それゆえに旧法は神からのものではない。

しかし、その反対に、『マタイ福音書』第十五章（第六節）によると、主は旧法が与えられたところのユダヤ人たちに語りかけて、こう言われた。「あなたがたは自分たちの言い伝えのために、神の言葉を無にしてしまった。」ところで、そのすぐ前のところで（第四節）、「あなたの父と母を敬《うやま》え」と言われているが、これはあきらかに旧法にふくまれているものである。それゆえ旧法は神からのものである。

私は答える――。

旧法はわれらの主イエス・キリストの父なる善き神によって授けられた。なぜなら、旧法は人々を二つの仕方でキリストへと秩序づけたのである。その一つは、キリストを証言することによってであり、ここからして『ルカ福音書』第二十四章（第四十四節）によると、主は自ら「律法と詩篇と預言とに、私について書いてあることはすべて成就しなければならなかった」と語っておられる。また『ヨハネ福音書』第五章（第四十六節）によると、「もしあなたがたがモーセを信じたのなら、私をも信じたことであろう。モーセが書いたのは私のことだからである」とも語られている。もう一つの仕方は、何らかの傾向づけ dispositio という仕方によるものであった(315)。すなわち、旧法は人々を偶像礼拝から遠ざけることによって、唯一なる神——人類はその神によってキリストを通じて救われるべきであった——の礼拝の下にかれらを包みこんだのである。ここからして使徒パウロは『ガラテヤ人への書翰』第三章(第二十三節)において「信仰が来る以前は、私たちはやがて示されるはずの信仰を期待しつつ、律法への守りの下におかれ、閉じこめられていた」と語っている。しかるに、目的へと向かって傾向づけることと、目的へと到達させることとが同一人に属することは明白である。そして私が「同一人」と言うのは、その人は自らそのことを為すか、あるいは自分の従者を通じて為すか、をふくめてのことである。なぜなら、それによって人々がキリストへと導かれるであろうところの法を、悪魔が作ることはありえなかった——悪魔はそのキリストによって追い出されるはずだったのである。このことは『マタイ福音書』第十二章(第二十六節)に、「もしサタンがサタンを追い出すならば、その王国は分裂している」[316]とあるごとくである。それゆえに、キリストの恩寵を通じて人々の救いをなしとげられたその同じ神によって、旧法は授けられたのである。

(一)については、それゆえ、こう言うべきである。或るものが特定の時期との関係においては secundum tempus 完全でありながら、無条件的には simpliciter 完全ではない、ということを妨げるものは何もない。たとえば、或る少年は、無条件的にではないが、或る時期の条件に照らして言えば完全だと言われるのである。そのようにまた、少年たちに与えられる規定も、無条件的に完全なものではなくても、それが与えられる者どもの条件に照らして言えば完全なのである。ところで、律法の諸規定はそのようなものであった。ここからして使徒パウロは『ガラテヤ人への書翰』第三章(第二十四節)で「律法はキリストへと導く、私たちの養育係となった」とのべている。

(二) 神が永遠に変わることのないような仕方で為された神の業《わざ》は、永遠に変わることはない。そして完全なるものはそのようなものである。しかるに旧法は恩寵の完成の時がきて廃止されたのであるが、それは悪いものだからではなく、そのような時にあたっては弱く、無益だったからである。というのは、そこで付言されているように「律法は何ごとも完全にはしなかった」からである。ここからして使徒パウロは『ガラテヤ人への書翰』第三章(第二十五節)で「信仰が現われた以上、もはやわれわれは養育係の下にはいない」とのべている。

(三) さきに言われたように(第七十九問題第四項)、神は時として、或る人々がそれによってへりくだらしめられるよう、罪に落ちこむのを許容することがある。そのようにまた、神は人々が自力では実行しえないような律法を授けることを望んだ――かくて、自らの力をたのみにしていた人々が自ら罪人たることを悟り、へりくだらしめられて恩寵の助けを求めるようにと。

(四)　律法は人間を救うのに充分ではなかったけれども、律法と同時に神からのもう一つの助けが人々に与えられていて、かれらはそれによって救われることができたのである[317]。それはすなわち仲介者にたいする信仰であって、往昔の太祖たちantiqui Patresはそれによって義とされたのであったし、われわれもまた義とされるのである。こうして神は人々に救いの補助となるものを授けないでおいてかれらを見捨てた、といったことはないのである。

第三項　旧法は天使たちを通じて授けられたのであるか

第三[318]については次のように進められる。——旧法は天使たちを通じてper angelosではなく、直接にimmediate神から授けられた、と思われる。なぜなら

(一)　天使は使者nuntiusと呼ばれている。したがって、天使という名称は支配するこ

とではなく仕えることを意味する。それは『詩篇』第百二(第二十節)に「主をほめたたえよ、主の御使いたちよ、主に仕える者たちよ」と言われているごとくである。しかるに旧法は主によって授けられた、と語られている。なぜなら『出エジプト記』第二十章(第一節)に「それから神はこれらの言葉を告げられた」とあり、その後のところで「私はあなたの神、主である」と付け加えられている。そしてこれと同じ語り方がひんぱんに『出エジプト記』およびそれにつづく律法の諸書において繰り返されている。それゆえ律法は直接に神によって授けられた。[319]

(二)『ヨハネ福音書』第一章(第十七節)に言われているように、「律法はモーセを通じて授けられた」。しかるにモーセは律法を直接に神から受けている。なぜなら『出エジプト記』第三十三章(第十一節)に「主は、人が自分の友と語るように、顔と顔とを合わせてモーセに語られた」と言われているからである。それゆえ旧法は直接に神によって授けられた。[320]

(三)さきに言われたように(第九十問題第三項)、法を定めることができるのは支配者のみである。しかるに神のみが霊魂の救いに関して支配権を有する。これにたいして、天使たちは『ヘブライ人への書翰』第一章(第十四節)に言われているように「仕える霊」である。それゆえ、旧法は霊魂の救いに秩序づけられているのであってみれば、天使たちを通じて与えられるべきではなかった。

しかし、その反対に、使徒パウロは『ガラテヤ人への書翰』第三章（第十九節）において「律法は仲介者の手をもって天使たちを通じて授けられた」とのべている。また『使徒行録』第七章（第五十三節）においてステパノは「あなたがたは御使いたちのよって伝えられた律法を受けた」と語っている。

私は答える――。

律法は神によって天使たちを通じて授けられた。ところでディオニシウスが『天上位階論』第四章[321]で与えている、神的なることがらは天使たちの仲介をへて人々のもとにもたらされるべきである、[322]という一般的なる理由の他に、なぜ旧法は天使たちを通じて授けられねばならなかったか、という特殊的なる理由がある。なぜなら、旧法は不完全ではあったが、キリストによって成就されるべき人類の完全な救いのために道をそなえるものであった、ということが言われた（第一、二項）。しかるに、諸々の能力・権能 potestas や技術 ars が秩序づけられているところにあってはすべて、最上位にある者は主要的にして完全なる働きを自分で行い、究極の完全性へと準備づけるところのことがらについては、自分に仕える者どもを通じてそれを為す、という事態が見られる。たとえば、造船家は船の組立ては自分でやるけれども、材料部品の準備は下働きの製作者たちを通じてそのことを為すのである。(323) したがって、新約の完全なる法は人となられた神自身によって直接に授けられることが適当であった。しかし、旧法は神に仕える者、すなわち天使たちを通じて人々に授けられることが適当だったのである。そしてこのような仕方で使徒パウロは『ヘブライ人への書翰』冒頭の第一章(第二節)で、新法が旧法にまさることを証明している。というのは、新約においては「神は御子によって私たちに語られた」が、旧約においては「御使いたちを通して語られた」第二章(第二節)からである。

(一)については、それゆえ、こう言うべきである。グレゴリウスが語っているように、(324)「モーセに現われたとして記述されている天使 Angelus は、時としては天使、時としては主 Dominus というふうに言及されている。すなわち、天使と言われたのは外的に語ることによって奉仕をしたことによるものであり、主と言われたのはかれが内的に指導・命令して、語られることの効果をたしかなものにしたからである」。こうしたわけで、天使たちはまた、いわば主になり代わって語ったのである。

(二)についてはこう言うべきである。アウグスティヌスが『創世記逐語註解』第十二巻(325)

でのべているように、『出エジプト記』においては「主はモーセに顔と顔とを合わせて語られた」と言われているが、そのすぐ後で「私にあなたの栄光を示して下さい」と付け加えられている。それゆえモーセはかれが見たことの意味を把握し、見なかったことについてはそれを見たいと望んだのである」。それゆえモーセは神の本質そのもの ipsa essentia Dei を見たのではなく、(326)したがってまた、直接に神によって教導されたのではなかった。それゆえに、神がモーセに「顔と顔とを合わせて」語ったと言われているのは、聖書が民衆の意見に従って語っているのであって、かれらは、じっさいには神は従属者なる被造物、つまり天使と雲とを通してモーセに語り、かれに現われられたのに、モーセは口から口へというふうに神と語ったのだと考えたのである。あるいは、顔と顔とを合わせての直視 visio と言われるものは、神の本質の直視よりは低いものであるが、何か卓越的で eminens 親密な familiaris 観照 contemplatio であると解される。

(三)についてはこう言うべきである。自らの権威によって法を制定することは支配者のみに属することであるが、かれは時として制定された法を他の者どもを通じて公布する。そのように、神は自らの権威によって律法を制定したのであるが、天使たちを通してそれを公布したのである。

第四項　旧法はユダヤの民だけに授けられるべきであったか

第四については次のように進められる。旧法はユダヤの民 populus Judaeorum だけに授けられるべきではなかった、と思われる。なぜなら

(一)　さきに言われたように(第三項)、旧法はキリストによって成就されるはずであった救いへの道をそなえるものであった。しかるに、かの救いはユダヤ人のためだけではなく、すべての民族のために成就されるはずであった。それは『イザヤ書』第四十九章(第六節)に言われているごとくである。「ただ、あなたが私のしもべとなって、ヤコブの諸部族を立たせ、イスラエルのとどめられている者たちを帰らせるだけではない。私はあなたを諸国の民の光とし、地の果てまでも私の救いをもたらす者とする。」(327) それゆえ旧法は一つの民だけにではなく、すべての民族に授けられるべきであった。

(二)　『使徒行録』第十章(第三十四節)に言われているように、「神はかたよったことを為さらず、どこの国の人であっても神を恐れかしこみ、正義を行う人なら、神に受けいれられる」。それゆえ、救いの道が他の諸々の民にまさって一つの民にたいして開かれる

べきではなかった。

㈢　さきにのべられたように(第三項)、律法は天使たちを通じて授けられた。しかるに神は天使たちによる奉仕を、ユダヤ人にたいしてだけでなく、すべての民族にたいして常におしひろめられた。なぜなら『集会書』第十七章(第十四節)において「神はすべての民族の上に支配者をたてられた」と言われているからである。またすべての民族にたいして現世的な恵みが授けられているが、それらは神にとっては霊的な恵みほどその御心をわずらわすものではない。それゆえ、神はすべての民にたいして律法をも授けるべきであった。

しかし、その反対に、『ローマ人への書翰』第三章(第一―二節)に「ユダヤ人のすぐれたところはいったい何か。それはあらゆる点から見て、大いにある。第一にかれらは神のいろいろな御言葉をゆだねられている」と言われている。また『詩篇』第百四十七(第二十節)に「神はすべての民族にたいしてこのように為さったのではない、そして神は自分の審きをかれらにはあきらかにされなかった」と言われている。

私は答える――。

他の諸々の民にたいしてよりもユダヤの民にたいして律法が授けられたことについては、一つの理由を与えることができそうである。すなわち、他の諸々の民が偶像礼拝に陥っていたのにたいして、ひとりユダヤの民のみが唯一なる神の礼拝に忠実にとどまった、というのがそれである。このゆえに、聖なるものが犬に投げ与えられることのないよう、他の諸々の民は律法を授けられる資格がなかったというのである。

しかし、この理由は当を得ているとは思われない。なぜなら、ユダヤの民は律法が定められた後でさえ偶像礼拝に陥ったのであって、これはより重大な罪過であった。それは『アモス書』第五章（第二十五―二十六節）においてあきらかである。「イスラエルの家よ。あなたがたは荒野にいた四十年の間に、ほふられた獣と捧げ物とを私に捧げたことがあったか。あなたがたはあなたがたのモロクのために幕屋をかつぎ、あなたがたのために造ったあなたがたの偶像のかたどり、あなたがたの神の星をかついでいた。」さらに『申命記』第九章（第六節）で、次のように明白に[328]言われている。「知りなさい。あなたの神、主は、あなたが正しいということで、この地をあなたに与えて所有させられるのではない。あなたはうなじのこわい民であるからだ。」だが、（真の）理由は同じ箇所であらかじめ与えられている（第五節）。「主があなたの先祖アブラハム、イサク、ヤコブに誓いをもって約束された言葉をはたされるためである。」

ところで、使徒パウロは『ガラテヤ人への書翰』第三章（第十六節）で、次のように言って、この約束がかれらにたいして為されたことを示している。「約束はアブラハムとそのひとりの子孫に告げられた。神は「子孫たちに」と言って、多数をさすことはせず、いわばひとりをさして、「あなたの子孫に」と言っておられる。」したがって、神がかの民に律法ならびにその他の特別な恵みをさしのべられたのは、かれらからキリストが誕生されるであろうという、かれらの祖先にたいして為された約束によるものであった。なぜなら、そこからキリストが誕生されるべきであったところのかの民が、何か特別の成聖 sanctificatio によってぬきんでたことはふさわしいことだったのであって、それは『レビ記』第十九章（第二節）に言われているごとくである。「私が聖であるから、あなたがたも聖なる者とならなければならない。(329)」さらにまた、キリストがその子孫から誕生されることになろうという約束がアブラハムにたいして為されたのは、アブラハム自身の功績 meritum によることではなく、神の無償の gratuita えらび electio とまねき vocatio によるものであった。ここからして『イザヤ書』第四十一章（第二節）に「だれが東から正しき者をおこし、自らに従うように呼びよせられたのか」と言われている。

こうして、太祖たちはただ神の無償のえらびによって約束を受けとり、またその子孫たる民が律法を受けとるのであることがあきらかである。それは『申命記』第四章（第三十六―三十七節)で「主は先祖たちを愛し、その後の子孫をえらんでおられたので、あなたがたは主の御言葉を火の中から聞いた」と言われているごとくである。しかし、神はなぜこの民をそこからキリストが誕生されるようにとえらび、他の民をえらばなかったのかとたずねられるならば、アウグスティヌスが『ヨハネ福音書註解』(331)においてのべている次の答えが適切なものであろう。「もし誤りをおかしたくないならば、なぜ神はこのものをひきよせ、あのものをひきよせられないかを判定しようと望んではならぬ。(332)」

(一)については、それゆえ、こう言うべきである。救いはキリストを通じて来るはずであったけれども、すべての民族のために用意されていた。しかし、キリストは一つの民から誕生されなければならなかったので、その民はこうした理由からして他の諸々の民にまさって特典 praerogativa を有したのである。このことは『ローマ人への書翰』第九章(第四―五節)に「神の子とされることも、契約(333)も、律法を与えられることもかれら(ユダヤ人)のものである。先祖たちもかれらのものであり、キリストも人としてはかれらから出られた」とあるごとくである。

(二)についてはこう言うべきである。かたより・情実 acceptio personarum は負いめを返還する場合については言えるが、何も負うところがないのに無償で何かが与えられる場合についてはあてはまらない。というのも、物惜しみしない心 liberalitas からして自分のものを或る者に与え、他の者に与えなかったとしても、その人はかたよったことをしたのではないからである。しかし、もしその人が共同の財貨の管理・配分者 dispensator であって、しかも各人の値するところに従って均等に配分しなかったならば、かれはかたよりを為す者になろう。しかるに神は救いに関する恵みを恩寵として(無償で)人類に与えるのである。したがって、或る者にたいして他の者以上のものを与えたとしてもかたよりを為す者ではない。(334) ここからしてアウグスティヌスは『聖者予定論』(335) の中で次のように言っている。「神はその教え給うすべての者にたいして憐れみからして教え給う。教え給わない者に関して言えば、正義からして教え給わない。」このことは、人祖の罪のゆえに人類が罪に定められていることからして生じたものである。

㈢についてはこう言うべきである。恩寵にかかわる諸々の恵みは罪過のゆえに人間から取りあげられるが、自然本性的な恵みは取り去られることはない。(336) 天使たちによる奉仕は後者に属するものであって、それは、最低のものは中間的なるものを通じて支配さるべし、という自然界の秩序が要求するところである。物質的援助も同じであって、神はそれを人間にたいしてだけでなく、獣どもにたいしても与えられる。それは『詩篇』第三十五(第七節)に「主よ、あなたは人や獣を栄えさせて下さいます」とあるごとくである。

第五項　すべての人が旧法を守る責務があったか

第五⑶⑶⑺については次のように進められる。――すべての人が旧法を守る責務があった、と思われる。なぜなら

㈠　王に従属している者ならだれでもその法の下《もと》にあるのでなければならない。しかるに旧法は『詩篇』第四十六（第八節）に歌われているように「全地の王」たる神によって授けられたものである。それゆえに地上に住む者はすべて律法を守るよう拘束されている。

㈡　ユダヤ人は旧法を守ることなしには救いにいたることはできなかった。なぜなら『申命書』第二十七章（第二十六節）に「この律法の言葉を守らずそれを実行にうつさない者はのろわれる」と言われているからである。それゆえ、もし他の人々が旧法を守ることなしに救われえたとしたら、ユダヤ人たちは他の人々よりもより悪い条件の下におか

れていたことになろう。

(三) 異教徒たちはユダヤの儀式や律法的慣例 observanita legis への仲間入りを許された。なぜなら『出エジプト記』第十二章(第四十八節)に「もし、あなたがたのところに異国人が在留して、主に過越のいけにえを捧げようとするなら、かれの家の男子はみなはじめに割礼を受けなければならない、そうしてから捧げることができる。そしてかれはこの国に生まれた者と同じになるであろう」と言われているからである。しかし、律法を守らないでも救われることができたのならば、神の指令によって異国人が律法的慣例への仲間入りを許されることは無益だったであろう。それゆえ、なんびとも律法を守ることなしに救われることはありえなかった。

しかし、その反対に、ディオニシウスは『天上位階論』(338)で、異教徒の多くが天使たちによって神へと導きもどされた、とのべている。しかるに異教徒たちが律法を守らなかったことはたしかである。それゆえ、或る人々は律法を守ることなしに救われることができた。

私は答える――。

旧法は自然法の諸規定 praecepta を明示し、[339] さらに自らに固有の何らかの規定を付加した。それゆえに、旧法にふくまれている自然法の要素に関するかぎり、すべての人が旧法を守るよう拘束されている。それは、そうしたことがらが旧法に属するからではなく、自然法に属するという理由による。しかし、旧法が付加したところのものに関しては、ユダヤの民をのぞいては、或る人々が旧法を守るよう拘束されるということはない。

その理由は、さきに言われたように(第四項)、旧法とは、ユダヤの民がかれらの間から誕生されるはずであったキリストにたいする尊崇のゆえに、聖性における何らかの優越性 praerogativa sanctitatis に達することをうるようにと、かれらにたいして授けられたものだ、ということである。しかるに、或る人々が特別に聖とされるために規定されたことがらは、その人々以外の者を拘束することはない。たとえば神への奉仕のためによりわけられた聖職者たちは、信徒たちにとっては拘束的ではないような規定によって拘束される。同じように修道者たち religiosi はかれらの誓願のゆえに、修道会に属しない聖職者たち saeculares にとっては拘束的ではないような、完徳のための何らかの業 perfectionis opera が責務として課せられるのである。それと同じように、ユダヤの民にたいしては、他の諸々の民にあっては拘束的でないような、特別の責務が課せられたのである。[340] ここからして『申命記』第十八章(第十三節)に「あなたは、あなたの神、主にたいして全き者でなければならない」と言われている。さらにまたこのような理由からして、『申命記』第二十六章（第三節）にあきらかなように、かれらは何らかの形の信仰宣言を行ったのである――「あなたの神、主の前において告白します……」。

㈠については、それゆえ、こう言うべきである。なんびとにもあれ王に従属している者は、王の定めた法のうち、すべての者にたいして共通的に課せられているものはこれを守るように拘束されている。しかし、もし王が、自分の家の使用人たちが守るべき何らかの規定を定めた場合には、他の者はそれを守る責務を有しない。

㈡についてはこう言うべきである。人が神により密接に結びつけられるのに応じて、それだけかれの状態はより優れたものとなる。したがって、ユダヤの民は神の礼拝にたいしてより強く結びつけられていた adstrictus のに応じて、他の諸々の民よりもまさった者であった。ここからして『申命記』第四章（第八節）にこう言われている。「このような祭儀と、正しい定めと、律法の全体を有する偉大な民がいったいどこにあろうか。」また同じように、この点に関して聖職者は信徒よりも優れた状態にあり、修道者は修道会に属しない聖職者よりも優れた状態にある。

㈢についてはこう言うべきである。異教徒たちはたんに自然法の下にあるよりも、律法を守ることによって、より完全かつ確実に救いに到達した。それゆえにかれらは律法的慣例への仲間入りを許されたのである。それと同じように、こんにちにおいても、信徒たちは聖職者の状態に入り、修道会に属さない聖職者たちは修道者の状態に入る――そうしないでも救いに達することは可能なのであるが――のである。

第六項　旧法がモーセの時代に授けられたのは適当であったか

第六㉞については次のように進められる。――旧法がモーセの時代に授けられたのは適当ではなかった non convenienter、と思われる。なぜなら

(一)　さきに言われたように(第二、三項)、旧法はキリストを通じて来るはずであった救いへと道をそなえるものであった。しかるに人間は罪を犯して後《のち》、ただちにこのような救いのための準備手段 remedium を必要とした。それゆえ、旧法は罪が犯されて後ただちに授けられるべきであった。

(二)　旧法は、その間からキリストが誕生されるはずであった人々が聖とされるために

与えられた。しかし『創世記』第十二章(第七節)にあるように、『ガラテヤ人への書翰』第三章(第十六節)に言う「キリストなる子孫」についての約束は、はじめアブラハムにたいして為されている。それゆえ、律法はただちにアブラハムの時代に授けられるべきであった。

(三)　キリストはノアの子孫のうち、約束を受けたところのアブラハムの家系以外のところからは誕生されなかったが、ちょうどそのように、アブラハムの子らのうち、約束の更新を受けたダビデの家系以外のところからは誕生されなかった。それは『列王記第二』第二十三章(第一節)に「ヤコブの神のキリストに関して使命を授かったところの者(ダビデ)が語った(342)」と言われているごとくである。それゆえ、旧法は、それがアブラハムの後で授けられたように、ダビデの後の時代に授けられるべきであった。

しかし、その反対に、使徒パウロは『ガラテヤ人への書翰』第三章(第十九節)においてこうのべている。「律法は、約束をお受けになった、この子孫が来られるときまで、違反を示すために制定されたもので、御使いたちを通して仲介者の手で定められた ordinata のである。」つまり、『註釈(343)』に言うように「秩序を守って ordinabiliter 授けられた」のである。それゆえ、旧法があのような時間秩序 ordo temporis をもって授けられたことは適切であった。

私は答える――。

旧法がモーセの時代に授けられたのは最も適当であった。その理由は、およそいかなる法も二種類の人間に課せられるものである、ということにもとづいて、二つのことがらから得てこられる。すなわち、法は第一に、かたくなでたかぶった者どもに課せられ、かれらは法によって抑制され、訓練される。第二に、法はまた善良な人々に課せられるのであるが、かれらは法によって教導されて、その意図するところを実現できるように援助を与えられる。それゆえ、旧法は人々のたかぶりをうちくだくべき、そのようなときに授けられるのが適当であった。しかるに、人間がたかぶるのは二つのこと、すなわち知識と力についてであった。まことに知識については、あたかも自然的理性 ratio naturalis だけで救いに達するのに充分でありうるかのようにたかぶりの心を抱いたのである。それゆえ、この点に関してそのたかぶりがうちくだかれるように、人間は書き記された律法の助けなしに、自らの理性による指導にうちまかされたのである。こうして人間は経験によって experimento、アブラハムの時代のころ人々が偶像礼拝や最も醜悪な悪徳にまで落ちこんでしまった事実を見て、自分が理性的欠陥を被ったのを見てとることができたのである。それゆえ、このような時代の後で、人間の無知にたいする対応手段 remedium として、書き記された律法が授けられることが必要であった。なぜなら、『ローマ人への書翰』第三章(第二十節)で言われているように、「律法によって罪の意識が生ずる」からである。しかるに、人間が律法によって教導された後においては、かれのたかぶりはおのれの無力さを思い知らされた。なぜなら、自分で知っていても実行できなかったからである。それゆえに、使徒パウロが『ローマ人への書翰』第八章(第三節)で結論しているように、「肉によって弱くなっていたため、律法にはできなかったことを(神はして下さった)。神はわれわれのうちに律法の成義 justificatio が全うされるよう、自分の御子を遣わされた」。

しかるに、善良な人々に関しては、律法はかれらを助けるために授けられた。ところでこうした助けは罪が大いに増加したために自然法が曖昧なものになりはじめた時にあたって、民のために最も必要であった(344)。しかしこのような助けは、人々が不完全な状態から完全さへと導かれてゆくように、何らかの秩序を守って与えられなくてはならなかった。それゆえに、自然の法 lex naturae と恩寵の法 lex gratiae との中間で旧法が授けられなければならなかったのである。

㈠については、それゆえ、こう言うべきである。人祖の罪の後、ただちに旧法が授けられることは適当ではなかった。それは人間が自分の理性について確信をもっていて、自分が旧法を必要とすることを認めなかったからであり、また、いまだ自然法の命令が罪の慣習によってくらまされるにいたっていなかったためでもある。(345)

㈡についてはこう言うべきである。前述のように(第九十六問題第一項)、法は全般的・共通的な規定であるから、民 populus にたいしてでなければ与えられるべきではない。それゆえ、アブラハムの時代には近親の者にたいする何らかの規定、いわば家族的な規定が与えられたのである。ところがその後、アブラハムの子孫が民を形成するところまで増加して、隷従から解放されるにいたって、律法が与えられることが適当であるような条件がととのった。というのは、アリストテレスが『政治学』第三巻(346)でのべているように、奴隷たちは、それにたいして法が与えられることが適当であるような、民あるいは国の部分ではないからである。

㈢についてはこう言うべきである。律法は或る民にたいして与えられるべきものであったから、その間からキリストが誕生された人々のみが律法を授かったのではなく、むしろ割礼の徴《しる》しをおびている民の全体が授かったのである。この徴しは使徒パウロが『ローマ人への書翰』第四章(第十一節)でのべているように、アブラハムにたいして為され、かれによって信じられた約束の徴しであった。それゆえダビデの前においても、すでに形成されていたこのような民にたいして律法を授けられなければならなかったのである。

第九十九問題（全六項）
旧法の規定について

次に旧法の諸々の規定 praecepta を考察しなくてはならない。[347] 第一にこれらの規定の区別について、第二にそれら区別された種類のそれぞれのものについて。[348]

第一の点をめぐって、次の六つのことがらが問題となる。

第一　旧法は複数の規定をふくむか、それとも一つのみか
第二　旧法は倫理的規定 praecepta moralia をふくんでいるか
第三　倫理的規定のほかに祭儀的規定 praecepta caeremonialia をふくんでいるか
第四　右のものの他に司法的規定 praecepta judicialia をふくんでいるか
第五　これら三つの他に何か他のものをふくんでいるか
第六　律法がその規定の遵守へと導いたやり方について

第一項　旧法にはただ一つの規定がふくまれているか

第一については次のように進められる。——旧法のうちには規定は一つしかふくまれていない、と思われる。なぜなら

(一) さきに言われたように(第九十二問題第二項第一異論解答)、法は命令・規定 praeceptum にほかならない。しかるに旧法は一つである。それゆえ一つの規定しかふくんでいない。

(二) 使徒パウロは『ローマ人への書翰』第十三章(第九節)で「他にどんな戒めがあっても、それは、自分を愛するのと同じように、あなたの隣人を愛せよ、という言葉の中に要約されている」とのべている。しかるに、その戒めは一つである。それゆえ旧法は一つの戒めしかふくんでいない。

(三) 『マタイ福音書』第七章(第十二節)に「あなたがたは人々にしてもらいたいと思うことは、かれらにたいしてもそうしなさい。これが律法であり預言者である」と言われ

ている。しかるに旧法の全体が律法と預言者の中にふくまれている。それゆえ旧法の全体が一つの規定しか有しない。

しかし、その反対に、使徒パウロは『エフェソ人への書翰』第二章(第十五節)において、「諸々の規定からなりたっている戒めの律法を廃棄して……」とのべている。ところで、この箇所についての『註釈』(349)からあきらかなように、ここでパウロは旧法について語っている。それゆえ、旧法のうちには多くの戒めがふくまれている。

私は答える――。

法の規定は拘束力をもつものであるから、何らかの為されるべきことがらにかかわっている。しかるに、或ることが為されるべきだということは、何らかの目的・終極の(見地からの)必然性 necessitas finis に由来する。(350)したがって、目的実現のために必要あるいは適当であるようなことがらが規定されるかぎりにおいて、目的への関連性をふくむことが規定なるものの本質に属することは明白であろう。しかるに、一つの目的に達するために多くのことがらが必要とされ、また適当である、といったことがありえよう。このため、多くのことがらについて、それらが一つの目的に秩序づけられているかぎりにおいて、規定が定められることが可能である。ここからして、旧法の規定はすべて、一つの目的への秩序づけという点から言うなら一つのものであるが、その目的へ秩序づけられていることがらの多様さにもとづいて言うなら多数である、と言わなければならない。

㈠については、それゆえ、こう言うべきである。旧法は一つの目的への秩序づけという面では一つであると言われる。しかし旧法が目的へと秩序づけられていることがらの多様性にもとづいて、多様な諸規定をふくんでいる。なぜなら、そのことは、建築術ars aedificativaは目的が一なることにもとづいて言えば一つのものであるが――というのも、この技術は家の建設をめざすものであるから――そのことに秩序づけられている多様な働きがあることにもとづいて、多様な諸規定をふくんでいるのと同様である。

㈡についてはこう言うべきである。使徒パウロが『テモテへの第一書翰』第一章(第五節)でのべているように、「掟・規定praeceptumのめざすところは愛caritasである」。なぜなら、律法のすべてが人と人との間、あるいは人と神との間に友愛がうちたてられることをめざすものだからである。それゆえ律法の全体が「自分を愛するのと同じようにあなたの隣人を愛せよ」という一つの戒めにおいて、いわばすべての戒めの目的・終極にあたるものとして、成就されているのである。なぜなら、われわれが隣人を神のために愛する場合には、神の愛も隣人愛のうちにふくまれているからである。[351] このゆえに使徒パウロは『マタイ福音書』第二十二章(第四十節)において主が「この二つの戒めに律法と預言者のすべてがかかっている」と言われた、神の愛と隣人愛とにかかわる二つの規定にかかわるものとして、この一つの規定をたてたのである。

㈢についてはこう言うべきである。アリストテレスが『ニコマコス倫理学』第九巻[352]においてのべているように、「他人にたいする友愛は人の自らにたいする友愛からして生ずるものである」。それはつまり、人が他人にたいして、自己にたいすると同じような態度をとるところからきている。したがって、「あなたがたは人々にしてもらいたいと思うことは、かれらにたいしてもそうしなさい」という戒めにおいて、隣人愛の規則 regula とも言うべきものが説明されているのであって、それは「自分を愛するのと同じように、あなたの隣人を愛せよ」という戒めの中にも暗黙的にふくまれているものである。したがって、それは或る意味でこの戒めの説明 explicatio であると言える。[353]

第二項　旧法は倫理的規定をふくんでいるか

第二[354]については次のように進められる。――旧法は諸々の倫理的規定[355] praecepta moralia をふくんではいない、と思われる。なぜなら

(一) さきにのべたごとく(第九十一問題第四、五項、第九十八問題第五項)、旧法は自然法から区別される。しかるに倫理的規定は自然法に属する。それゆえ、それらは旧法に属するものではない。

(二) 神法は人間の理性が用をなさないところにおいて人間に助力を与えるべきものであった。このことは、理性を超えているところの信仰に属することがらにおいてあきらかに見てとられる。しかるに倫理的規定に関しては人間の理性は充分用が足りるように思われる。それゆえ、倫理的規定は、神法であるところの旧法に属するものではない。

(三) 『コリント人への第二書翰』第三章(第六節)に見られるように、旧法は「殺す文字」と呼ばれている。しかるに、倫理的規定は殺すのではなく、生かすものであって、それは『詩篇』第百十八(第九十三節)に「私はあなたの戒めをけっして忘れません。それ

によって、あなたは、私を生かして下さったからです」と言われているごとくである。それゆえ、倫理的規定は旧法に属するものではない。

しかし、その反対に、『集会書』第十七章(第九節)に、「かれはさらに加えてかれらに訓練disciplinaを授け、生命の律法を遺産として与えた」と言われている。しかるに、訓練は倫理的なことがらに属する。なぜなら『ヘブライ人への書翰』第十二章(第十一節)の「すべての訓練は……」という箇所について『註釈』(356)は「訓練は困難なことがらを通じての倫理的教導eruditiomorumである」とのべているからである。それゆえ、神によって授けられた律法は倫理的規定をふくんでいた。

私は答える――。

『出エジプト記』第二十章(第十三、十五節)に「殺してはならない、盗んではならない」とあるところからあきらかなように、旧法は何らかの倫理的規定をふくんでいた。そして、このことは道理にかなったことである。というのは、人定法が主としてめざすところは人々の相互間の友愛amicitiaをつくりだすことであるように、神法の意図するところは主として、神にたいする人間の友愛amicitiaを確立することである。しかるに、

『集会書』第十三章（第十九節）に「すべて動物はおのれの同類を愛する」と言われているように、類似ということが愛の成立する根拠 ratio であるからして、(357)人々が善い者とされるのでなければ、至善なる神にたいする人間の友愛が成立することは不可能である。(358)ここからして『レビ記』第十九章（第二節）に、「私が聖であるから、あなたがたも聖なる者でなければならない」(359)と言われている。しかるに人間を善い者たらしめるのは、『ニコマコス倫理学』第二巻に「その持主を善い者とする」と言われているところの、徳 virtus である。(360)それゆえ、旧法は諸々の徳の行為に関しても規定を定めなければならなかったのであって、それが律法の倫理的規定である。

(一)については、それゆえ、こう言うべきである。旧法は自然法とはまったく無縁なものとして区別されるのではなくて、自然法に何かを付加するものとして区別されるのである。なぜなら、恩寵が自然本性を前提とする gratia praesupponit naturam ものであるように、神法は自然法を前提するのでなければならないのである。(361)

(二)についてはこう言うべきである。神法としては、理性の手が及ばないことがらについてのみでなく、人間の理性がその働きを妨げられうるようなことがらに関しても、人間のために配慮するのがふさわしいことであった。しかるに人間の理性は倫理的規定に関して、自然法の最も共通的・一般的な規定そのものについて言えば、一般的には in universali 誤りに陥ることはありえなかった。しかし、罪が慣習化していることのゆえに、特殊的・個別的な為すべきことがらにおいては混迷をまぬかれなかった[362]。これにたいして、自然法の共通的原理から導出された結論とも言うべき、その他の倫理的規定に関しては、多くの人々の理性が、それ自体においては悪であることがらを多くの人の理性が正当であると判断するにいたるほどに、誤りにおちいっていた。したがって、この両者の欠陥に対処するために、神法の権威によって人間に助けの手がさしのべられることが必要であった[363]。ちょうど信ずべきことがらの間にあっても、たとえば神は三位なるもの trinum である、といったことのように理性が到達しえないようなことがらのみでなく、神は唯一なるもの unum である、といったことのように正しい理性が到達しうることがらも、われわれにたいして（信ずべきこととして）提示されているように。それは多くの人において生ずるところの、人間理性の誤りを除去するためだったのである[364]。

㈢についてはこう言うべきである。アウグスティヌスが『霊と儀文について』[365]において立証しているように、律法の字句もまた、倫理的規定に関して、（罪の）機会になるという意味で occasionaliter、殺すものと言われている。すなわち命ぜられたことを実行するための恩寵の助力を提供しないでおいて、善いことを為すように命令・規定しているかぎりにおいて。[366]

第三項　旧法は倫理的規定の他に祭儀的規定をふくんでいるか

第三[367]については次のように進められる。――旧法は倫理的規定の他に祭儀的規定[368] praecepta caeremonialia をふくんでいるのではない、と思われる。なぜなら

㈠　人々にたいして与えられるところの法はすべて人間的行為を指導するものである。しかるに、前述のように（第一問題第二項）、人間的行為は倫理的行為と呼ばれる。それゆえ、人々にたいして与えられた旧法においては倫理的規定以外の規定はふくまれるべきではない、と思われる。

㈡　祭儀的と呼ばれるところの諸規定は神の礼拝 cultus divinus にかかわるもののように思われる。しかるに神の礼拝は徳、すなわち敬神 religio の徳の行為であり、この徳はキケロが『修辞学』第二巻においてのべているように[369]、「神的本性に礼拝と祭儀を

捧げる」ものである。それゆえ、倫理的規定は前述のように（第二項）、諸々の徳の行為にかかわるものであってみれば、祭儀的規定は倫理的規定から区別すべきものではないように思われる。

㈢　祭儀的規定とは或ることを象徴的・予表的に figurative 表示するところの規定であるように思われる。しかるにアウグスティヌスが『キリスト教の教説』第二巻においてのべているように、「人々の間にあっては言葉が第一の表示手段たることを立証した」。それゆえ、律法のうちに何らかの象徴的・予表的な行為にかかわるところの祭儀的規定がふくまれるべき必然性は何もなかったのである。

しかし、その反対に、『申命記』第四章（第十三―十四節）に次のように記されている。「主は二枚の石の板に十の言葉を書き記された。主はそのとき、あなたがたが行うべき祭儀と定めとを、あなたがたに教えるように、私に命じられた。」しかるに律法の十個の規定は倫理的規定である。それゆえ、倫理的規定の他に祭儀的規定も存在する。

私は答える――。

前述のように（第二項）、神法は主として人々を神へと秩序づけるために制定されている。これにたいして、人定法は主として人々を相互に秩序づけるために制定されるものである。それゆえ、人定法は人々の共通善との関連においてでなければ、神の礼拝に関して何らかの規定を制定しようと配慮することはなかった。しかし、こうした共通善の観点から、人定法は人々の道徳を形成するのに益ありと思われたかぎりにおいて、神事に関しても多くの制度をつくりあげたのであって、これは異教徒たちの儀式において見られるごとくである。これと反対に、神法が主要的に目ざすのは神への秩序づけであって、神法はこの秩序に適合するような仕方で人々を相互に秩序づけたのである。しかるに人間は、信じ、希望し、愛する、など、精神の内的行為によってのみでなく、それによって人間が神への従属 servitus divina を告白するところの、何らかの外的な業《わざ》によっても神へと秩序づけられる。そして、これらの業が神の礼拝に属するものと言われるのである。或る人々の説くところによると、こうした礼拝が caeremonia と呼ばれるにいたったのは、つまり、みのり frux の女神であると言われた Ceres の munia、すなわち賜物《たまもの》 dona から来ている、なぜなら当初は神への捧げ物は作物 frux を用いて供えられたからだ、という。(371)あるいは、マクシムス・ヴァレリウスが物語っているように、caeremonia の名称がラテン人たちの間において神の礼拝を表示するものとして導入されたのは、ローマに程近い、Caere と呼ばれた町から来たものだとの説もある。(372)そのわけは、ローマがゴール人たちによって占拠されたとき、ローマ人たちの聖物がその町に移され、大いなる尊崇をもって保存されたからだという。こういうわけで、律法の中の、神の礼拝にかかわるところの諸規定は特別に祭儀的規定と呼ばれるのである。

㈠については、それゆえ、こう言うべきである。人間的行為の範囲は神の礼拝にも及んでいる。それゆえ、人々に与えられたところの旧法はこうしたことがらに関しても規定をふくんでいる。

㈡についてはこう言うべきである。さきに言われたように(第九十一問題第三項)、自然法の諸規定は共通的・一般的であって、特殊的確定 determinatio が必要である。しかるに、こうした確定は人定法および神法によって為される。そして、人定法によって為されるところの確定それ自体は自然法に属するのではなく、実定法 jus positivum に属すると言われるように[373]、神法によって為されるところの自然法の諸規定の確定そのもの、自然法に属するところの倫理的規定からは区別されるのである。ところで、神を礼拝することは、徳の行為であるところから[374]、倫理的規定に属する。しかし、この規定の特殊的確定、すなわち、しかじかの犠牲や、しかじかの捧げ物をもって礼拝すべし、などといったことは祭儀的規定に属するものである。したがって、祭儀的規定は倫理的規定から区別される。

㈢については こう言うべきである。ディオニシウスが『天上位階論』[375]でのべているように、神的なことがらは何らかの可感的な類似 similitudo sensibilis を媒介にしてでなければ人々にたいして顕示されることは不可能である。しかるにこうした類似は、たんに言葉によって言いあらわされるのみでなく、感覚にも訴えかける場合のほうが、より効果的に精神 animus を動かすものである。それゆえに、聖書においては、神的なることがらは、比喩的な語り方 locutio metaphorica において見られるように、言葉を用いて言いあらわされた類似によるのみでなく、視覚にたいして訴える(神的)事物の類似によっても伝達されているのであって、この後者が祭儀的規定に属するものである。

第四項　倫理的および祭儀的規定の他に司法的規定なるものもあるか

第四[376]については次のように進められる。——旧法のうちには、倫理的および祭儀的規定の他に何か司法的規定[377] praecepta judicialia のようなものはなかった、と思われる。なぜなら

(一) アウグスティヌスは『ファウストゥス論駁[378]』の中で、旧法のうちには、「実践すべき生活に関する規定と、(予表的に)表示されるべき生命に関する規定」とがある、とのべている。しかるに、実践すべき生活に関する規定は倫理的規定であり、表示されるべき生命に関する規定は祭儀的規定である。それゆえ、これら二つの種類の規定の他に、律法のうちに別個の司法的規定なるものがあるとすべきではない。

(二) 『詩篇』第百十八(第百二節)の「私はあなたの定め judicium から離れなかった」という箇所について、『註釈[379]』は「すなわち、あなたが生活の規則として確立されたことがらから」とのべている。しかるに生活の規則は倫理的規定に属する。それゆえ、司法的規定は倫理的規定から区別すべきものではない。

(三) 『詩篇』第九十三(第十五節)に「正義が裁きへと転化されるまで」とあるように、裁き jucicium は正義の働きであるように思われる。しかるに、正義の働きは、他の諸々の徳の働きと同様に、倫理的規定に属する。それゆえ、倫理的規定は自らのうちに司法的規定をふくむものであって、それらから区別されるべきではない。

しかし、その反対に、『申命記』第六章（第一節）に、「これが規定 praecepta と祭儀 caeremoniae と定め judicia である」と言われている。しかるに、規定という言葉は倫理的規定を指すのに用いられる。それゆえ、倫理的および祭儀的規定の他に、司法的規定も存在する。

私は答える――。

さきに言われたように（第二、三項）、人々を相互に、かつ神へと秩序づけることが神法の機能である。しかるに、これら二つのことは、一般的な面では自然法の命令――倫理的規定はそれへと関連づけられる――に属する。しかし、それらはいずれも神法もしくは人定法によって特殊的に確定されなくてはならない。なぜなら、思弁的領域においても実践的領域においても、自然本性的に知られるところの諸原理は共通的・一般的なものだからである。それゆえに、神の礼拝に関する共通的規定の確定が祭儀的規定によって為されたように、人々の間で守られるべき正義に関する共通的規定の確定は司法的規定によって為されるのである。

このようなわけで、旧法には三種類の規定があるとしなければならない。すなわち、自然法の命令に属するところの倫理的規定、神の礼拝に関する特殊的確定であるところの祭儀的規定、および人々の間で守られるべき正義の特殊的確定であるところの司法的規定がそれである。ここからして、使徒パウロが『ローマ人への書翰』第七章（第十二節）において「律法は聖なるものである」と語ったとき、それに「戒めも正しく、聖であり、善いものである」と付け加えている。すなわち、司法的規定に関して「正しい」と言われ、祭儀的規定に関して「聖である」（なぜなら、神に捧げられたものは聖なるものと言われるから）と言われ、倫理的規定に関しては「善である」、つまり倫理的完全性へと導くものである honestum と言われるのである。

㈠については、それゆえ、こう言うべきである。倫理的規定も司法的規定もともに人間生活を導くという機能を有する。それゆえ、それらは二つともアウグスティヌスがのべた分類のうちの一つの種類、すなわち実践すべき生活に関する規定、のうちにふくまれるのである。

㈡についてはこう言うべきである。裁き judicium は正義を実行に移すことであるが、それは何らかの特定のことがらにたいして明確な仕方で理性 ratio を適用することによって為されるものである。(380) ここからして、司法的規定は或る点では、つまり理性から出てくるものであるかぎりにおいては、倫理的規定と共通の面がある。また或る点では、つまり共通的規定の特殊的確定たるかぎりにおいては祭儀的規定と共通の面を有する。それゆえ、時としては司法的および倫理的規定が裁き judicium の中に包みこまれることがあるのであって、『申命記』第五章(第一節)に「聞け、イスラエルよ、祭儀 caeremoniae と定め judicia とを」とあるのがそれである。だが時としては裁き judicium のうちの司法的および祭儀的規定が包みこまれることもあり、『レビ記』第十八章(第四節)に「あなたがたは、私の定め judicia を行い、私の規定 praeacepta を守らなければならない」とあるのはそれにあたる。ここで規定とは倫理的規定を指すものであり、それにたいして定めは司法的および祭儀的規定を指すものである。

(三) 正義の働きは一般的に言えば倫理的規定に属するものであるが、特殊的なことがらにおけるそれの確定は司法的規定に属するのである。

第五項　旧法には倫理的、祭儀的および司法的規定の他にも、何か別の規定がふくまれているか

第五[381]については次のように進められる。――旧法には倫理的、司法的および祭儀的規定の他にも、何か別の規定がふくまれている、と思われる。なぜなら

(一) 司法的規定は正義の働きに関するものであるが、正義は人と人との間に成立するものである。これにたいして、祭儀的規定は敬神 religio の働きに関するものであり、それをもって神が礼拝される。しかるにこれらの他にも、前述のように(第六十問題第五項)、節制 temperantia、剛毅 fortitudo、寛厚 liberalitas、およびその他の数多《あまた》のものなど、多くの徳が存在する。それゆえ、前述のものの他にも、他の多くの規定が旧法にふくまれているのでなければならぬ。

(二) 『申命記』第十一章(第一節)に「あなたはあなたの神、主を愛し、かれの規定 praecepta と祭儀 caeremoniae と裁き judicia と戒め mandata とを守りなさい」と言われている。しかるに、前述のように(本問題第四項)、規定と言われているのは倫理的規定のことである。それゆえ、倫理的、司法的および祭儀的規定の他にも、旧法にはさらに、戒めと呼ばれているところの別の規定がふくまれている。

(三) 『申命記』第六章(第十七節)に「あなたの神、あなたの主の戒めと、私[382]があなたに命じたさとし testimonia と祭儀とを守りなさい」と言われている。それゆえ、前述のすべてのものの他に、旧法にはさらにさとし testimonia がふくまれている。

(四)『詩篇』第百十八（第九十三節）の「私はあなたの成義 justificationes をけっして忘れません」という箇所について、『註釈』[383]は「つまり、律法を」とのべている。それゆえ、旧法の規定は倫理的、祭儀的および司法的規定のみでなく、成義をもふくむものである。

しかし、その反対に、『申命記』第六章（第一節）に「これがあなたがたの神、主[384]があなたがたに命ぜられた規定と祭儀と裁きである」と言われている。そしてこれらは律法の冒頭におかれているものである。それゆえ、律法のすべての規定はこれらの種類の下に包みこまれている。

私は答える――。

律法にふくまれているもののうちで、或るものは規定として確立されており、これにたいして或るものは規定の実現へと秩序づけられたものとしてそこにふくまれている。ところで規定は為されるべきことがらに関わるものであるが、人は二つの点からしてそれらの規定の実現へと誘導される。すなわち、一つには命令（規定）する者の権威によってであり、もう一つは規定を実現することにともなう効益 utilitas からしてである。この後者は何らかの善——有用 utile、快適 delectabile もしくは貴い honestum 善——への到達、あるいはそれらに対立する何らかの悪の回避に存する。それゆえ、旧法においては命令する神の権威を指示するところの、何らかの規定が定立される必要があった。たとえば『申命記』第六章(第四節)の「聞け、イスラエルよ、あなたの神、主はただひとりの主である」、および『創世記』第一章(第一節)の「初めに神が天と地を創造した」とあるのがそれにあたる。そして、これらはさとし testimonia と呼ばれる。また律法においては律法を守る者にたいする何らかの褒賞、および違反する者にたいする刑罰が確定される必要があった。それは『申命記』第二十八章(第一節)に「もしあなたが、あなたの神、主の御声によく聞き従うなら、かれはすべての国々の上にあなたを高くあげられよう」とあるところから明白である。そして、これらは神が或る人々を正しく罰し、あるいは報いるということにもとづいて、成義 justificationes と呼ばれる。

しかるに、為されるべきことがら自体は、それらが何らか義務 debitum であるという面を有するのでなければ規定の下にふくまれることはない。しかるに義務には二種類のものがある。その一つは理性の規則 regula rationis にもとづくものであり、もう一つは(理性を)特殊的に確定するところの実定法の規則 regula legis にもとづくものであって、これはアリストテレスが『ニコマコス倫理学』第五巻[386]において「正しいこと」justum の二つの種類、すなわち倫理的なそれ morale と実定的なそれ legale とを区別しているごとくである。(387) しかるに、倫理的義務には二種類ある。なぜなら理性は何らかの為すべきことを、それなしには徳の秩序 ordo virtutis が成立しえないような、必要不可欠のこととして命ずることもあれば、徳の秩序がよりよく保持されるのに役立つこととして命ずることもあるからである。そして、このことにもとづいて律法にふくまれている倫理的規定のうちの或るものは厳密に praecise 規定として命令され、もしくは禁止されている。『出エジプト記』第二十章(第十三、十五節)および『申命記』第五章(第十七、十九節)にある「殺してはならない」「盗んではならない」はその例である。そして、これらが本来の意味で proprie 命令・規定 praeceptum である。これにたいして、或る規定はいわば厳密に義務としてではなく、そのほうがよりよいとの理由で命令ないしは禁止されている。そして、これらを戒め mandata と呼ぶことができる。なぜなら、何らかの誘導 inductio や説得 persuasio をふくんでいるからである。たとえば『出エジプト記』第二十二章(第二十六節)にある「もし隣人の着物を質に取るようなことをするのなら、日没までにかれに返さなければならない」とか、何かこれに類似したものがそれにあたる。ここからしてヒエロニムスは(388)「規定のうちには正義 justitia があるが、戒めのうちには愛 caritas がある」とのべている。これにたいして実定法による特殊的確定に由来する義務は、人間的なことがらに関しては司法的規定に属し、神的なことがらに関しては祭儀的規定に属するのである。

しかしながら、刑罰や褒賞に関するところの諸規定も、それらが神の正義を何らか言いあらわすものたるかぎりにおいて、さとし testimonia と呼ぶことができる。だが、律法のすべての規定は、それらが法的正義 justitia legalis を何らか執行するものたるかぎりでは、成義 justificationes と呼ばれることが可能である。さらに、別の仕方で戒めを規定から区別することもできる。すなわち、神が自ら命じたことがらが規定と呼ばれ、これにたいして戒めは、この言葉自体が暗示していると考えられるように、他の者を通じて戒められたことを指す、というふうに。

右にのべたすべてのことからして、律法のすべての規定が倫理的、祭儀的および司法的規定の下にふくまれるものであることがあきらかであろう。この他のものは規定としての性格を有するものではなく、むしろ右にのべたように、規定の遵守 observatio ということに秩序づけられているのである。

㈠については、それゆえ、こう言うべきである。諸々の徳の中にあって、正義のみが義務 debitum という側面をふくんでいる。それゆえ、倫理的なことがらは、それらが正義にかかわるかぎりにおいて、実定法によって特殊的に限定されることができる。ところで、キケロが『修辞学』第二巻(389)においてのべているように、敬神 religio は或る意味で正義の一部をなすものなのである。ここからして実定法的なる正しさ justum legale は祭儀的および司法的規定とは別の何ものかであることは不可能である。

他の異論にたいする解答は既述(本項主文)のところからあきらかであろう。

第六項　旧法は現世的な約束や威嚇によって規定の遵守へと誘導すべきであったか

第六(390)については次のように進められる。――旧法は現世的な約束 promissio や威嚇《いかく》 comminatio によって規定への遵守へと誘導すべきではなかった、と思われる。なぜなら

(一) 神法の意図するところは怖れ timor と愛 amor によって人々を神に従属させることである。ここからして『申命記』第十章(第十二節)にこう言われている。「イスラエル

よ、今、あなたの神、主があなたに求めておられることは何か。それはただ、あなたの神、主を怖れ、主の道を歩み、主を愛することだけではないのか。」しかるに、現世の事物にたいする欲望は神からひき離す。なぜなら、アウグスティヌスは『八十三問題の書』第三十六[391]において、「欲望は愛 caritas を毒するものである」とのべているからである。それゆえ、現世的な約束や威嚇は立法者の意図に反するように思われる。こうしたことは、アリストテレスが『政治学』第二巻[392]でのべているところからあきらかなように、法を非難するものたらしめるからである。

(二)　神法は人定法よりも優れたものである。しかるにわれわれは諸々の学において、或る学がより高度のものであるのに応じて、より高度の探求手段が用いられているのを見る。それゆえ、人定法が現世的な威嚇や約束によって人々を誘導するのであってみれば、神法はそれらを用いて事を進めるべきではなく、何かより高度の手段によるべきであった。

(三)　善い人々にたいしても悪《あ》しき人々にたいしても等しくふりかかるようなことは、正義にたいする褒賞、もしくは罪過にたいする刑罰ではありえない。しかるに『集会書』第九章(第二節)に言われているように、「すべての(現世的な)ことは正しい者にも邪悪な者にも、善人にも悪人にも、潔い者にも汚れた者にも、いけにえを捧げる者にも犠牲を軽蔑する者にも、同じようにふりかかるものである」。それゆえ、現世的な善もしくは悪を神法の戒めの刑罰あるいは褒賞として定めることは適当ではない。

しかし、その反対に、『イザヤ書』第一章(第十九、二十節)にこう言われている。「もしあなたがたが喜んで私の言うことを聞こうとするなら、この国のよい物を食べることができる。しかし、もし拒んで私の怒りをひきおこすなら、剣があなたがたを食いつくすだろう。」

私は答える――。

思弁的な学において人々は三段論法の媒介 media syllogistica を通じて結論に承認を与えるよう導かれるのであるが、ちょうどそのようにいかなる法においても、人々は刑罰や褒賞によって諸々の規定の遵守へと導かれるのである。しかるに、われわれは思弁的な学において媒介 media が生徒 auditor の条件に応じた仕方でかれに提示されているのを見る。ここからして諸々の学においては、よりよく知られたことがらから出発して教導 disciplina が行われるよう、適当な順序をふんで事を進めなければならないのである。そのように、人を規定への遵守へと誘導しようと欲する者は、その人が愛着していることがらからして、かれを動かし始めるようにしなければならない。たとえば、子供たちは何か子供らしい贈り物につられて、何ごとかを為すように誘発されるものである。しかるに、さきに(第九十一問題第五項第二異論解答、第九十八問題第一—三項)、旧法は不完全なものが完全なるもののために道をそなえるような仕方で、キリストへと(人々を)傾向づけ・秩序づけた、というふうに言われた。したがって、キリストによって成就されるはずであった完全性にくらべて言うと、いまだ不完全であった民にたいして旧法は授けられたのである。それゆえ、『ガラテヤ人への書翰』第三章(第二十四節)にあきらかなように、かの民は養育係の下にある子供にたとえられた。しかるに、人間の完全性は現世のことがらを軽んじて、霊的なことがらに固着することに存するのであって、これは使徒パウロが『ピリピ人への書翰』第三章(第十三、十五節)でのべているところからあきらかである。「うしろのものを忘れ、ひたむきに前のものに向かって進む。それゆえ、完全である者はみなこのような考え方をしよう。」ところで、神への秩序づけにおいてであるとはいえ、現世的な財貨を欲しがることは不完全なる者のしるしである。他方、現世的な財貨をもって目的であるとするのはよこしまなる者のしるしである。ここからして、不完全なる人々をひきつけるところの、現世的なことがらによって人々を神へと導いてゆこうとすることは、旧法にふさわしいことであった。

㈠については、それゆえ、こう言うべきである。人間をして現世的なるもののうちに目的を設定せしめるにいたるような欲望は愛を毒するものである。しかし、人間が神への秩序づけにおいて欲求するところの、現世的な財貨の獲得は、不完全なる者を神の愛へと誘導するところの道とも言うべきであり、それは『詩篇』第四十八(第十九節)に「あなたがかれに恵みをたれて下さると、かれはあなたを讃美するでしょう」とあるごとくである。(393)

㈡についてはこう言うべきである。人定法は人々によって導入されるべき現世的な褒賞や刑罰によって人々を誘導する。これにたいして神法は神によってもたらされる褒賞や刑罰によって人々を誘導するのであり、この点で、より高度の手段によって事が運ばれるのである。

㈢についてはこう言うべきである。旧約聖書の物語るところを注意深く読む者にはあきらかなように、律法の下において、イスラエルの民が律法を守った間は、民の全般的状態は常に順境のうちにあった。しかし、かれらが律法の規定に背くやいなや、多くの逆境に陥ったのである。しかし或る特定の人々について言えば、たとえ律法の命ずる正義を守っていても何らかの逆境に落ちこむことがあった。その理由は、かれらがすでに霊的なる者になっていたので、これによっていっそう現世的なるものへの愛着をたちきり、かれらの徳が試練を経て卓越したものたらしめられるためであったか[394]、あるいは、かれらがうわべは律法の業を実行していても、心は挙げて現世的なことがらに執着し、神からは離れ去っていたからであり、それは『イザヤ書』第二十九章（第十三節）に言われているごとくである[395]。「この民はくちびるで私をあがめるが、その心は私から遠く離れている[396]。」

第百問題（全十二項）
旧法の倫理的規定について

次に旧法の諸規定の個々の種類について考察しなくてはならない。(397)
第一には、倫理的規定について。(398)
第二には、祭儀的規定について。(399)
第三には、司法的規定について。

第一の点をめぐって次の十二のことが問題になる。
第一　旧法の倫理的規定のすべてが自然法に属するか
第二　旧法の倫理的規定はすべての徳の行為にかかわるものであるか
第三　旧法の倫理的規定の全体が十戒の十個の規定に還元されるか

第四　十戒の諸規定の区別について
第五　それらの数について
第六　それらの順序について
第七　その伝達の仕方について
第八　十戒に関して免除は可能であるか
第九　(十戒の)規定は有徳な在り方を命ずるものであるか
第十　(十戒の)規定は愛にかなった在り方を命ずるものであるか
第十一　他の倫理的規定の区別について
第十二　旧法の倫理的規定は人を義とするものであるか

第一項　倫理的規定のすべてが自然法に属するか

第一[400]については次のように進められる。——倫理的規定のすべてが自然法 lex naturae に属するのではない、と思われる。なぜなら

(一)　『集会書』第十七章(第九節)に「かれはかれらに教導 disciplina を与え、生命の律法を遺産として授けた」と言われている。しかるに、自然法は学習によって獲得されるものではなく、自然本性的な誘発 naturalis instinctus からして身についているものであるから、教導と自然法とは対立するものとして区分される。それゆえ、すべての倫理的規定が自然法に属するのではない。

(二)　神法は人定法よりもより完全なるものである。しかるに人定法は、何らかの善い倫理的実践 mores に属することがらを、自然法に属するところのことがらに付加している。このことは自然法が万人において同じものであるのに、こうした倫理的制度は人々が多様なのに応じて多様であることからしてあきらかである。それゆえ、なおさら神法は自然法にたいして、善い倫理的実践に属する何らかのことがらを付加すべきであった。

(三)　自然的理性が何らかの善い倫理的実践へと誘導するように、信仰も同様のことをする。したがって、『ガラテヤ人への書翰』第五章(第六節)に「信仰は愛によって働く」とも言われている。(401) しかるに信仰は自然法の下《もと》にふくまれているのではない。なぜなら、信仰に属するところのことがらは自然的理性を超えているからである。それゆえ、神法のすべての倫理的規定が自然法に属するのではない。

しかし、その反対に、使徒パウロは『ローマ人への書翰』第二章（第十四節）で「律法をもたない異邦人が、生まれながらに、律法の命ずることがらを行う」とのべている。このことは善い倫理的実践に属することがらについてのべられているものと理解しなければならない。それゆえ、律法のすべての倫理的規定は自然法に属する。

私は答える――。

祭儀的ならびに司法的規定から区別されたところの倫理的規定は、本性上 secundum se、善い倫理的実践 boni mores に属するところのことがらにかかわるものである。しかるに人間的な倫理的実践は、人間的行為の固有の根源たる理性との関連において語られるものであるから、理性に適合するところの倫理的実践は善いものと言われ、理性から逸脱するところのものは悪いものと言われる。(402) しかるに、さきに言われたように（第九十四問題第二、四項）、思弁理性が下すすべての判断が諸々の第一原理の自然本性的な認識から出発するものであるように、実践理性のすべての判断も何らかの自然本性的に認識された原理から出発する。ところで、実践理性はこうした原理から出発して種々のことがらについて判断するのに、様々な仕方で進んでゆくことができる。なぜなら、人間的行為のうちの或るものは非常に明白なので、僅かの考慮 modica consideratio によって、即座に statim、かの共通的なる第一の諸原理に照らして是認もしくは非難されることが可能である。他方しかし、多様なる状況についての多大の考慮をまってはじめて判断を下しうるようなことがらもあり、これらの状況について注意深く考慮をめぐらすことはなんびとでも為《な》しうるわけではなく、賢明な人 sapiens のみが為しうる。それは、諸学の特殊的な結論の考察は万人の為しうるところではなく、ひとり哲学者のみの仕事であるのと同じである。しかしさらに、人間がそれについて判定しうるためには神的教導によって助けられることを要するようなことがらもあり、たとえば信ずべきことがらをめぐる判定がそれにあたる(403)。

このようなわけで、次のことがあきらかであろう。すなわち倫理的規定は善い倫理的実践に属するところのことがらにかかわるものであり、善い倫理的実践とは理性に適合するところのものを言い、さらに人間的理性のすべての判断は何らかの仕方で自然的理性からひきだされるものであってみれば、すべての倫理的規定が自然法に属するものであること――ただし、すべてが同一の仕方においてではないが――は必然的である。なぜなら、或ることがらについては、いかなる人でもその自然的理性によって即座に、自体的に per se 為すべきであるとか、あるいは為すべきではないと判定する。たとえば

「あなたの父母を敬え」「殺してはならない」「盗んではならない」――『出エジプト記』第二十章(第十二、十三、十五節)および『申命記』第五章(第十六、十七、十九節)――などがそうである。そして、この種のことがらは無条件的に absolute 自然法に属する。これにたいして他の或ることがらは、理性によるより精密・細心な考慮を経て、賢明な人々によって、遵守されるべきことがらであると判断される。こうしたことがらもたしかに自然法に属するのではあるが、それらは教導・訓練 disciplina を必要とするものであって、この場合、より賢明なる人々が未熟な人々を教導するのである。たとえば、「あなたは白髪の老人の前では起立し、老人を敬わなければならない」――『レビ記』第十九章(第三十二節)――とあるのがそうである。さらにしかし、それについて判断しうるためには人間的理性が神による教導 instructio、すなわちそれによってわれわれが神的なことがらを教えられるような、そうした教導を必要とするようなことがらもある。たとえば「あなたは自分のために偶像も、どんなものの似姿も造ってはならない」「あなたはあなたの神、主の御名をみだりに唱えてはならない」――『出エジプト記』第二十章(第四、七節)および『申命記』第五章(第八、十一節)――とあるのがそれである。

右にのべたところによって異論にたいする解答はあきらかであろう。

第二項　律法の倫理的規定は諸々の徳のすべての行為にかかわっているか

第二については次のように進められる。(404)——律法の倫理的規定は諸々の徳のすべての行為にかかわっているのではない、と思われる。なぜなら

(一)『詩篇』第百十八（第八節）に「私はあなたの成義 justificatio を保ちましょう」と言われているところに従うと、旧法の諸規定の遵守は成義 justificatio と名づけられている。しかるに成義は正義の実行である。それゆえ、倫理的規定は正義の行為のみにかかわるものである。

(二)　規定の下にふくまれるところのことがらは義務 debitum という側面を有する。しかるに、義務という側面は他の諸徳には属せず、ひとり正義にのみ属するものであって、つまり正義に固有の行為とはなんびとにたいしてもかれに当然帰すべきもの debitum を帰する、ということなのである。それゆえ、律法の倫理的規定は他の諸々の徳の行為にかかわるのではなくて、ひとり正義の行為にのみかかわるものである。

(三)　イシドールスが『語源集[405]』でのべているように、すべての法は共通善のために制定される。しかるにアリストテレスが『ニコマコス倫理学』第五巻[406]でのべているように、諸々の徳の間にあって正義のみが共通善を顧慮する。それゆえ、倫理的規定はただ正義の行為のみにかかわるものである。

しかし、その反対に、アンブロシウス[407]は「罪は神法にたいする違反であり、天上的な戒めにたいする不服従である」とのべている。しかるに、諸徳のすべての行為に対立するような罪がある。それゆえ、神法はすべての徳の行為について秩序づけをしなくてはならない。

私は答える――。

前述のように(第九十問題第二項)、法の諸規定は共通善へと秩序づけられているのであるから、法の諸規定は共同体 communitas の在り方の多様なるに応じて多様化されることが必然である。ここからしてアリストテレスも『政治学』第四巻[408]において、王によって支配される国、人民によって支配される国、あるいは国の少数の実力者によって支配される国においてとでは、異なった法が制定されるのでなくてはならないと教えている。しかるに、人定法がそれへと秩序づけられている共同体と、神法が秩序づけられているそれとでは、共同体の在り方が違っている。(409)なぜなら人定法は人々の相互の結びつきにおいて成立しているところの市民的共同体 communitas civilis へと秩序づけられている。しかるに、人々が相互にたいして秩序づけられるのは外的行為によるのであり、そうした行為でもって人々は相互に交わってゆくのである。しかるに、この種の交わりは正義の側面に属するものであって、正義は本来的に言って人間的な共同体を導く機能を有する。それゆえ、人定法が制定するのは正義の行為にかかわる諸規定のみであり、もし他の諸徳の行為を命ずることがあるとしたら、それは、それらの行為が正義の側面をおびるものたるかぎりにおいてのみであって、これはアリストテレスが『ニコマコス倫理学』第五巻(410)でのべているところからあきらかである。

しかるに、神法がそれへと秩序づけられているのは、現世においてであろうと来世においてであろうと、神との関係における人々の共同体である。したがって、神法はそれによって人々が神との交わりへとよく秩序づけられるようなことがら、そのすべてについて規定を制定するのである。しかるに人間は、そのうちに神の似姿 imago Dei が見出されるところの、理性 ratio もしくは精神 mens において神と結びつけられる。(411)したがって、神法はそれによって人間の理性がよく秩序づけられるような、そうしたことすべてについて規定を制定する。しかるにこのことはすべての徳の行為によってなしとげられるものである。というのは、諸々の知的徳は理性の働きをそれ自体においてよく秩序づけるものであり[412]、これにたいして倫理的徳は内的な情念や外的行動との関係において理性の働きをよく秩序づけるものだからである[413]。このような次第で、神法がすべての徳の行為に関して規定を制定することの適当なることは明白であろう。だがこの場合、それなしには徳の秩序 ordo virtutis——つまり理性の秩序 ordo rationis——が保持されえないようなことがらが規定として責務づけられる obligatio praecepti のであって、その他の(徳の秩序にとって不可欠ではないが)完全なる徳による優れた在り方に属するところのことがらは、勧告としてさとされる admonitio consilii のである[414]。

(一)については、それゆえ、こう言うべきである。律法の戒めを全うすることは、(正義以外の)他の諸徳の行為に関する戒めの場合であっても、人間が神に従うのは正しいustum ことであるかぎりにおいて、成義 justificatio たるの側面を有する。あるいはまた、人間に属するところのすべてのことが理性に従属せしめられるのは正しいことであるかぎりにおいて。

(二)についてはこう言うべきである。正義とは本来的に言って、ひとりの人間が他の人間にたいして有する義務にかかわるものである。しかるに他のすべての徳においては、より下位の能力が理性にたいして有するところの義務が問題にされている。そして、アリストテレスが『ニコマコス倫理学』第五巻⑷⑮において一種の比喩的な正義⑷⑯について語っているのはこのような意味での義務との関係においてである。

㈢にたいする解答は、共同体の多様性に関してのべられたところ（本項主文）からしてあきらかである。

第三項　旧法の倫理的規定のすべてが十戒の十個の規定に還元されるか

第三⑷⑰については次のように進められる。——旧法の倫理的規定のすべてが十戒 decalogus の十個の規定に還元されることはない、と思われる。なぜなら

㈠『マタイ福音書』第二十二章（第三十七、三十九節）にあるように、律法の第一にして主要的なる規定は「あなたの神、主を愛せよ」および「あなたの隣人を愛せよ」である。

しかるに、この二つは十戒の規定のうちにはふくまれていない。それゆえ、倫理的規定のすべてのものが十戒の規定のうちにふくまれているのではない。

㈡　倫理的規定が祭儀的規定へと還元されるのではなくて、むしろその逆である。しかるに十戒の規定のうちには祭儀的規定が一つふくまれている。すなわち、『出エジプト記』第二十章（第八節）、『申命記』第五章（第十二節）に「あなたは安息日を聖とすることを覚えよ」とある。それゆえ、倫理的規定は十戒のすべての規定へと還元されるのではない。

㈢　倫理的規定は諸々の徳のすべての行為にかかわっている。しかるに、十戒の諸規定の間にあっては、一つ一つあたってゆけばあきらかなように、正義の行為に属するところの規定のみが制定されている。それゆえ、十戒の規定は倫理的規定のすべてをふくむのではない。

しかし、その反対に、『マタイ福音書』第五章（第十一節）の「かれらがあなたがたを罵《ののし》るとき、あなたがたは幸いである」という箇所について、『註釈』(418)は「モーセは十個の規定をうちたてた後で、それらをその諸々の部分について解明する」とのべている。それゆえ、律法のすべての規定は或る意味で十戒の諸規定の部分をなすものである。

私は答える――。

十戒の諸規定は次の点で律法の他の諸規定とは異なっている。すなわち、十戒の諸規定は神が自ら(419)その民にたいして(直接に)授けた、と言われるのにたいして、他の諸規定はモーセを通して(間接的に)民に授けたという点においてである。それゆえ、人間がそれについての知識 notitia を自分自身で神から得てくるような諸規定、そうした規定が十戒に属している。しかるにこうした規定とは、第一の共通的なる原理からして、即座に statim、僅かの考慮 modica consideratio でもって認識されうるような規定であり、また神によって注入された信仰 fides divinitus infusa からして即座に知られるような規定である。それゆえ、十戒の規定のうちには次の二つの種類の規定は数えあげられていない(420)。すなわち、その一つは自然的理性のうちに、いわば自明的なることとして書き記されているということの他には何らの公布も必要としないような、第一の共通的なる規定であって、たとえば、人はなんびとにたいしても悪を為してはならない、とか、他の種のものである。もう一つは、賢明な人々の注意深い吟味 inquisitio diligens によって理性を合致するものなることが見出されるような規定であって、(それが十戒に数えられていないのは)これらの規定は神から、賢明なる人々による教導を介して民にもたらされるからである。だが、これらの規定はともに十戒の規定のうちにふくまれてはいるのであって、ただそのふくまれる仕方には違いが見られる。というのは、あの第一にして共通的なる規定は原理が近接的な結論のうちにふくまれるような仕分で十戒にふくまれているのにたいして、賢明な人々によって認識されるところの規定は、これとは逆に、結論が原理のうちにふくまれるような仕方で十戒にふくまれているからである。

(一)については、それゆえ、こう言うべきである。あの二つの規定は自然法の第一にして共通的な規定であって、それらは自然本性によってであろうと、信仰によってであろうと、人間的理性にとって自明的 per se nota なものなのである。それゆえ、十戒のすべての規定はこの二つにたいして、諸々の結論が共通的な原理にたいするような仕方で関係づけられているのである㊷。

(二)についてはこう言うべきである。安息日の厳守に関する規定は、或る意味では、つまりそれによって人が或る時間を神的なことがらのためにあけておくように命ぜられているかぎりにおいて、倫理的規定である。それは『詩篇』第四十五(第十一節)に「あなたがたは静まって vacate 私が神であることを見よ」と言われている通りである。そして、このような意味で十戒の規定のうちに数えられている。しかし、時間の確定に関しては倫理的規定ではない。なぜなら、この点では祭儀的規定だからである。(422)

(三)についてはこう言うべきである。他の諸々の徳においては、義務という側面は正義の場合におけるほどあらわではない。(423)それゆえ、他の諸徳の行為についての規定は正義の行為についての規定ほど民に知られてはいない。このため、律法の第一の要素たる十戒の諸規定の下には、とくに正義の行為がふくまれているのである。

第四項　十戒の諸規定は適切に区別されているか

第四についてはは次のように進められる。――『出エジプト記』第二十章、『申命記』第五章(第七―二十一節)における十戒の諸規定の区別の仕方は適切ではない、と思われる。なぜなら

(一)　礼拝 latria は信仰 fides とは異なった徳である。ところで、諸規定は徳の行為にかかわるものである。しかるに、十戒の冒頭に言われていること、すなわち「あなたに

は私の前に、他の神々があってはならない」という規定は信仰に属する。だが、それに付け加えて「あなたは偶像を造ってはならない」と言われているのは礼拝に属する。それゆえこれらは二つの規定であって、アウグスティヌス[424]がのべているように一つの規定なのではない。

(二)　律法において肯定的規定は否定的規定から区別されている。たとえば「あなたの父母をうやまえ」と「殺してはならない」のように。しかるに「私はあなたの神、主である」は肯定的であるのにたいして、それに付加されている「あなたには、私の前に、他の神々があってはならない」は否定的である。それゆえ、これらは二つの規定であって、アウグスティヌス[425]が主張しているように一つの規定の下にふくまれているのではない。

(三)　使徒パウロは『ローマ人への書翰』第七章(第七節)で「律法が「欲しがってはならない」と言わなかったなら、私は欲情 concupiscentia を知らなかっただろう」と言っている。してみると、「欲しがってはならない」という規定は一つの規定であるように思われる。それゆえ二つの規定に区別されるべきではない。

他面、右の異論にたいして『創世記』の『註釈[426]』におけるアウグスティヌスの権威が対立する。

すなわち、かれはそこにおいて神にかかわる規定が三つ、隣人にかかわるものが七つあるとしている。

私は答える――。

十戒の諸規定は様々の人々によって様々な仕方で区別されている。なぜなら、ヘシキウス(427)は『レビ記』第二十六章（第二十六節）の「十人の女が一つのかまでパンを焼く」という箇所について、安息日の厳守についての規定は十個の規定のうちに入らない、というのもいついかなる時でも文字通り守るべきものではないからだ、とのべている。だが、かれは神にかかわるところの四つの規定を区別している。すなわち、その第一は「私は、あなたの神、主である」、第二は「あなたには、私の前に、他の神々があってはならない」――ヒエロニムス(428)もやはり『ホセア書』第十章（第十節）の「あなたの二つの不義のために」という箇所についての註釈で、これら二つを区別している――であり、第三の規定は、かれの言うところでは「あなたは、自分のために、偶像を造ってはならない」であって、第四は「あなたの神の名をみだりに唱えてはならない」である。これにたいして、隣人にかかわる規定が六個あるとしている。すなわち、その第一は「あなたの父と母を敬え」、第二は「殺してはならない」、第三は「姦淫してはならない」、第四は「盗んではならない」、第五は「偽りの証言をしてはならない」、第六は「欲しがってはならない」である。

しかし第一に、もし安息日の厳守に関する規定が何ら十戒に属するものでないのであったら、それが十戒の規定の中に置かれているのは不都合であるように思われる。(429) 第二に、『マタイ福音書』第六章(第二十四節)に「だれも二人の主に仕えることはできない」と記されているのであってみれば、「私は、あなたの神、主である」と「あなたには、他の神々があってはならない」とは同一の趣旨のものであり、同一の規定の下にふくまれるように思われる。したがって、オリゲネス(430)もやはり神に秩序づけられた四つの規定を区別しているが、この二つを一つの規定と解している。これにたいして、第二に「偶像を造ってはならない」を数え、第三は「あなたの神の名をみだりに唱えてはならない」、第四は「安息日を聖とすることを覚えよ」である。この他の六つについてはヘシキウスと同じ区別をしている。

しかし偶像や似姿を造ることが禁止されているのは、もっぱらそれらが神々として礼拝されることのないようにとの理由にもとづくものであるから——というのも『出エジプト記』第二十五章(第十八節)にあるように、神は幕屋のうちにセラフィム(431)の像を造って、置くように命じているからである——アウグスティヌスが「他の神々があってはならない」と「偶像を造ってはならない」とを一つの規定の下にまとめているのはより適当なやり方である。同様に他人の妻を、これと交わるために欲しがるのは肉の欲情に属することである。これにたいして他人のいろいろな持ち物を欲しがり、自分の所有物にしたいと望むのは目の欲情に属する。㊸したがってやはりアウグスティヌス㊹は他人の持ち物を欲しがってはならないことと、他人の妻を欲しがってはならないこととについて二つの規定があるとしている。このようにかれは神にかかわるものとして三つの規定、隣人にかかわるものとして七つの規定があるとしているが、この区別のほうが優れている。

㈠については、それゆえ、こう言うべきである。礼拝は信仰の何らかの表明 protestatio fidei にほかならない。それゆえ、礼拝と信仰とについて別々の規定があるとすべきではない。しかし、規定は信仰についてよりはむしろ礼拝に関して与えられるべきである。なぜなら、信仰についての規定は愛についての規定と同じように、十戒の諸規定の前提となっているものだからである。なぜなら、自然法の共通的なる第一の諸規定が、自然的理性を有する者にとっては自明的で、何の公布も必要としないように、神を信ずること credere in Deum は信仰を有する者には第一の自明的なことなのである。なぜなら『ヘブライ人への書翰』第十一章(第六節)に言われているように、「神に近づく者は神がおられることを信じなければならないのである」。それゆえ、信仰の注入 infusio fidei の他には何らの公布も必要としないのである。(435)

(二)についてはこう言うべきである。肯定的規定と否定的規定とは、一方が他方のうちにふくまれていないときには、相互に区別される。たとえば、父母を敬えとの規定のうちには、だれも殺してはならないとの規定はふくまれていないし、またその逆もなりたつ。しかし、肯定的規定が否定的規定にふくまれていたり、その逆がなりたっているときには、そのことについて異なった規定が与えられることはない。たとえば「盗んではならない」ということについての規定と、他人のものを保全し、返却するということについての規定とは、別物ではないのである。そして、同様の理由からして、神を信ずることと、他の神々を信じないことについて異なった規定があるわけではない。

(三)についてはこう言うべきである。すべての欲情は一つの共通的な側面において一致するところがあり、それゆえに使徒パウロは欲情の戒めについて単数で語ったのである。しかし、こまかく言えば欲情にも多様な側面があるところから、アウグスティヌスは欲情の禁止にかかわる異なった規定を区別しているのである。(436) なぜなら、アリストテレスが『ニコマコス倫理学』第十巻でのべているように、(欲情的)行為もしくは欲情される対象の多様性に応じて欲情は種的に区別されるからである。

第五項　十戒の諸規定は適切に枚挙されているか

第五[437]については次のように進められる。――十戒の諸規定は不適切な仕方で inconvenienter 枚挙されている[438]、と思われる。なぜなら

(一) アンブロシウス[439]がのべているように、罪とは「神法にたいする違反であり、天上的な戒めにたいする不服従」[440]である。しかるに、罪は人が神にたいして、あるいは隣人、もしくは自分自身にたいして罪を犯すことに応じて区別される。ところが十戒の規定のうちには人間をかれ自身にたいして秩序づけるところの規定というものはなくて、ただかれを神ならびに隣人にたいして秩序づける規定のみが定められているのであってみれば、十戒における諸規定の枚挙は不充分であるように思われる。

(二) 安息日を守ることが神の礼拝に属することであるように、他の諸々の儀式をとり行い、犠牲を捧げることもやはり神の礼拝に属する。しかるに十戒の規定のうちには安

息日の遵守に関する規定が一つふくまれている。それゆえ、他の儀式、および犠牲奉献の儀式に関しても何らかの規定があるべきである。

㈢　偽誓する perjurare ことによってのみでなく、瀆神《とくしん》の言を吐く blasphemare ことによって、あるいは他の仕方で神の教えに反して虚言を吐く mentiri ことによっても、神にたいして罪を犯すことになる。しかるに、「あなたの神の名をみだりに唱えてはならない」と言われるとき、偽誓を禁止するところの規定が一つ定められている。それゆえ、瀆神の罪や、神について偽りを教える罪も、十戒の何らかの規定によって禁止されるべきである。

㈣　人間は父母にたいしてと同様に、子供たちにたいしても自然本性的な愛 dilectio を有する。さらに愛 caritas の戒めはすべての隣人におよぶものとされている。しかるに、十戒の諸規定は愛 caritas へと秩序づけられているのであって、それは『テモテへの第一書翰』第一章（第五節）に「掟 praeceptum の目的・終極 finis とするところは愛である」と言われている通りである。それゆえ、父母にかかわるところの何らかの規定が定められているように、子供たちや隣人にかかわるところの何らかの規定も定められるべきである。

㈤　いかなる種類の罪においても、内心において corde と、行いにおいて opere 罪を犯すということがある。(441) しかるに、盗みや姦淫など、或る種類の罪に関しては、「姦淫してはならない」「盗んではならない」と言われる場合のように、行いの罪と、「あなたの隣人のものを欲しがってはならない」および「あなたの隣人の妻を欲しがってはならない」と言われる場合のように、内心の罪とがそれぞれ別個に禁止されている。それゆえ殺人や偽証 testimonium falsum の罪に関しても同じようにすべきであった。

(六) 罪は欲情的な能力 concupiscibilis の無秩序 inordinatio からと同じように、怒情的な能力 irascibilis の無秩序からも生ずるものである。しかるに、「欲しがってはならない」と言われる場合のように、無秩序な欲情 concupiscentia inordinata は何らかの規定によって禁止されている。それゆえ、怒情的能力の無秩序を禁止するための何らかの規定をも十戒のうちにふくませるべきであった。それゆえ、十戒の十個の規定は適切に枚挙されているとは考えられない。

しかし、その反対に、『申命記』第四章(第十三節)に「主はあなたがたに自分の契約を示し、これをあなたがたに為すように命ぜられた。すなわち十個の言葉であり、主はこれを二枚の石板に記された」とある。

私は答える――。

さきに言われたように(第二項)、人定法の諸規定が人間を人間的共同体へと秩序づけるように、神法の諸規定は人間を神の下なる一種の共同体あるいは国家respublicaへと秩序づける。しかるに、或る人が何らかの共同体においてよき住民たるには二つのことが要求される。その第一は、共同体の首長たる者にたいして正しくふるまうことであり、もう一つは共同体の他の仲間や同志たちにたいして正しくふるまうことである。それゆえ、神法においては第一に、人間を神にたいして秩序づけるところの何らかの規定が定められ、ついで、人間を、神の下で一緒に生活する他の隣人たちにたいして秩序づけるところの、他の諸規定が定められることが必要である。

しかるに、人は共同体の首長princepsたる者にたいして三つのものを負うている。すなわち、第一に忠誠fidelitas、第二に尊敬reverentia、第三に奉仕famulatusである。ところで、首長にたいする忠誠とは、首長に属する栄誉honorを他の者に与えることをしないことに存するのであり、「あなたに、他の神々があってはならない」という第一の規定はこのような意味に解される。首長にたいする尊敬は、かれを傷つけるようなことは何一つしてはならないことを要求するものであり、「あなたの神、主の御名をみだりに唱えてはならない」という第二の規定は、この意味に解される。さらに、首長にたいしては、従属者たちがかれから受けとるところの恵沢にたいする返礼として奉仕を与えなければならないが、万物の創造を追憶して安息日を聖とするよう命じている第三の規定は、このことに関するものである。

ところで、或る人が隣人たちにたいしてふさわしくふるまうと言う場合、そこには特殊的な側面と一般的な側面とがある。特殊的というのは何らかの義務を負うているような人々との関係においてであり、その人々にたいして義務を果たすことによって、ふさわしくふるまうわけである。そして父母を敬うことを命ずる規定はこの意味に解される。これにたいして、一般的というのはすべての人々との関係においてであり、行いにおいても、言葉や内心においても(442)、なんびとにたいしても害を為《な》さないことによって、ふさわしくふるまうわけである。ところで、行いによって隣人に害が為されることに関して言えば、時としてその害は隣人それ自身、すなわち個人としての生存 consistentia personae にたいして為されるのであり、このことが「殺してはならない」という規定によって禁止されている。また時として、子孫の繁殖のために(隣人と)結びついている人物にたいして害が為されることもあり、このことが「姦淫してはならない」という規定によって禁止されている。また時として所有物——それは前述の二つのことに秩序づけられている——に害が為されることがあり、この点に関して「盗んではならない」と言われている。言葉による害悪は「あなたの隣人にたいして偽りの証言をしてはならない」という規定によって禁止されている。さらに、内心において為されるところの害悪は「欲しがってはならない」という規定によって禁止されている。

これと同じ区分法にもとづいて、神へと秩序づけられている三つの規定を区分することも可能であったであろう。その第一は行いにかかわるものであり、したがってそこでは「偶像を造ってはならない」と言われている。第二は言葉にかかわるものであり、したがって「あなたの神の名をみだりに唱えてはならない」と言われている。第三は内心に関するものである。なぜなら、安息日を聖とせよとの規定においては、それが倫理的規定たるかぎりでは、神に向かって心を静めることが命ぜられているからである。あるいは、アウグスティヌスによると、(443)第一の規定によってわれわれは第一の根源 primum principium の一なることを崇敬し、第二の規定によって神的真理を、第三の規定によって神の善性――それによってわれわれは聖とされ、またそれを終極・目的として、そのうちにおいてわれわれは憩うのである――を崇敬するのである。

(一)については、それゆえ、二つの仕方で答えることができる。(444)すなわち、第一には、十戒の諸規定は愛に関する規定との関連性を有するからである。しかるに、人間にたいして、神と隣人への愛については規定を与えなければならなかったが、それは罪のゆえにこの点に関しては自然法が曖昧なものになっていたからである。しかし自分自身への愛についてはその必要はなかった、なぜならこの点に関しては自然法は有効だったからである。あるいは、自分自身への愛なるものは神と隣人への愛のうちにふくまれているからだ、と言うこともできよう。なぜなら、人は自らを神へと秩序づけることにおいて、[445]真に自己を愛するのであるから。[446]このようなわけで十戒の規定のうちには隣人と神とにかかわる規定のみがふくまれているのである。

もう一つの解答として、十戒の諸規定は民が神から直接・無媒介に immediate 受けとったものである、と言うことができる。ここからして『申命記』第十章（第四節）に「主はその板に、さきに書いたのと同じふうに、あなたがたに告げた十個の言葉を、書き記された」と言われている。したがって、十戒の諸規定は民が即座に納得できるようなものでなければならない。[447]しかるに規定は義務の側面をふくむものである。ところで、人が何ごとかを神と隣人にたいして必然的に（義務として）負うていること、そのことはなんびとでも容易に把握するところであり、とくに信者ならばなおさらである。しかるに、他者にではなくて自分自身にかかわるところのことがらに関して、何らかのことが必然的に人間にとっての義務であるということは、それほどすぐさま明瞭なわけではない。なぜなら、一見したところ、なんびとでも自分自身にかかわることがらにおいては自由であるように思われるからである。したがって、人間が自分自身にたいして無秩序に陥ることを禁止するところの諸規定は、賢明なる人々の教導を媒介として民にもたらされる。ここからして、それらは十戒に属するものではないのである。

(二)についてはこう言うべきである。旧法のすべての儀式は何らかの神的恵沢――それが追憶のうちにある過ぎ去ったものであるにせよ、来たるべきものとして予表されているにせよ――を記念するために制定されたものである。また同じ理由からしてすべての犠牲が捧げられる。しかるに、記念されるべきすべての神的恵沢の中にあって、第一にして主要的なるものは創造の恵沢であったが、それは安息日を聖とすることによって記念される。ここからして、『出エジプト記』第二十章(第十一節)には、この(安息日の)規定の根拠として、「なぜなら、神は六日の間に天と地を創造されたからである」と言われている。他方、予表されるべきすべての将来的な恵沢の中にあって、主要的にして最終的なるものは、神のうちにおける精神の安息――それが恩寵によって現世でもたらされるものにせよ、栄光によって来世で成就されるものにせよ――であって、これも安息日の遵守によって予表されていた。ここからして『イザヤ書』第五十八章(第十三節)には「もし、あなたが安息日に出歩くことをやめ、私の聖日に自分の好むことをせず、安息日を楽しい日と呼び、主の聖日をはえある日と称《とな》えるならば」とある。なぜなら、これらの恵沢は人々、とりわけ信者たちの精神においては第一にして主要的な位置をしめるものだからである。これにたいして、他の諸々の儀式は、時間のうちで生起・経過したところの或る特定の恵沢のゆえにとり行われる。たとえば、過越《すぎこし》の祭りは過去におけるエジプトからの解放という恵沢のゆえに、また将来におけるキリストの受難のゆえにとり行われる——この後者は時間のうちなる出来事ではあったが、われわれを霊的な安息日の憩いへと導くものである。このゆえに、十戒の諸規定のうちにあっては、安息日のみがふれられていて、その他のすべての儀式や犠牲は除外されているのである。(449)

(三)についてはこう言うべきである。使徒パウロが『ヘブライ人への書翰』第六章(第十六節)でのべているように、「人々は自分よりも偉大なものによって誓い、そしてかれらのすべての論争の目的は確証 confirmatio のための誓いである」。ところで、誓いはだれでもが為す共通のことであるから、誓いに関する無秩序が特別に十戒の規定によって禁止されているのである。これにたいして、偽りを教える罪は少数の人々にのみかかわるものであるから、この点について十戒の規定の中でふれることは必要ではなかった。だが、或る解釈によると、「あなたの神の名をみだりに唱えてはならない」と言われているのは、偽りの教えを禁止するためであるという。じっさい、或る『註釈(450)』は右の言葉を「あなたはキリストが被造物であると言ってはならない」というふうに解明している[451]。

(四)についてはこう言うべきである。自然的理性は人間にたいして直接的に、なんびとにも害を為してはならない、と命令する。したがって、害を為すことを禁止する諸規定はすべてのことがらにおし及ぼされる。しかし、自然的理性は、人が何らかの義務を負うているような人にたいしてでなければ、他人のために何ごとかを為すべきだ、と直接に命令することはない。しかるに息子が父親にたいして負うている義務はいかに否認しようとしても拒みえないほどに明白である。なぜなら、父親は息子の誕生、存在、さらに育成と教育の根源だからである。したがって十戒の規定のうちには、父母以外の何らかの者にたいして何らかの親切 beneficium や従順 obsequium の行為を為すように定められてはいない。他方、父母は子供たちから受けた何らかの恩沢のゆえに、かれらにたいして何らかの義務を負うているということはなく、むしろその逆である[452]。それのみでなく、息子は或る意味で父親に属するところのものであり、そしてアリストテレスが『ニコマコス倫理学』第八巻[453]でのべているように、「父親たちは息子たちを自分たちに属するところの何ものかとして愛するのである」。したがって、十戒の規定のうちには人間をかれ自身へと秩序づけるようなものがないのと同じように(第一異論解答)、それと同じ理由からして子供たちの愛にかかわるところの規定もふくまれてはいない。

㈤についてはこう言うべきである。姦淫の悦楽とか富の効用などは、それらが快適善あるいは有用善としての側面をもっているかぎり、それ自体のゆえに望ましいものである。そして、このゆえに、これらのことに関しては、行いのみでなく（内心の）欲情をも禁止することが必要であった。しかるに殺人とか虚偽とかはそれ自体においては嫌悪をさそうものである――なぜなら、人間は自然本性的に隣人と真理を愛するからである。したがって、殺人や虚偽はただ何らかの他のことのゆえにのみ欲求される。それゆえに、殺人や偽りの証言の罪に関しては、内心の罪は禁止する必要はなく、ただ行いの罪を禁止すればよかった。

㈥についてはこう言うべきである。さきに言われたように（第二十五問題第一項）、怒情的能力のすべての情念は欲情的能力の情念から導き出されるものである。それゆえに、いわば律法の第一の要素たる十戒の諸規定においては、怒情的能力の情念についてふれるべきではなく、ただ欲情的能力の情念についてふれればよかった。

第六項　十戒の十個の規定は適当な順序に置かれているか

第六㊺についでは次のように進められる。――『出エジプト記』第二十章および『申命記』第五章(第七―二十一節)における十戒の十個の規定の順序は不適当である、と思われる。なぜなら

(一)　隣人への愛は神への愛よりも先行するように思われる――なぜなら、隣人はわれわれにとって神よりもよりよく知られているからであって、それは『ヨハネの第一書翰』第四章(第二十節)に、「目に見える自分の兄弟を愛さない者が、どうして目に見えない神を愛することができようか」と言われているごとくである。しかるに、はじめの三つの規定は神への愛にかかわり、他の七つは隣人への愛にかかわっている。それゆえ、十戒の諸規定は不適当な仕方で順序づけられている。

(二)　肯定的な規定によって徳の行為が命ぜられ、否定的な規定によって悪徳の行為が禁止される。しかるに、ボエティウス㊺によると諸々の徳を植えつける前に、まず悪徳を根こそぎにすべきである。それゆえ、隣人にかかわる諸々の規定の間にあっては、肯定

的規定よりもさきに、まず否定的規定を置くべきであった。

㊂　律法の諸規定は人々の行為に関して与えられている。しかるに、内心の行為のほうが言葉や外的行為よりも先行する。それゆえ、内心にかかわるところの「欲しがってはならない」という規定が最後に置かれているのは、順序が不適当である。

しかし、その反対に、使徒パウロは『ローマ人への書翰』(456)第十三章(第一節)において、「神に由来するところのことがらは、秩序(順序)正しくある」とのべている。しかるに、前述のように(第三項)、十戒の諸規定は神によって直接に授けられたものである。それゆえ、それらは適当な順序に置かれている。

私は答える――。

前述のように(第三項、第五項第一異論解答)、十戒の諸規定は人間の精神がただちに statim、速やかに in promptu 把握するようなことがらに関して与えられている。しかるに、あきらかに或ることは、その反対がより重大かつ著しい仕方で理性と相容れないのに応じて、それだけよく理性によって把握されるものである。ところで、理性の秩序(順序)は目的・終極に端を発するものであるから、人間が目的に関して無秩序にふるまうことこそ、最も理性に反するものであることは明白である。しかるに人間の生活ならびに社会の目的・終極とするところは神である。それゆえ、第一に十戒の諸規定によって人間を神へと秩序づけることが必要であった——なぜなら、それの反対が最も重大なものだからである。それはちょうど軍隊——それは指揮官へと、目的にたいするように秩序づけられている——においても、第一に兵士たちは指揮官へと従属せしめられているのと同様であり、このことの反対が最も重大なことなのである。しかるに、第二には他の者にたいして調和的に関係づけられることが必要とされる。(457)

しかるに、われわれを神へと秩序づけるところのことがらの中にあって、第一のことは、人間が神にさからうともがらとは何の交渉ももたず、神に忠実に従属することである。(458)第二は神にたいして尊崇をあらわすことであり、第三のことは神に奉仕を行うことである。また軍隊においても、兵士が敵と協定して裏切りのふるまいをすることのほうが、指揮官にたいして何らかの尊敬を欠く行動に出ることのほうよりも、より重大な罪であろう。ところで、この後者は、上官にたいする何らかの従順において欠けるところがある場合にくらべると、より重大な罪であろう。

しかるに、(われわれを)隣人へと秩序づける諸規定に関して言えば、人がより大いなる義務を負うているところの人々にたいして、為すべき当然の務めを果たさないならば、甚だしく理性に反することであり、より重大な罪であろう。それゆえ(人を)隣人へと秩序づけるところの諸規定の間にあって、第一に父母にかかわるところの規定が定められているのである。しかるに、この他の諸規定の間にあっても、罪の重大さの順序に従って、一定の順序が保たれているのが認められる。なぜなら、行いによって罪を犯すほうが言葉による場合よりも、また言葉によるほうが内心におけるよりもより重大であり、より甚だしく理性に反するからである。(459)また行いによる罪の間にあっては、すでに存在している人間の生命を奪うところの殺人のほうが、生まれてくるべき子供の安定certitudoを危くするところの姦淫よりも、より重大である。さらに姦淫は、外的な財貨にかかわるところの盗みにくらべると、より重大な罪である。

(一)については、それゆえ、こう言うべきである。感覚の道via sensusに従って言えば、神よりも隣人がよりよく知られているとはいえ、後にあきらかにされるであろうように(第二部の第二部第二十五問題第一項、第二十六問題第二項)、神への愛が隣人への愛の根拠ratioである。それゆえに、(人を)神へ秩序づける諸規定を前に置くべきであった。

(二)についてはこう言うべきである。神が万物に関してその存在の普遍的なる根源universale principium essendiであるごとく、そのようにまた父親は息子に関して、或る意味でその存在の根源である。(460) それゆえに、神にかかわるところの諸々の規定の後に父母にかかわる規定が置かれることは適当である。

ところで、(異論で提示される)議論は、肯定的規定と否定的規定とが同一の種類の行為にかかわる場合には有効である procedit。(461) だが、その場合においてすらなお、あらゆる点で有効な議論であるとは言えない。なぜなら、たしかに行為の遂行 executio においては、徳を植えつけるに先立ってまず悪徳を根絶すべきであると言えよう――それは『詩篇』第三十三(第十五節)に「悪を離れ、善を行え」とあり、また『イザヤ書』第一章(第十六節)に「悪事を働くのをやめ、善を為すことを習え」とあるごとくである。しかし、認識 cognitio においては罪 peccatum よりも徳 virtus のほうがより先なのであって、そのわけは『霊魂論』第一巻で言われているように(462)「直線によって曲がった線は認識されるのだからであり、また『ローマ人への書翰』第三章(第二十節)にあるように「律法によって罪の意識が生じた」からである。そして、このような理由からして肯定的規定がはじめに置かれるべきであった。

しかし、このようなことが十戒の規定の順序の根拠となっているのではなく、さきにのべられたこと(本項主文)が根拠である。なぜなら、神にかかわるところの諸規定においていて――それらは第一の書板に記されている――肯定的規定は、それにたいする違反がより軽微な罪過にあたるとの理由から、一番最後に置かれているからである。

㊂　内心の罪は、遂行においてはより先にくるものであっても、その禁止は理性・認識 ratio の順序で言えばより後にくるものなのである。

第七項　十戒の諸規定ののべ方は適切であるか

第七[463]については次のように進められる。――十戒の諸規定は不適切な仕方でのべ tradere られている、と思われる[464]。なぜなら

㊀　肯定的規定は徳の行為に秩序づけられているのにたいして、否定的規定は悪徳の行為からひき離すものである。しかるに、どのようなことがらに関しても、徳と悪徳とが互いに対立している。それゆえ、いかなることがらについても、これに関して十戒の規定が秩序づけを行うかぎり、肯定的規定と否定的規定との両者が定められるべきであった。それゆえ或ることがらについては肯定的規定、或ることがらについては否定的規定のみが定められているのは不適切である。

(二)　イシドールスは『語源集』(465)において「すべての法 lex は理性・根拠 ratio にもとづく」と言っている。しかるに、十戒の諸規定はすべて神法 lex divina に属する。それゆえ、十戒はそのすべての規定において根拠を指示すべきであって、第一と第三の規定だけにそのことを限るべきではなかった。

(三)　或る人は(十戒の)諸規定を遵守することによって神から褒賞を報いとして受ける。しかるに神の約束は規定に付せられた褒賞にかかわるものである。それゆえ、約束はすべての規定のうちにふくまれているべきであって、第一と第四の規定のみに限られるべきではなかった。

(四)　旧法は刑罰の威嚇《いかく》によって規定の遵守へと誘導したかぎりにおいて、怖れの法 lex timoris と言われる。しかるに十戒の規定はすべて旧法に属する。それゆえ、すべての規定のうちに刑罰の威嚇がふくまれているべきであって、そのことは第一と第二の規定だけに限られるべきではなかった。

(五)　神の掟(規定)はすべて記憶にとどめておくべきものである。なぜなら『箴言』第三章(第三節)に「それらをあなたの心の板に書き記せ」と言われているからである。それゆえ、第三の規定のみにおいて記憶についてふれられているのは不適切である。したがって、十戒の諸規定は不適切な仕方でのべられているように思われる。

しかし、その反対に、『智書』第十一章(第二十一節)に、「神は万物を数と重さと尺度とをもって造られた」とある。それゆえ、ましていわんや自分の律法の諸規定をのべるにあたっては適切なやり方を守ったにちがいない。

私は答える――。

神の掟(規定)のうちには最高の知恵がふくまれており、そこからして『申命記』第四章(第六節)に「これは国々の民の面前におけるあなたがたの知恵と悟りである」と言われている。しかるに、すべてを適正な仕方と秩序とをもって配列することは知恵ある者の業《わざ》に属する。それゆえ、律法の諸規定が適切な仕方でのべられていることは明白であるとすべきであろう。

㈠については、それゆえ、こう言うべきである。肯定には常にそれと反対のことの否定がともなうが、対立的なことがらの一方の否定にはかならずしも他方の肯定がともなうわけではない。なぜなら、「もし或るものが白いなら、それは黒くはない」とは言えるが、「もし或るものが黒くないのなら、それは白い」ということにはならないのである。なぜなら、否定は肯定よりもその及ぶ範囲が広いからである。このようなわけで、否定的な規定に属するところの、なんびとにも害を為してはならないということは、理性の第一の命令として、或る人に従順もしくは親切の行為を為すべしということよりも、その範囲がより多くの人々に及んでいる。しかるに、人は恩沢を受けたところの人々にたいしては(まだ恩返しがすんでいなかったならば)親切あるいは従順を捧げる義務を負う、ということは理性の第一の命令にふくまれているところである。しかるに、なんびとといえどもその人から受けた恩沢にたいして充分に恩返しをすることのできないところの者がふたりあって、それは『ニコマコス倫理学』第八巻㊏に言われているように、神と父親である。このゆえに、肯定的規定は二つだけ定められている。その一つは父母の尊敬に関するものであり、もう一つは神的な恩沢を記念して安息日を祝うことに関するものである。

(二)についてはこう言うべきである。純粋に倫理的なる諸規定については、その根拠は明白なので、それらについては何らかの根拠をわざわざ付加する必要はなかった。しかるに、規定のうちの或るものにおいては祭儀的規定が付加されたり㊗、あるいは共通的なる倫理的規定を特殊的に確定する要素が付加されている。たとえば、第一の規定においては「偶像を造ってはならない」という付加があり、第三の規定においては安息日に関する特殊的な確定がふくまれている。それゆえ、この両者において根拠を指示する必要があったのである。

㈢についてはこう言うべきである。人々は多くの場合、自分たちの行為を何らかの利益 utilitas へと秩序づける。それゆえ、(それを守っても)何らの利益もともなわないか、あるいは何らかの利益が阻害されるかのように映った諸規定については、褒賞の約束を付加することが必要であった。ところで、父母はすでに後退の途をたどっていて、かれらからは利益は期待されない。このため父母の尊敬に関する規定には約束が付加されている。偶像礼拝を禁止する規定についても同様である。なぜなら、これによって、人々が悪霊たちと契約を結ぶことで獲得できると思いこんだ見せかけの利益が、阻害されるかのように映ったからである。

㈣についてはこう言うべきである。『ニコマコス倫理学』第十巻㊻で言われているように、刑罰はとくに悪に走りやすい人々に対抗するために必要である。それゆえ、悪への傾向性が見出されたことがらについてのみ、律法の規定にたいして刑罰の威嚇が付加されている。しかるに、偶像礼拝は諸国民の一般的な慣習であるところから、人々はそれに陥り易かった。また同様に、人々は誓いをひんぱんにたてるものであるから、偽誓の罪にも陥り易い。このために、最初の二つの規定には威嚇が付加されているのである。

㈤についてはこう言うべきである。安息日に関する規定は過去に被った恩沢の記念として定められている。そのため、そこでは記憶についての言及が為されている。あるいは、安息日についての規定は、自然法そのものには属しないところの付加的な確定をふくんでいるからだ、とも言えよう。そのために、この規定は特別の戒めを必要としたのである。

第八項　十戒の諸規定からの免除は可能であるか

第八[469]については次のように進められる。――十戒の諸規定については免除が可能である dispensabilia、と思われる。なぜなら

㈠　十戒の諸規定は自然法 jus naturale に属する。[470]しかるにアリストテレスが『ニコマコス倫理学』第五巻[471]でのべているように、自然本性的なる正しさ justum naturale は或る場合には有効ではなく、また人間本性がそうであるように、可変的である。[472]しかるに前述のように（第九十六問題第六項、第九十七問題第四項）、法が或る特殊な場合に欠陥を示

すということが免除を必要とする根拠である。それゆえ、十戒の諸規定においては免除が為されることが可能である。

(二) 人間が人定法にたいするのと同じ関係を神は神法にたいして有している。しかるに、人間は、人間が制定したところの法の規定について免除を与えることができる。それゆえ、十戒の諸規定は神によって定められたものであるから、神はそれらについて免除を与えることができるように思われる。しかるに、上長たち praelati は地上において神の代理をつとめる者である。なぜなら、使徒パウロは『コリント人への第二書翰』第二章(第十節)において「というのは、もし私が何かをゆるしたのなら、それはあなたたちのためにキリストに代わってゆるしたのである」とのべている。それゆえ、上長たちも十戒の諸規定について免除を与えることができる。

(三) 十戒の規定のうちには殺人の禁止がふくまれている。しかるにこの規定に関して人々は免除を与えているように見える。たとえば、人定法の規定するところに従って、犯罪人や敵が適法的に殺されるのがそうである。それゆえ、十戒の諸規定については免除が可能である。

(四) 安息日の遵守は十戒の規定するところの一つである。しかるに、この規定について免除が為されたことがある。なぜなら『マカベア第一書』第二章(第四十一節)に「かれらはその日に思い定めて、こう言った、いかなる者にもあれ安息日にわれらに戦いをいどむ者があるなら、われらはその者すべてと戦うであろう」と言われている。それゆえ、十戒の諸規定については免除が可能である。

しかし、その反対に、『イザヤ書』第二十四章(第五節)において、或る人々は「かれらが定めを変え、とこしえの契約を破った」との理由で非難されている。このことは何よりも十戒の諸規定についてあてはまるものと考えられる。それゆえ、十戒の諸規定は免除という仕方で変えることはできない。

私は答える――。

さきにのべたように(第九十六問題第六項、第九十七問題第四項)、もし法を字句通りに遵守したならば立法者の意図と対立することになるような或る特殊な事態が起こった場合には、法の規定するところについて免除が為されるべきである。しかるに、いかなる立法者の意図も、第一かつ主要的には primo et principaliter 共通善へと秩序づけられている。しかるに、第二には、それによって共通善が維持され、また到達されるような、正義と徳にもとづく秩序 ordo justitiae et virtutis へと向けられているものである。それゆえ、もし共通善が維持そのもの、もしくは正義と徳の秩序そのものをふくむような何らかの規定が与えられるならば、そうした規定は立法者の意図をふくむものであり、それゆえ免除は不可能である。たとえば、なんびとも国家を破壊してはならぬ、祖国を敵の手に渡してはならぬ、あるいは、なんびとも不正もしくは邪悪なることを為してはならぬ、といった規定が或る共同体において定められるようなことがあったら、そうした規定は免除不可能だったであろう。しかし、もしも他の諸規定、すなわちこれらの規定に秩序づけられていて、何らかの特殊的な手続きを指定するような諸規定が定められたとすれば、これらの規定においては免除が為されることが可能だったであろう——或る事例についてこうした規定を適用しないことによって、立法者の意図をふくむところの第一の諸規定を害することにならないかぎりにおいて。たとえば、国家の護持のために、或る都市において、それぞれの街区から若干の人々が、包囲された都市の見張りに立つべきことが規定された場合、何らかのより有用なる任務のために、或る人々にたいして(見張りに立つ義務からの)免除が与えられることも可能だったであろう。

しかるに、十戒の諸規定は立法者、すなわち神の意図そのものをふくむものである。というのは、神へと(人を)秩序づけるところの、第一の板の諸規定は、神であるところの共通的にして最終的な善への秩序づけそのものをふくむものであり、第二の板の諸規定は人々の間にあって守られるべき正義の秩序そのもの――たとえば、なんびとにたいしても不当なこと indebitum を為してはならぬ、なんびとにたいしてもその分 debitum を与えよ、などのように――をふくんでいる。なぜなら、十戒の諸規定はこのような根拠 ratio にもとづいて理解すべきものだからである。[473] それゆえに、十戒の諸規定はまったく免除不可能である。

(一)については、それゆえ、こう言うべきである。アリストテレスは正義の秩序そのものをふくむところの自然本性的な正について語っているのではない。なぜなら、「正義は守らなければならぬ」という原則についてはけっして例外はないからである。アリストテレスはむしろ正義を遵守するための特定の方式について語っているのであり、それらは或る場合には有効さに欠けるところがある。

(二)　使徒パウロが『テモテへの第二書翰』第二章(第十三節)においてのべているように、「神は常に真実である、彼は御自身を否《いな》むことができないからである」。もし神が自らの正義の秩序そのものを廃することがあったら、自分自身を否むことになったであろう――神は正義そのものなのであるから。それゆえ、この規定に関しては神は免除を与えることはできない。すなわち、人間が自己を神へと正しく秩序づけることをしない、とか、たとえ人間相互間の秩序づけに関するものであっても、神の正義の秩序に従わせることをしない、といったことが許されることなどありえないのである。

㈢については こう言うべきである。殺人は十戒においては、それが不当なること indebitum という側面を有するかぎりにおいて禁止されている。なぜなら、十戒の規定は正義の本質そのものをふくんでいるからである。しかるに人定法は、人間が不当に indebite に殺されることを適法だとして、これを許容することはできない。だが犯罪人や国家の敵どもが殺されることは、不当なることではない。したがって、このことは十戒の規定に反するものではない。またこうした殺害は、アウグスティヌスが『自由意思論』第一巻㊹でのべているように、十戒の規定によって禁ぜられているところの殺人ではない。また同じように、もし或る人からかれに属するものが奪われたとしても、それを失うことが正当なこと debitum であるならば、それは十戒の規定によって禁ぜられているところの盗みあるいは強奪ではない。

それゆえ、『出エジプト記』第十二章(第三十五節以下)にあるように、イスラエルの子等が神の命令 praeceptum によってエジプト人たちの戦利品をもち去ったのは盗みではなかった——なぜなら、神の決定 sententia によって、このことはかれらの為すべきことだったからである。同じくまた、アブラハムが『創世記』第二十二章にあるように、その息子を殺すことに同意したとき、かれは殺人に同意したのではない――なぜなら、生と死との主である神の指令 mandatum によってかれを殺すことは正当なことだったからである。なぜなら、人祖の罪のゆえに、万人――正しい者も不義なる者も――にたいして死の刑罰を課するのは神であり、もし人間が神の権威によってその判決を執行したとしても、神が殺人者でないのと同じように、殺人者とはならないであろう。また同じように、『ホセア書』第一章(第二節)にあるように、私通をした妻、ないし姦淫をした女をめとったホセアは、姦淫者でも私通者でもない――なぜなら、婚姻の制度を定めた神の指令に従って、かれのものなる女をめとったのだからである。

それゆえ、十戒の規定そのものは、このように、そこにふくまれている正義の本質・側面 ratio に関するかぎり、不可変である。しかし、個々の行為への適用という仕方による、特殊的な確定、たとえばあれこれのことが殺人、盗みないし姦淫であるかどうかの確定に関しては、可変的である。その際、或る場合には、つまり婚姻とかその種のことがらにおけるように、ただ神のみによって定められたことがらに関しては、ひたすら神的権威のみによって変化がもたらされる。だが或る場合には、人々の権限にゆだねられていることがらにおけるように、(神的権威のみでなく)人間的権威によっても変化がもたらされるのである。なぜなら、こうしたことがらに関するかぎり、人々は神の代理をつとめるのである。――しかし、すべてのことがらに関してではない。

㈣についてはこう言うべきである。――当の思い定め excogitatio は、免除と言うよりは規定の解釈であった。なぜなら、人間の福祉のために必要な業を為す人は、安息日を犯しているとは解されないのであって、それは主が『マタイ福音書』第十二章（第三節）で立証しておられるごとくである。

第九項　有徳な在り方は律法の規定のもとにふくまれるか

第九[475]については次のように進められる。――有徳な在り方 modus virtutis は律法の規定のもとにふくまれる、と思われる。なぜなら

㈠　有徳な在り方とは、諸々の正しいこと justa を正しい仕方で juste、剛毅に属する行為を剛毅な仕方で、さらに他の諸徳に関しても同様な仕方で為すことである。しかるに『申命記』第十六章（第二十節）で「あなたは正しいことを正しい仕方で追い求めなければならない」と命ぜられている。それゆえ、有徳な在り方は律法の規定のもとにふ

くまれる。

㈡　立法者の意図するところが何よりも第一に法の規定にもりこまれる。しかるに立法者の主要的なる意図は、『ニコマコス倫理学』[476]第二巻に言われているように、人々を有徳ならしめることに向けられている。しかるに有徳な仕方で行為することは有徳なる者に属することである。それゆえ、有徳な在り方は律法の規定のもとにふくまれる。

㈢　有徳な在り方とは、本来の厳密な意味では、或る人が自分の意志で voluntarie、悦びをもって delectabiliter 行為することであるように思われる。しかるに、このことは律法の規定のもとにふくまれるものである。なぜなら、『詩篇』第九十九(第二節)に「悦びをもって主に仕えよ」とあり、また『コリント人への第二書翰』第九章(第七節)には「悲しみをもってでも、強いられてでもなく、なぜなら神は喜んで与える者を愛し給う」とある。この後の箇所について、『註釈[477]』はこうのべている。「何ごとによらず善を為すときには、喜んで為せ、そうすればあなたはよくやったことになる。これにたいして、もし悲しみをもって(いやいやながら)為すならば、そのことはあなたのうちで為されるとはいっても、あなたがやったことにはならない。」それゆえ、有徳な在り方は律法の規定のもとにふくまれるものである。

しかし、その反対に、アリストテレスが『ニコマコス倫理学』第二巻および第五巻(478)でのべているところからあきらかなように、なんびとも徳の習慣 habitus virtutis を有するのでなければ、有徳なる者が行為するような仕方で行為することはできない。しかるに、律法の規定に違反する者はだれでも処罰に値する。それゆえ、(もし有徳な在り方が律法の規定のもとにふくまれるのであったら)徳の習慣を有しない者は、どんなことをしようと、処罰に値することになるであろう。しかし、これは律法の意図するところに反する――律法は人間に善い業を為す習慣をつけさせる assuefacere ことによって、徳へと誘導することをめざすのである(479)。それゆえ、有徳な在り方は律法の規定のもとにはふくまれない。

私は答える――。

さきに言われたように(第九十問題第三項第二異論解答)、法の命令・規定 praeceptum は強制力 vis coactiva を有する。それゆえ、法の強制力の向かうところのことが、直接に directe 法の規定のもとにふくまれるものである。しかるに、『ニコマコス倫理学』第十巻(480)にあるように、法の強制は刑罰の怖れによって為される。というのは、それにたいして法の刑罰が課せられるところのことがらが、厳密に言って法の規定のもとにふくまれるからである。しかるに、刑罰の確定ということに関しては神法と人定法の在り方には違いが認められる。なぜなら、法の刑罰は立法者が判断しうるようなことがらについてのみ課せられるからである――なぜなら判断(判決)にともなって法は刑罰を課するのであるから。しかるに、人定法の立法者たるところの人間は外的行為についてのみ判断を下すことができる[481]。なぜなら『列王記第一』第十六章(第七節)に「人はうわべを見る」と言われているからである。しかるに神法の立法者たるところの神のみが、意志の内的な動きについて判断することができる。それは『詩篇』第七(第十節)に「神は心と思いを調べられる」とある通りである。

それゆえ、右にのべたところからして、有徳な在り方は或る点に関しては人定法ならびに神法によって考慮され、或る点に関しては神法によっては考慮されるが人定法によっては考慮されず、さらに或る点では人定法、神法のいずれによっても考慮されない、と言わなければならない。ところで、アリストテレスが『ニコマコス倫理学』第二巻で[482]のべているところによると、有徳な在り方は三つのことがらに存する。その第一は、或る人が知っていて sciens 行為する、ということである。しかるに、このことは神法と人定法の両者の判断に入ってくる。なぜなら、或る人が知らずに為すことは、偶発的に per accidens 為されるのである[483]。したがって、人定法においても神法においても、無知ということにもとづいて、或ることがらが刑罰に値するか、それとも赦しに値するかの判断が下されるのである。

第二は、或る人が意志して volens、あるいは(或ることを)選び、そして(そのことを)それ自体のゆえに選んで eligens et propter hoc eligens 行為する、ということである。このことのうちには二重の内的な動き、すなわち意志 voluntas と意図 intentio という二つの動きがふくまれているが、それらについてはさきにのべた(第八問題、第十二問題)。そして、これら二つについて判定を下すのは人定法ではなく、神法のみである。なぜなら、人定法は、殺す意志があっても、じっさいに殺さなければ、その者を罰することはしない。しかし『マタイ福音書』第五章(第二十二節)に「自分の兄弟に向かって腹をたてる者は、裁きを受けなければならない」とあるように、神法はその者を罰するのである。

第三には堅固かつ不動の仕方で firme et immobiliter 身を持し、行為する、ということである。そして、こうした堅固さが厳密に言って習慣に属するものである——すなわち、或る人が根づいた習慣 habitus radicatus からして行為していることを意味する。そして、この点に関しては、有徳な在り方は神法、人定法いずれの規定のもとにもふくまれない。なぜなら、父母にたいして当然の尊敬を示すところの者は、たとえ孝養

pietasの習慣を身につけていなくても、法の違反者として、人間によっても、また神によっても罰せられることはないのである。

㈠については、それゆえ、こう言うべきである。律法の規定のもとにふくまれるところの、正義の業を実行する仕方というのは、或ることを、法の秩序 ordo juris に従って為すべし、ということであって、正義の習慣からして為すべしということではない。

㈡についてはこう言うべきである。立法者の意図は二つのことにかかわっている。その一つは、立法者が法の規定でもってそれへ向かって誘導しようと意図しているところのものであり、それは徳 virtus にほかならない。これにたいして、もう一つは当の規定が(直接に)かかわり実現しようと意図しているところのことがら、すなわち徳へと導き、あるいは徳への道を備えるところのもの、つまり徳の行為 actus virtutis にほかならない。なぜなら、他のことがらにおいても目的・終極 finis と、目的へ導くもの quod est ad finem とは同一ではないように、(法の)規定の目的と、規定がかかわっていることがらとは同一ではないのである。

㈢についてはこう言うべきである。悲しみをいだくことなしに sine tristitia 徳の行為を為すことは神法の規定のもとにふくまれることである。なぜなら、悲しみをいだいて行為する者は意志しつつ行為しているのではないからである。しかるに悦びをもって delectabiliter、もしくは喜悦 laetitia ないし愉悦 hilaritas をもって行為することは、或る意味では、つまりこの悦び・快楽 delectatio が神と隣人とへの愛――これは神法の規定にふくまれている――にともなうものであるかぎりにおいては、神法の規定のもとにふくまれる。というのも、愛が快楽の原因であるからである。だが或る意味では、すなわち快楽が習慣にともなうものであるかぎりにおいては、神法の規定のもとにはふくまれない。なぜなら『ニコマコス倫理学』第二巻(484)にあるように、「行為にともなう快楽は獲得された習慣の徴《しる》し」だからである。じっさい、或る行為は目的のゆえにも、あるいは習慣的な適合性 conve-nientia habitus のゆえにも、快適なものとなりうるのである。

第十項　愛の在り方は神法の規定のもとにふくまれるか

第十(485)については次のように進められる。――愛の在り方 modus caritatis は神法の規定のもとにふくまれる、と思われる。なぜなら

(一)　『マタイ福音書』第十九章(第十七節)に「もし生命にはいりたいなら、戒めを守りなさい」とある。これによって見れば、戒めを守るだけで生命にはいるのに充分であるかのようである。しかるに、善き業は、愛 caritas において為されるのでなければ、生命へと導くのに充分ではない。なぜなら『コリント人への第一書翰』第十三章(第三節)に「たとえ私がもっている物の全部を貧しい人たちに食べさせるために分け与え、またわが身を焼かれるために渡したとしても、愛がなかったなら私には何の益するところもない」と言われている。それゆえ神法の規定のうちには愛の在り方がふくまれている。

(二)　本来的・厳密な意味では、愛の在り方とはすべてが神のゆえに為されるということに存する。しかるにそのことは神法の規定のうちにふくまれている。なぜなら使徒パウロは『コリント人への第一書翰』第十章(第三十一節)で「すべてを神の栄光のために為せ」とのべているからである。それゆえ、愛の在り方は神法の規定のもとにふくまれている。

(三)　もし愛の在り方が神法の規定のもとにふくまれていないのなら、或る人が愛をもたなくても律法の規定を全うしうるということになろう。しかるに愛なしに為されうることは恩寵——これは常に愛と結びついている——なしにも為されうる。それゆえ、或る人は恩寵なしで律法の規定を全うすることができる。しかるにこれは、アウグスティヌスが『異端論』[486]において言うところからあきらかなように、ペラギウス派の陥った誤謬である。それゆえ、愛の在り方は神法の規定のもとにふくまれている。

しかし、その反対に、神法の規定を守らない者はすべて大罪を犯す peccare mortaliter[487]。それゆえ、もし愛の在り方が神法の規定のもとにふくまれているとしたら、なんびとにもあれ、何ごとかを愛によらないで為したならば大罪を犯す、ということになろう。しかるに、なんびとにもあれ、愛を有しない者は愛によって行為するのではない。それゆえ、なんびとにもあれ、愛を有しない者はかれが為すすべての業——いかにそれ自体として善いことであっても——において大罪を犯すことになろう。だが、これは不都合なことである。

私は答える——。

この点をめぐって、これまで対立的な見解があった[488]。或る人々は、愛の在り方は神法のもとにふくまれると無条件的に absolute 主張した。また、愛を有しない者にとってもこうした神法の規定を遵守することは不可能ではない。なぜならかれは、神から自分のうちに愛が注ぎこまれるよう、自分を秩序づけることができるからである。また或る人が愛を有しないで、それ自体として善いところの何ごとかを為す場合、かれはいつでも大罪を犯すことにはならない。なぜなら、愛をもって行為するようにとの規定は肯定的規定であって、いつでも拘束的であるわけではなく、或る人が愛を有している時にかぎって責務を課するからである。(489)これにたいして、他の人々は、愛の在り方はまったく神法の規定のもとにふくまれるのではない、と主張した。

ところで、これらの見解はともに、或る点までは真なることをのべている。なぜなら、愛の行為は二つの仕方で考察されることが可能である。その一つは、何らかのそれ自体的な行為たるかぎりにおいてであり、このようなものとしては、愛の行為は律法の規定のもとにふくまれる――すなわち、『申命記』第六章（第五節）に「あなたの神、主を愛しなさい」、また『レビ記』第十九章（第十八節）に「あなたの隣人を愛しなさい」とあるように、この点については明確に規定されているのである。そして、この点に関するかぎり、第一の見解は真なることをのべている。なぜなら、愛の行為にかかわるところの、この規定を守ることは不可能ではない。なぜなら、人は愛を身につけるべく自らを秩序づけることができるのであり、ひとたび愛を獲得したならば、それを行使することができるからである。

もう一つの仕方について言うと、愛の行為は、それが他の諸々の徳の行為の在り方

modus たるかぎりにおいて、考察されることが可能である。つまり、他の諸々の徳の行為が、『テモテへの第一書翰』第一章（第五節）に言われているように「掟（規定）の目的・終極」(490)であるところの、愛へと秩序づけられているかぎりにおいてである。なぜなら、さきに言われたように（第十二問題第一項第三異論解答、第四項第三異論解答）、目的の意図 intentio finis とは、目的へと秩序づけられた行為における何らかの形相的様相 modus formalis だからである。そして、このような意味では第二の見解がのべたこと、すなわち愛の在り方は神法の規定のもとにはふくまれない、ということは真である。それはどういうことかと言えば、「父を敬え」という規定には、父は愛をもって敬われるべきだということはふくまれていず、ただ父は敬われるべきだ、ということがふくまれているのみだ、との意味である。したがって、父を敬う者は、たとえ愛を有していなくとも、この規定の違反者とは見なされない――よしんばかれが愛の行為を命ずる規定に関しては違反者であって、その違反のゆえに罰にあたいする者であったとしても。

(一)については、それゆえ、こう言うべきである。主は「生命にはいりたいなら、一つの戒めを守れ」と言われたのではなく、「すべての戒めを守れ」と言われたのである。そうした諸々の戒めのうちには、神と隣人への愛についての戒めもふくまれている。

(二)についてはこう言うべきである。愛の戒めのもとには、心をつくして ex toto corde 愛すべしということがふくまれているが、そのためにはすべてを神へと方向づけることが要求される。(491) したがって、人はすべてを神へと方向づけることなしには、愛の掟(規定)を全うすることはできない。それゆえ、父母を敬う者は愛をもって敬うように責務づけられるのであるが、それは「父母を敬え」という当の規定のゆえにではなくて、『申命記』第六章(第五節)に言う「あなたの神、主をあなたの心をつくして愛せよ」という、あの掟にもとづいてのことなのである。そしてこれらは二つの肯定的な規定であって、常に拘束するわけではないから、それぞれ時を異にして拘束することが可能である。したがって、或る人が父母を敬うべしとの規定を全うして、しかもそのさい愛の在り方の怠りに関する掟に違反することはない、といったことも起こりうるのである。

(三)についてはこう言うべきである。人は愛の掟を全うすることなしには律法のすべての規定(掟)を守ることはできないのであるが、愛の掟を全うすることは恩寵なしにはありえない。(492) したがってペラギウスがのべたこと、すなわち、人が恩寵なしに律法を全うすること、は不可能である。

第十一項　十戒以外の律法の倫理的規定は適当に区別されているか

第十一(493)については次のように進められる。——十戒以外の律法の倫理的規定の区別は不適当に為されている、と思われる。なぜなら

(一)　主が『マタイ福音書』第二十二章(第四十節)で言われているように、「これら二つの(愛の)掟に、すべての律法と預言者はもとづいている」。しかるに、これら二つの掟は十戒の十個の規定によって解明されている。それゆえ、それ以外に倫理的規定を定める必要はなかった。

(二)　前述のように(第九十九問題第三項)、倫理的規定は司法的および祭儀的規定から区別されている。しかるに、共通的なる倫理的規定を特殊的に確定することは司法的および祭儀的規定の機能である。しかるに共通的なる倫理的規定は、さきにのべたように(第三項)、十戒のもとにふくまれるか、あるいは十戒にとって前提となっているものさえある。それゆえ、十戒以外に他の倫理的規定が定められているのは不適当である。

㈢　前述のように(第二項)、倫理的規定はすべての徳の行為にかかわっている。それゆえ、律法において、十戒の他に、神の礼拝 latria、寛厚 liberalitas と憐憫《れんびん》 misericordia、および貞潔 castitas にかかわる倫理的規定が定められているように、たとえば剛毅 fortitudo、節酒(494) sobrietas、およびこの種の他のことがらにかかわる何らかの諸規定もまた定められるべきであった。しかるにそのような事実はない。それゆえ、律法においては、十戒以外の倫理的規定は適当に区別されてはいない。

しかし、その反対に、『詩篇』第十八(第八節)に「主の律法はきよくて、魂を立ちかえらせる(495)」とある。しかるに、十戒に付加されているその他の倫理的規定によっても、人は罪の汚《けが》れなしに保たれ、またその魂は神へ立ちかえらしめられる。それゆえ、十戒以外の倫理的規定を定めることも律法に属することであった。

私は答える――。

前述のところからあきらかなように(第九十九問題第三項)、司法的および祭儀的規定はただそれらが制定されたということからして ex sola institutione 効力を有する。なぜなら、それらが制定される前には、しかじかであろうと別の仕方であろうと、何ら変わるところはなかったからである。しかし倫理的規定は、それらがけっして律法として成文化されなかったとしても、自然的理性の命令そのものからして有効性をそなえているのである。ところで、これらについては三つの段階がある。というのは、その中の或るものは最も確実であり certissima、公布 editio を必要としないほど明白 manifesta だからである。その例は、前述のように(第三項、第四項第一異論解答)、神と隣人への愛、およびこの種の他のことがらであり、それらはいわば律法の諸規定の目的・終極 finis とも言うべきものである。したがって、それらに関してはなんびとも理性的判断において誤ることはない。ところで、他の或るものはより特殊的に確定されているが、それらの根拠についてはなんびとも——教育のない人々ですら——即座に、容易に悟ることができるようなものである。とはいえ、少数の場合にはこうしたことがらをめぐっても人間的判断がゆがめられることがありうるので、これらのことがらは公布を必要とする。こうしたものが十戒の諸規定にあたるのである。さらに他のものについて言えば、それらの理由はなんびとにもあきらかなわけではなく、ただ知恵ある者のみが悟りうるようなものである。そして、これらが十戒に付加された倫理的規定であって、それらは神によってモーセとアーロンを通じて授けられたものである。

しかるに、明白であることがらは、明白でないことがらを認識するための原理であるから、十戒に付加された他の倫理的諸規定は、付加されたものがもとのものへと還元されるような仕方でもって、十戒の諸規定へと還元される。ところで、十戒の第一の規定においては他の神々を礼拝することが禁止されており、それにたいして偶像の礼拝にかかわりあることがらを禁止するところの、他の諸規定が付加されているのである。たとえば『申命記』第十八章（第十節）に「あなたのうちに自分の息子、娘に火をくぐらせて潔めをする者があってはならない。また魔法を使う者、まじない師、呪文を唱える者、占い師、霊媒をする者があってはならない」と言われているようにである。第二の規定は偽誓を禁じているが、それに『レビ記』第二十四章（第十五節）においては瀆聖《とくせい》の禁止が、『申命記』第十三章（第三節）においては偽りを教えることの禁止が付加されている。これにたいして、第三の規定には祭儀的規定のすべてが付加されている。父母を敬うことを命ずる第四の規定には、老人の尊敬に関する規定が付加されている。それは『レビ記』第十九章（第三十二節）に「あなたは白髪の老人の前では起立し、老人を敬え」とある通りであり、また全般的に、長上に崇敬の態度を示し、同輩と目下の者にたいしては親切にふるまうべきことを教える、すべての規定が付加されている。殺人の禁止に関する第六の規定には、憎むことの禁止、および隣人にたいするあらゆる暴力の禁止が付加されており、それは『レビ記』第十九章（第十六節）に「あなたの隣人の血を流そうとしてはならない」とある通りである。さらに『レビ記』第十九章（第十七節）において「あなたの心の中であなたの兄弟を憎んではならない」と言われているように、兄弟を憎むことの禁止が付加されている。姦淫の禁止に関する第六の規定には『申命記』第二十三章（第十七節）に「イスラエルの娘たちのうちに娼婦があってはならず、イスラエルの息子たちのうちに私通者[496]があってはならぬ」とあるように、売春の禁止に関する規定が付加されており、さらに『レビ記』第十八章（第二十二―二十三節）に「あなたは男と寝てはならない、動物と交わってはならない」とあるように、自然に反する contra naturam 罪の禁止が付加されている。盗みの禁止に関する第七の規定にたいしては、『申命記』第二十三章（第十九節）に「利息をとるためにあなたの兄弟に貸してはならない」とあるように、利息 usura の禁止に関する規定が、また『申命記』第二十五章（第十三節）に「あなたは袋に大小異なる重り石をもってはならない」とあるように、詐欺 fraus の禁止が付加されている。また全般的に欺瞞《ぎまん》 calumnia や強奪 rapina の禁止にかかわるすべての規定が付加されている。偽証の禁止に関する第八の規定にたいしては、『出エジプト記』第二十三章（第二節）に「裁判においては多数派の意見の側について、真実から遠ざかってはならない」とあるごとく、偽りの裁判の禁止、および同じ箇所（第七節）で「虚言を避けよ」と付言されているように、虚言の禁止が付加されている。さらに『レビ記』第十九章(第十六節)に「あなたは人々の間で中傷する者、つぶやく者になってはならない」とあるように、中傷 detractio の禁止も付加されている。しかし、残る二つの規定については、それらによって全般的にすべての悪しき欲情が禁止されているので、何ら他の規定は付加されていない。

㈠については、それゆえ、こう言うべきである。十戒の諸規定は、明白に義務の本質・側面を有するものとして神と隣人の愛に秩序づけられているのであるが、他の倫理的規定の場合、それらが義務であることはそれほど明白ではないのである。

㈡についてはこう言うべきである。祭儀的および司法的規定は、それらが制定されたということにもとづいて、十戒の諸規定を特殊的に確定するのであって、付加的な倫理的規定のように、自然本性的な誘発・傾き instinctus naturalis にもとづいてではない。

㈢についてはこう言うべきである。法の規定するところは、さきに言われたように(第九十問題第二項)、共通善へと秩序づけられている。ところで、他者へと(人を)正しく秩序づけるところの諸徳は直接に共通善にかかわるものであり、それと同様に、貞潔の徳も生殖の行為に関係するかぎり、人類の共通善に寄与するものであるところから、これらの徳についてはは十戒そのものも、またそれに付加されたものとしても、直接に規定が定められている。これにたいして剛毅の行為については、共通善のために遂行されるところの戦争において、(戦士たちを)激励する指揮官たちによって下されるべき命令(規定)が与えられている。これは『申命記』第二十章(第三節)で祭司たちにたいして(戦士たちに向かって次のように告げるよう)命ぜられているところからあきらかである——「あなたがたはおそれてはならない、ひるんではならない」。同じようにまた、暴食は家庭の福祉に反するところから、父親的な戒めによって暴食の行為を禁止すべきことが定められている。ここからして『申命記』第二十一章(第二十節)において、父母から出た言葉として「(私たちの息子は)私たちの戒めに耳をかそうとしません。馬鹿騒ぎ、放蕩、宴会に身をもちくずしています」と言われている。

第十二項　旧法の倫理的規定は人を義としたか

第十二⑷⁹⁷については次のように進められる。——旧法の倫理的規定は人を義ならしめ justificare た、と思われる。なぜなら

(一)　使徒パウロは『ローマ人への書翰』第二章(第十三節)において、「なぜなら律法を聞く者 auditor が神の前に正しいのではなく、律法を行う者 factor が義とされるであろう」と言っている。しかるに律法の規定を全うする人々が律法を行う者と言われるのである。それゆえ、律法の諸規定は、それらが全うされた時には人を義とするものであった。

(二)　『レビ記』第十八章(第五節)に「あなたがたは、私の律法と定めとを守らなければならない、それらを行う人間はそれらによって生きる」と言われている。しかるに、人間の霊的な生命は正義を通じてもたらされる。それゆえ、律法の規定を全うすることは人を義とするものであった。

(三)　神法は人定法よりもより有効である。しかるに人定法は人を義ならしめる。なぜなら法の諸規定が全うされるということのうちには、何らかの正義が見出されるからである。それゆえ、律法の規定は人を義とするものであった。

しかし、その反対に、使徒パウロは『コリント人への第二書翰』第三章(第六節)において「儀文・文字 littera は殺す」と言っている。このことは、アウグスティヌスが『霊と儀文について』[498]においてのべているところによると、旧法の倫理的規定についてもあてはまることである。それゆえ、倫理的規定は人を義とするものではなかった。

私は答える――。

健康的 sanum と言われるのは本来的かつ第一義的には proprie et primo 健康を有するところのものであり、第二義的には posterius 健康を表示、もしくは保持せしめるところのものである㊾。それと同じように、成義 justificatio と言えば第一義的かつ本来的には正義の実現そのもの ipsa factio justitiae のことであるが、第二義的に、そしていわば本来的ならざる意味では正義の表示 significatio justitiae もしくは正義への秩序づけ dispositio ad justitiam も成義と呼ばれることが可能である。成義をこれら二つの意味にとった場合には律法の規定が人を義とするものであったことは明白である。それは律法の規定が人々をキリストの成義の恩寵へと秩序づけたかぎりにおいてであって、律法はこの恩寵をもやはり表示していたのである。なぜなら、アウグスティヌスが『ファウストゥス論駁』第二十二巻[500]でのべているように「かの民の生命も予言され、キリストも予示されていた」からである。

しかし、もしわれわれが本来的な意味での成義について語るならば、正義は習慣(能力態)の状態に in habitu あるものとしてか、あるいは現実態に in actu あるものとして理解されることが可能であり、この区別にもとづいて成義も二つの意味で語られる。すなわち、第一には、人間が正義の習慣を獲得することによって正しい者となるかぎりにおいてである。これにたいして第二には、正義の業を行うかぎりにおいてであり、この意味では成義とは正義を遂行すること executio にほかならない。しかるに、前述のところからあきらかなように（第六十三問題第四項）、正義は他の諸徳と同じく、獲得的 acquisita なものとしても、注入的 infusa なものとしても理解されることが可能である。ところで、獲得的なる徳は行為によって生ぜしめられるのにたいして、注入的なる徳は神自身により、その恩寵を通じて生ぜしめられる(501)。そして、この後者が真の正義であって、われわれがここで語っているのはそれについてであり、人はそれにもとづいて神の前において正しい者と言われるのである。それは『ローマ人への書翰』第四章（第二節）で「もしアブラハムが律法(502)の業によって義とされたのなら、誇るいわれがあるであろうが、神の前ではそうではない」とある通りである。それゆえ、この正義は人間的行為にかかわるものであるところの、倫理的規定によって生ぜしめられることは不可能であった。したがって、倫理的規定は正義を生ぜしめることによって人を義とすることはできなかった。

しかし、成義を正義の遂行という意味に解するならば、律法のすべての規定が義とするものであった——ただし、その仕方においては異なっていたけれども。というのは、たしかに祭儀的規定はそれ自体として一般的には secundum se in generali、それらが神の礼拝をめざすものであったかぎりにおいて、正義をふくむものであったと言える。しかし、個々の規定について言えば、それらが正義をふくむものであったのは、それ自体としてではなく、ただそれらが神法によって確定されたものであるかぎりにおいてであった。それゆえに、これらの規定については、それらが義とするものであったのは、ただそれらを行う者の敬神 devotio と従順によるものであったと言われる。しかるに、倫理的ならびに司法的規定は一般的にのみでなく、個々の規定についても、それ自体として正しいところのことがら secundum se justum をふくんでいた。ところで、倫理的規定は一般的正義 justitia generalis——これは『ニコマコス倫理学』第五巻[503]に言われているように、徳のすべて omnis virtus である——に従って、それ自体として正しいところのことがらをふくむ。それにたいして、司法的規定は特殊的正義 justitia specialis にかかわる——これ(特殊的正義)は人間相互間に見出されるところの、人間的生活における諸々の交渉にかかわるものである[504]。

(一)については、それゆえ、こう言うべきである。使徒パウロはこの箇所で成義を正義の遂行という意味に解しているのである。

㈡についてはこう言うべきである。律法の諸規定を行う者がそれらにおいて生きると言われるのは、かれは、律法が違反者にたいして課するところの死の刑罰を受けることがないからである。使徒パウロはその意味で、『ガラテヤ人への書翰』第三章（第十二節）において、この言葉を引用しているのである。

㈢　人定法の規定は獲得的なる正義 justitia acquisita によって人を義とするものである。しかし今ここではその点について問題にしているのではなく、神の前における正義についてだけ問題にされているのである。

第百六問題（全四項）
新法と呼ばれる福音の法——それ自体における考察

続いて[505]新法 lex nova と呼ばれる[*a]福音の法 lex Evangelica について考察しなければならない。第一に福音の法をそれ自体において secundum se、第二にそれを旧法 lex vetus との関連において考察し、第三に新法にふくまれていることがらについて考察しなければならない。

第一の点については次の四つのことが問題となる。

第一　それはいかなる法であるか、すなわち成文法[506] lex scripta か、それとも内心の[507]法 lex indita であるか[*b]

第二　その効力 virtus について——それは義とするか

第三　その始源 principium について——それは世の始めに与えられるべきであっ

たか

第四　その終極 terminus について——すなわち、それは世の終りまで持続するのか、それとも他の法がそれを引き継ぐべきか

*a　レオ版は quod、ピオ版は quae。
*b　ピオ版は sit、レオ版は省略。

第一項　新法は成文法であるか

第一については[508]次のように進められる。——新法は成文法である、と思われる。なぜなら

(一) 新法は福音 Evangelium そのものである。しかるに『ヨハネ福音書』第二十章(第三十一節)「これらのことがらを記したのはあなたがたが信じるためである」とあるように、福音は書き記されている。それゆえに、新法は成文法である。

(二) 内心の法 lex indita は自然法 lex naturae である。そのことは『ローマ人への書

翰』第二章(第十四節以下)に「律法の命じる為《な》すべきことがその心に書き記されている者どもは、律法に定められていることを生まれつき自然に為す」と記されているごとくである。したがって、もし福音の法が内心の法であったならば、それは自然法から区別されなかったであろう。

(三) 福音の法は新約 novum testamentum の状態[509] status のうちに在る者どもに固有なる法である。しかるに、内心の法は新約のうちに在る者ども、および旧約 vetus testamentum のうちに在る者どもともに共通である。というのも『智書』第七章(第二十七節)において、神の知恵は「諸々の民の間で聖なる霊魂にひろがり、かれらを神の友および預言者たらしめる」と言われているからである。それゆえに、新法は内心の法ではない。

しかし、その反対に、新法は新約の法である。しかるに、新約の法は心の中に植えつけられている。というのも、使徒パウロ[510]は『ヘブライ人への書翰』第八章(第八節以下)において『エレミヤ書』第三十一章(第三十一、三十三節)の権威ある言葉 auctoritas を引用して「見よ、私がイスラエルの家、ユダの家と新しい契約を結ぶ日がくる」とのべ、この契約が何であるか[*a]を説明して次のように言う。「なぜなら、イスラエルの家と私が結ぶ契約はこれである。私は私の律法をかれらの心のうちに置き[*b]、それらをかれらの心に書き記そう。」それゆえに新法は内心の法である。

私は答える——。

アリストテレス[511]が『ニコマコス倫理学』第九巻(1169a2)においてのべているように、「各々のものはそのものにおいて最も主要的であるところのものであるように思われる[512]」。しかるに、新約の法において最も主要的であり、それのすべての力 virtus がそこに存するところのものは、キリストにたいする信仰[513] fides Christi を通じて与えられる聖霊の恩寵である。したがって、新法は主要的には principaliter キリストを信ずる者どもに与えられる聖霊の恩寵そのもの[514] ipsa gratia Spiritus Sancti である。そしてこのことは使徒パウロが『ローマ人への書翰』第三章(第二十七節)において次のようにのべているところから明白である。「ではあなたの誇るところはどこにあるのか。それは取り除かれた。どんな法によってか、行いの法によってか。そうではない、信仰の法によってである。」というのも、かれは信仰の恩寵そのもの ipsa gratia fidei を法と呼んでいるからである。『ローマ人への書翰』第八章(第二節)においてはより明瞭に次のように言われている。「キリスト・イエスにおいて生命を与える法が私を罪と死の法から解放した。」ここからして、アウグスティヌス[515]も『霊と文字について』(第二十四章、PL44, 225)において「行いの法が石板に書き記されたように、信仰の法は信ずる者どもの心に書き記された」とのべている。また同じ書物（第二十一章、PL222）において「神御自身によって心のうちに書き記された神の法は、聖霊の現存そのものでなくて何であるか」と語っている。しかし、新法は（われわれを）聖霊の恩寵へ向けて態勢づける dispositiva ことにかかわる何らかのことがら、およびこの恩寵の使用に属することがらをふくんでおり、それらは新法におけるいわば第二次的なものである。キリストを信ずる者どもは信ずべきこと、ならびに為すべきことに関して、右のことがらについて言葉 verbum と書き物 scriptum によって教導される必要があった。このようなわけで、新法は主要的には内心の法であり、第二次的には成文法である、と言わなければならないのである。(516)

㈠については、それゆえ、こう言うべきである。福音の書 scriptura Evangelii のうちには聖霊の恩寵に属することがら――（われわれを恩寵へと）態勢づけるものとしてにせよ、あるいはこの恩寵の使用へと秩序づけるものとしてにせよ――以外のものはふくまれていない。すなわち、態勢づけについて言うと、信仰――それを通じて聖霊の恩寵が与えられる――による知性の態勢づけに関しては、福音のうちにはキリストの神性と人間性とを明示することに属することがらがふくまれている。これにたいして、情意

affectus の態勢づけに関しては、福音のうちにはこの世を軽蔑すること――それによって人は聖霊の恩寵を[*c]受容しうる者 capax gratiae たらしめられる――にかかわることがらがふくまれている。というのも、『ヨハネ福音書』第十四章（第十七節）にあるように、「この世――すなわち、この世を愛する者ども――は聖霊を受けることはできない」からである。他方、霊的恩寵の使用は諸々の徳の行為に存するのであって、新約聖書は数多くの仕方で人々にそのような行為をするよう勧告しているのである。

㈡についてはこう言うべきである。或ることは二つの意味で人の心の中に植えつけられていると言われる。第一は、人間の自然本性に属するもの pertinens ad naturam humanam としてであって、自然法はこの意味で人間の心に植えつけられた法である。第二は、或るものが恩寵の賜物によって、いわば自然本性[*d]に付加されたもの naturae superadditum として人間の中に置かれる場合である。そして新法が人間の中に置かれているのはこの意味においてであって、すなわち、それは（人間にたいして）何を為すべきかを指示するだけではなく、それを全うすることができるように扶助をも与えるのである。

㈢についてはこう言うべきである。なんびともキリストにたいする信仰――明示的 (517)
explicita にせよ、暗黙的 implicita にせよ――によるのでなければ、けっして聖霊の恩寵をもつことはなかった。しかるに、人はキリストにたいする信仰によって新約に属する。ここからして、その人のうちに恩寵の法が植えつけられていた人はだれであろうと、そのことのゆえに新約に属していたのである。

＊a　レオ版の読み quid をとる。ピオ版は「(この契約が)あること」quod。
＊b　レオ版は dando、ピオ版は dabo。
＊c　レオ版の読み capax gratiae Spiritus Sancti に従う。ピオ版は capax Spiritus Sancti gratia。
＊d　レオ版は naturae、ピオ版は省略。

第二項　新法は義とするか

第二については次のように進められる。⑸⒅――新法は義とする⑸⒆ justificare のではない、と思われる。なぜなら

(一)『ヘブライ人への書翰』第五章(第九節)「かれ――すなわちキリスト――は、かれ

に従うすべての者にとって永遠の救いの源となり給うた」によると、なんびとも神の法 lex Dei に従うことなしには義とされることはない。しかるに、福音は常に人々をして福音に従わしめるとはかぎらない。それというのも、『ローマ人への書翰』第十章(第十六節)において「すべての者が福音に従うのではない」と言われているからである。それゆえに、新法は義とするのではない。

(二) 使徒パウロは『ローマ人への書翰』において旧法が義としなかったことを立証している。なぜなら、旧法が到来することによって違反が増加したからである。というのも、『ローマ人への書翰』第四章(第十五節)において、「律法は神の怒りを招くものであり、律法のないところには違反もない」と言われている。しかるに、新法はそれよりも以上に違反を付け加えた。というのも、新法が与えられた後においてなおも罪を犯す者はより大いなる罰に値いするからであって、それは『ヘブライ人への書翰』第十章(第二十八節以下)において次のように言われているごとくである。「モーセの律法を無視する者は、二、三人の証言によって、容赦なく死罪に処せられる。ましてや、神の御子を踏みつける者……はより厳しい罰に値いするとあなたがたは思わないか?」それゆえに、旧法が義としなかったように、新法も義とするのではない。

(三) 『ローマ人への書翰』第八章(第三十三節)「義とするのは神である*」によると、義とすることは神に固有的な結果である。しかるに、新法がそうであるように、旧法も神からのものであった。それゆえに、新法は旧法以上に義とするのではない。

しかし、その反対に、使徒パウロは『ローマ人への書翰』第一章(第十六節)において「私は福音を恥としない。というのも、それは信じるすべての人に救いをもたらす神の力だからである」と語っている。しかるに、救いをうるのは義とされた者だけである。それゆえに、福音の法は義とする。

私は答える――。

前述のように(第一項)、福音の法には二つのことがらが属する。すなわち、その一つは主要的に属するものであって、内的に与えられた聖霊の恩寵そのものである。そして、このものに関するかぎり、新法は義とする。ここからして、アウグスティヌスは『霊と儀文について』第十七章(PL44, 218)において次のようにのべている。「そこ――すなわち旧約――においては、それによって不義のともがらが怖れおののくように、律法は外的に定立された。しかし、ここ――すなわち新約――においては、それによってかれらが義とされるように、内的に与えられた。」――もう一つは第二次的に福音の法に属するものであり、すなわち信仰の教えと、人間的情意および人間的行為を秩序づけるところの掟である。そして、このものに関しては、新法は義とするのではない。ここからして、使徒パウロは『コリント人への第二書翰』第三章(第六節)において「儀文(文字)は殺し、霊は生かすからである」とのべており、アウグスティヌスは『霊と儀文について』第十四章(PL44, 215)および第十七章(219)において、儀文 littera とは福音にふくまれているような倫理的掟のそれもふくめて、人間の外に存在するあらゆる書き記されたもの scriptura を意味する、と説明している。ここからして、癒《いや》しを与える信仰の恩寵が内的に現存していなかったならば、福音の儀文ですら人を殺すであろう。(520)

(一)については、それゆえ、こう言うべきである。この異論は新法について、それにおける主要的なものに関してではなく、むしろそれにおける第二次的なものに関して、すなわち、言葉によるにせよ、書き物によるにせよ、人間にたいして外的に提示された教え、および掟に関して妥当するものである。

(二)についてはこう言うべきである。新約の恩寵は人間が罪を犯すことのない non peccare よう扶助するのではあるが、人間が罪を犯すことのできない non posse peccare ところまで、人間を善において確定する confirmare ことはない。(521)というのも、このことは栄光の状態(522) status gloriae に属することだからである。したがって、もし人が新約の恩寵を受けた後において罪を犯したならば、より大いなる恩恵にたいして忘恩であり、また自分に与えられた扶助を活用しない者として、より重い罰に相当する。しかし、このことのゆえに新法は「(神の)怒りを招く」とは言われない。なぜなら、自らに関するかぎりでは quantum est de se 罪を犯すことのないよう充分な(523) sufficiens 扶助を与えているからである。

(三)についてはこう言うべきである。唯一なる神が新法および旧法を与えたのであるが、それぞれ異なった仕方においてである。というのも、使徒パウロが『コリント人への第二書翰』第三章(第三節)でのべているように、旧法は石の板に書きつけられて与えられたのであるが、新法は「人間の心の板に」書きつけられて与えられたからである。ここからして、アウグスティヌスが『霊と儀文について』第十八章(PL44, 219)でのべているように、「使徒パウロは人間の外に書き記されたあの儀文(文字)を死の奉仕 ministratio mortis、および断罪の奉仕 ministratio damnationis と呼ぶ。しかし、この儀文、すなわち新約の法は霊の奉仕 ministratio spiritus、および(人を)義とする奉仕 ministratio justitiae と呼んでいる。なぜなら、霊の賜物によってわれわれは義にかなった働きを為し、違反にたいする断罪から解放されるからである。

＊　ピオ版は est を補う。レオ版は省略。

第三項　新法は世の始めに与えられるべきであったか

第三については[524]次のように進められる。——新法は世の始めに a principio mundi 与えられるべきであった、と思われる。なぜなら

(一)　『ローマ人への書翰』第二章（第十一節）において言われているように、「神においては特別待遇[525] personarum acceptio はない」のであって、『ローマ人への書翰』第三章（第二十三節）で言われているように、「人は皆罪を犯し、神の栄光を＊喪失している」のである。それゆえに、福音の法を通じてすべての人に扶助がもたらされるように、それは世の始めに与えられるべきであった。

(二)　様々の異なる場所において様々に異なる人々が見出されるように、様々の異なる時代においても同じである。しかし、『テモテへの第一書翰』第二章（第四節）において言われているように、「すべての人が救われることを望み給う」神は、『マタイ福音書』第

二十八章（第十九節）および『マルコ福音書』第十六章（第十五節）においてあきらかなように、福音がすべての場所において説教されるよう命じられた。それゆえに、福音の法はすべての時代にとって手のとどくところに在るべきだったのであり、したがって世の始めに与えられるべきであった。

㈢　永遠的である霊的救済 salus spiritualis のほうが、時間的である身体的福祉・救済 salus corporalis よりも人間にとってより必要なものである。しかるに、『創世記』第一章（第二十六節）においてあきらかなように、神は人間のために創造されたすべてのものを人間の権能に服せしめることによって、世の始めから身体的福祉のために必要なものを人間に授けられた。それゆえに、霊的救済にとって最も必要なものである新法もまた、人々にたいして世の始めに与えられるべきであった。

しかし、その反対に、使徒パウロは『コリント人への第一書翰』第十五章（第四十六節）において「最初にあったのは霊的なものではなく、自然の命のものである」とのべている。しかるに、新法は最も霊的なものである。それゆえに、新法は世の始めに与えられるべきではなかった。

私は答える――。

何ゆえ新法は世の始めに与えられるべきではなかったかについては三つの理由を提示することが可能である。その第一は、新法は前述のように（第一項）、主要的には聖霊の恩寵である、ということにほかならない。すなわち、恩寵はキリストによって贖罪 redemptio が成就されることにより、人類から罪の妨げが取り除かれる以前には、豊かに与えられるべきではなかったのである。ここからして、『ヨハネ福音書』第七章（第三十九節）において「イエスはまだ栄光を受けておられなかったので、聖霊はまだ与えられていなかった」と言われている。そして、使徒パウロは『ローマ人への書翰』第八章（第二節以下）においてあきらかにこの理由を取りあげている。すなわち、かれは「生命の霊の律法」についてのべた後で、次のように付け加えているのである。「神はその御子を罪深い肉のありさまで遣わし、(526)罪のゆえに肉において罪を断罪された。それはわれわれにおいて律法の要求するところが成就されるためであった。」

第二の理由は新法の完全性からして提示することが可能である。というのも、或るものはただちに当初から完全な状態へともたらされるのではなく、何らかの時間的な継起の順序を経て完成されるからである。たとえば、或る人はまず少年となり、その後で成人となるのである。そして使徒パウロは『ガラテヤ人への書翰』第三章（第二十四節）においてこの理由を提示している。「律法はわれわれが信仰によって義とされるように、キリストにおいてわれわれの養育係となった。しかし、今や信仰がやって来たので、われわれはもはや養育係の下《もと》にはいない。」

第三の理由は新法が恩寵の法であるということから取られている。したがって、人間が罪に落ちこみ、自らの弱さを知って恩寵が必要であることを認めるように、まず旧法の状態において独りにされなければならなかったのである。そして、使徒パウロはこの理由を『ローマ人への書翰』第五章(第二十節)において次のようにのべることによって提示している。「律法が入り込んできたのは罪が増し加わるためであった。しかし、罪がふえたところでは、恩寵もさらに豊かになったのである。」[527]

㈠については、それゆえ、こう言うべきである。人類は人祖の罪のゆえに、その報いとして恩寵の扶助を欠如する状態に置かれた。[528] したがって、アウグスティヌスが『人の義の完成について[529]』においてのべているように、「だれかにたいして与えられないなら、それは正義によるものであり、だれかにたいして与えられるならば、それは恩寵によるものである」。ここからして、世の始めにすべての人にたいして恩寵の法を提示しなかったということから神が特別待遇を為し給うたことにはならないのであって、前述のように（本項主文）、恩寵の法は然《しか》るべき順序を守って提示されるべきであったのである。

(二)についてはこう言うべきである。場所の多様性は人類の状態 status の多様性を生ぜしめるのではなく、後者は時代の継起を通じて多様化されるのである。したがって、新法はすべての場所にたいして提示されるのであるが、すべての時代にたいして提示されるのではない――ただし、前述のように（第一項第三異論解答）、すべての時代において新約に属するところの或る人々が存在していたのではあるが。[530]

(三)についてはこう言うべきである。身体的福祉に属することがらは、自然本性に関するかぎりにおいて人間に奉仕するのであるが、自然本性は罪によって取り去られるのではない。[531] これにたいして、霊的救済・福祉に属することがらは恩寵――それは罪によって喪失される――へと秩序づけられている。したがって、両者について同様の論拠は見出されないのである。

＊　レオ版の読み gloria に従う。ピオ版は gratia。ヴルガタ聖書は gloriam。

第四項　新法は世の終りまで持続するか

第四については次のように進められる。——新法は世の終りまで持続するのではない、と思われる。なぜなら
(532)
㈠　使徒パウロが『コリント人への第一書翰』第十三章(第十節)でのべているように、「完全なものが到来するときは、部分的なものは廃《すた》れ去る」。しかるに、新法は部分的なものである。というのも、使徒パウロは同じ箇所で(第九節)「われわれが知るのは一部分、われわれが預言するのも一部分である」と語っているからである。それゆえに、新法は他のより完全な状態にひきつがれて、廃されるべきである。(533)

㈡　主キリストは『ヨハネ福音書』第十六章(第十三節)において弟子たちに、真理の霊であるその方が来て「すべての真理の」認識を与えて下さる、と約束された。しかるに、新約の状態において教会はいまだすべての真理を認識してはいない。それゆえに、そこにおいて聖霊によってすべての真理が明示されるであろう、別の状態を期待すべきである。(534)

㈢　御父が御子とは異なった御方であり、御子が御父とは異なった御方であるように、聖霊は御父および御子とは異なった御方である。しかるに御父のペルソナに適合する何らかの状態があったのであり、すなわち、そこにおいて人々が子供を生むことに専念した旧法の状態がそれである。同様にまた御子のペルソナに適合する別の状態が存在する。すなわち、そこにおいては知恵——これは御子に固有せしめられている[535] appropriatur——の追求に専念した聖職者たち clerici が主要な地位を占める新法の状態である。それゆえに、そこにおいては霊的人物 vir spiritualis が主要な地位を占めるであろうような、聖霊に属する第三の状態があるであろう[536]。

㈣　主キリストは『マタイ福音書』第二十四章（第十四節）において「神の国のこの福音が全世界に宣べ伝えられるであろう。それから終りが来るのである」と告げられた。しかるに、キリストの福音が全世界に宣教されてからすでに久しいのに、まだ世の終りは来ていない。それゆえに、キリストの福音は神の国の福音ではなく、もう一つの福音、つまり聖霊の福音がいわばもう一つの法として来るはずである[537]。

しかし、その反対に、主キリストは『マタイ福音書』第二十四章（第三十四節）において「あなたがたによく言っておく。これらすべてのことが起こるまでは、今の時代は過ぎ去らないであろう」と告げておられる。ヨハネス・クリュソストモス[538]はこの箇所について「キリストを信じる人々の時代」について語られたものと説明している(『マタイ福音書講話』第七十八講話、PG58, 702)。それゆえに、キリストを信じる人々の状態は世の終りまで存続するであろう。

私は答える——。

世の状態 status mundi は二つの仕方で変化することが可能である。第一は法の多様性にもとづくものであり、この意味ではいかなる他の状態も新法の今の状態の後に来ることはない。というのも、新法の状態は、より完全なものがより不完全なものにたいする仕方で、旧法の状態の後に来たものであるが、現世のいかなる状態も新法の状態よりもより完全なものではありえないからである。なぜなら、直接的に究極目的へと導き入れるところのものよりも究極目的により近いものは何もないのであるが、新法はまさしくそのことを実現するからである。ここからして、使徒パウロは『ヘブライ人への書翰』第十章(第十九節以下)において次のようにのべている。「それで兄弟たち、キリストの血によって聖所に入ることができるという確信をもちつつ、かれが私たちのために開いて下さった新しい道を通って、かれのもとに近づこうではないか[539]。」したがって、現世のいかなる状態も新法の状態よりもより完全なものではありえない。なぜなら、いかなるものもそれが究極目的により接近しているのに応じてより完全なものだからである。[*a]

第二に人々の状態は、人々が同じ法に異なった仕方で――つまり、より完全、あるいはより不完全な仕方で――自らを関係づけることにもとづいて多様化されることが可能である。そして、この意味では旧法の状態はしばしば変化した。それというのも、時として律法は最善の仕方で守られたが、[*b]時としてはまったく無視されたからである。さらに、この意味では新法の状態もまた多様化されるのであって、それは聖霊の恩寵が或る人々によってより完全あるいはより不完全に保持されるかぎりにおいて、様々なる場所、時代、および人に即してである。とはいえ、われわれはそこにおいては聖霊の恩寵がこれまでに授けられたよりも――なかんずく[*c]「聖霊の初穂」を受けた、つまり『註釈』(540)(『行間註釈』VI, 19r;『ペトルス・ロンバルドゥス註釈』PL191, 1444)が『ローマ人への書翰』第八章(第二十三節)についてのべているように、「時間的により先に、そして他の人々よりもより豊かに」(恩寵を)受けた使徒たちよりも――より完全に授けられるであろうような、或る状態が到来することを期待すべきではない。

(一)については、それゆえ、こう言うべきである。ディオニシウスが(541)『天上位階論』第五章（PG3, 501）においてのべているように、人々の状態には三種類のものがある。すなわち、第一は旧法の状態、第二は新法の状態であって、第三の状態は現世においてではなく、天国[542]において予表的[543]patriaにおいてその後に続く。しかし、第一の状態が福音の状態との関係において予表的figuralisであり、不完全であるように、現在の状態は天国の状態との関係において予表的であり、不完全である。そして、後者が到来すると、同じ箇所（『コリント人への第一書翰』第十三章（第十二節））において「今われわれは鏡の中で朧《おぼろ》に見ているが、その時には顔と顔を合わせて見るであろう」と言われているように、現在の状態は廃されるであろう。[*d][*e][*f]

㈡についてはこう言うべきである。アウグスティヌスが『ファウストゥス反駁[544]』第十九巻第三十一章（PL42, 368）においてのべているように、モンタヌス[545]およびプリスキラ[546]は聖霊を与えて下さることに関する主キリストの約束は、使徒たちにおいてではなく、かれらにおいて成就されたのだ、と主張した。また同様に、マニ教徒たち[547]は、この約束はかれらが援助者なる霊Spiritus Paracletusであると称したマニケウスにおいて成就された、と主張した[548]。したがって、かれらはいずれも、その約束が使徒たちにおいて成就されたことをあきらかに示している『使徒行録』を受けいれなかったのである。すなわち、『使徒行録』第一章（第五節）において主キリストは再度使徒たちにたいして「あなたがたは近いうちに聖霊によって洗礼を受けるであろう」と約束され、それが成就されたことは『使徒行録』第二章に記されているのである。しかし、こうした諸々の空虚な考え[*g]は『ヨハネ福音書』第七章（第三十九節）において「イエスはまだ栄光を受けておられなかったので、聖霊はまだ与えられていなかった」とのべられているところによって排除されているのであって、右の言葉からしてわれわれは、キリストが復活と昇天において栄光を受けられたとき、ただちに聖霊が与えられたことを理解できるのである。(549)またこのことによって、別の、すなわち聖霊[*h]の時代を待望すべきであると主張する者どもすべての空虚な考えもまた排除されるのである。

ところで、聖霊は使徒たちに救いのために必要なることがら、すなわち信ずべきことがらと為すべきことがらについてすべての真理を教え給うたのであるが、起こるべきすべての出来事についてかれらに教え給うたのではない。というのも、『使徒行録』第一章（第七節）「御父が自らの権能によってお定めになった時や時期はあなたがたの知るところではない」によると、そのことはかれらにかかわりのあることではなかったからである。

㈢についてはこう言うべきである。旧法はたんに御父のみではなく、御子にも属するものであった。なぜなら、旧法においてキリストが予表されていたからである。ここからして、主キリストは『ヨハネ福音書』第五章(第四十六節)において、「もしあなたがたがモーセを信じていたなら、おそらく私をも信じたであろう。かれは私のことを書いたからである」と告げられたのである。同様にまた、『ローマ人への書翰』第八章(第二節)「キリスト・イエスにおける生命をもたらす霊の法」によると、新法はキリストのみではなく、聖霊にも属するのである。ここからして、聖霊のものであるところのもう一つの法を期待すべきではない。(550)

(四)についてはこう言うべきである。キリストは福音宣教の当初からただちに「天の国は近づいた」(『マタイ福音書』第四章(第十七節))と告げられたのであるから、キリストの福音は神の国の福音ではないと言うのは最も愚かなことである。しかし、キリストの福音の宣教 praedicatio Evangelii Christi は二つの意味に解することができる。その一つはキリストについての知らせの弘布 divulgatio notitiae Christi に関するかぎりにおいてであり、(551)この意味ではクリュソストモスが『マタイ福音書講話』七十五講話(PG58, 688)においてのべているように、福音は使徒たちの時代においても全世界に宣教されたのである。そして、この意味において「それから終りが来るであろう」(『マタイ福音書』第二十四章(第十四節))という付加された言葉は*iエルサレムの破壊についてのべているものと理解されるのであって、このことについてそこでは字義的な意味で語られているのである。

――第二に全世界に福音が宣教されるということは十全なる効果(552) plenus effectus すなわちすべての民において教会が建設されるであろう、ということをふくめて理解されうるのであって、この意味ではアウグスティヌスがヘシキウス宛『書翰』〔書翰百九十九、第十二章(PL33, 923)〕においてのべているように、福音はいまだ全世界に宣教されてはいないのであり、むしろこのことが為されたときに、世の終りが到来するであろう。

＊a　ピオ版は est を補足、レオ版は省略。
＊b　ピオ版は autem を補足、レオ版は省略。
＊c　ピオ版は et を補足、レオ版は省略。
＊d　レオ版の読み in patria に従う。ピオ版は「将来において、すなわち」in futura, scilicet を付加。
＊e　レオ版は evangelici、ピオ版は Evangelii。
＊f　レオ版は ibi、ピオ版は I ad Cor. XIII。
＊g　レオ版の読み vanitates をとる、ピオ版は「異なった考え」varietates。
＊h　ピオ版に従って「すなわち」scilicet を補って読む。
＊i　ピオ版は hoc を補足、レオ版は省略。

第百七問題（全四項）
新法と旧法の比較について

次に新法と旧法との比較について考察しなければならない。このことについては次の四つの点が問題となる。
第一　新法は旧法とは異なった法であるか
第二　新法は旧法を成就するか
第三　新法は旧法にふくまれているか
第四　新法と旧法のいずれがより重荷であるか

第一項　新法は旧法とは異なった法であるか

第一については次のように進められる。――新法は旧法とは異なった法ではない、と思われる。なぜなら㊸

(一)　いずれの法も神にたいする信仰を有する人々に与えられている。なぜなら、『ヘブライ人への書翰』第十一章(第六節)において言われているように、「信仰なしには神に喜ばれることはできない」からである。しかるに、『マタイ福音書』第二十一章(第九節)について『註釈』(『正規註釈』VI, 66A;『行間註釈』VI, 66r;『ペトルス・ロンバルドゥス註釈』PL192, 33. いずれも『コリント人への第二書翰』第四章(第十三節)についての註釈)がのべているように、昔の人々の信仰も今の人々の信仰も同一である。それゆえに、法もまた同一である。

(二)　アウグスティヌスは『マニカエウス・の弟子アディマントゥス反駁』(第十七章 PL42, 159)において「律法と福音との間の僅かな違いと言えば怖れ timor と愛 amor との違いである」とのべている。しかし、この二つによっては新法と旧法を区別することはできない。なぜなら、『レビ記』第十九章(第十八節)に「あなたの隣人を愛しなさい」、『申命記』第六章(第五節)に「あなたの神、主を愛しなさい」とあるように、旧法においても愛の掟が提示されているからである。——同様にまた、これら二つの法はアウグスティヌスが『ファウストゥス反駁』第四巻第二章(PL42, 217)において指定している他の差異、すなわち「旧約は現世的約束をふくんでいたのにたいして、新約は霊的で永遠的な約束をふくむ」ということによって区別することもできない。なぜなら、『マルコ福音書』第十章(第三十節)「この世で百倍の家、兄弟……を受ける」によると、新約においても何らかの現世的な約束が為《な》されているからである。さらに、『ヘブライ人への書翰』第十一章(第十六節)「しかし、実際かれら——これは昔の太祖たちのことである——があこがれていたのはよりよい所、すなわち天の故郷だったのである」によると、旧約においても霊的で永遠的な約束に希望がよせられていたのである。それゆえに、新法は旧法とは異なった法ではないように思われる。

(三) 使徒パウロは『ローマ人への書翰』第三章(第二十七節)において、旧法を「業の法」lex factorum と呼び、これにたいして新法を「信仰の法」lex fidei と呼んで、これら二つの法を区別しているように思われる。しかし、『ヘブライ人への書翰』第十一章(第三十九節)「すべての者——これは旧約の太祖たちのことである——は信仰の証言によって認証された」によると、旧法もまた信仰の法であった。同じようにまた、新法は業の法でもあったのである。というのも、『マタイ福音書』第五章(第四十四節)には「あなたがたを憎む者に親切にしてやりなさい」とあり、また『ルカ福音書』第二十二章(第十九節)には「これを私の記念として行いなさい」と言われているからである。それゆえに、新法は旧法と異なった法ではない。

しかし、その反対に、使徒パウロは『ヘブライ人への書翰』第七章(第十二節)において「祭司職の変更があったならば、律法の変更もなければならない」とのべている。しかるに、同じ箇所で示しているように、新約と旧約の祭司職は別のものである。(554) それゆえに、法もまた異なったものである。

私は答える(555)——。

前述のように(第九十問題第二項、第九十一問題第四項)、すべて法は人間の行動を或る目的との関係において秩序づける。しかるに、目的へと秩序づけられることがらは、目的の観点からして二つの仕方で区別されることが可能である。第一は、異なった目的へと秩序づけられていることによってであり、そこで成立するのは種的区別である——とりわけ、目的が近接的目的である場合に然りである。第二は目的への近さ、もしくは目的からの遠さにもとづく区別である。すなわち、運動は、それが異なった終点へと秩序づけられていることに即して、種的に異なったものであることがあきらかであるように、他方、運動の一つの部分が他の部分よりも終点により近いということに即しては、運動は完全なものと不完全なものということにもとづいて差異が認められるのである。

このようなわけで、二つの法は二つの仕方で区別されることが可能である。第一は、それらが異なった目的へと秩序づけられていることによって、いわばまったく異なったものとしてである。たとえば、人民 populus が支配するという目的へと秩序づけられている法律 lex civitatis があるとしたら、それは国の貴族たち optimates が支配するという目的へと秩序づけられた法からは種的に異なったものであろう。――第二に、二つの法はその一つが目的へとより近接的に秩序づけ、もう一つはより遠隔的に秩序づける、ということに即して区別されることが可能である。たとえば、一つの同じ国家においても、共通善にかかわることがらをただちに遂行しうるような成人たちに課せられるところの法と、後になって成人たちの仕事をどのように遂行すべきかを教えられなければならないところの、子供たちの訓練にかかわる法は、[*a] 別の法であると言われるのである。

それゆえに、右の第一の仕方によれば新法は旧法と異なった法ではない、と言わなければならない。なぜなら、これら二つの法について一つの目的、すなわち人々が神に従属するように、という目的が見出されるのであるが、『ローマ人への書翰』第三章（第三十節）「割礼のある者をその信仰のゆえに義とされ、割礼のない者をその信仰によって義とされるのは、唯一の神である」によると、新約と旧約の神は同じ唯一の神であるからである。——第二の仕方によると、新法は旧法とは異なった法である。なぜなら、旧法は使徒パウロが『ガラテヤ人への書翰』第三章（第二十四節）でのべているように、いわば子供たちの養育係であるのにたいして、新法は愛の法 lex caritatis であるところから完全性の法 lex perfectionis であるからであって、それについて使徒パウロは『コロサイ人への書翰』第三章（第十四節）において「（愛は）完全性をもたらす絆《きずな》である」とのべている。

㈠については、それゆえ、こう言うべきである。新・旧約両者の信仰が一であることは目的が一であることを証言する。それというのも、さきに（第六十二問題第二項）そのうちに信仰がふくまれているところの対神徳 virtus theologica の対象は究極目的である、と言われたからである。しかしながら、信仰は旧法においてと新法においてとでは異なった状態を有する。[*b] なぜなら、かれらが信じていたのは未来のことがらであるのにたいして、われわれはすでに起こったことを信じているからである。[556]

㈡についてはこう言うべきである。新法と旧法とにふりあてられているすべての差異は、完全なものと不完全なものということに即して受けとられる。というのも、いかなる法の掟も諸々の徳の行為を命ずるものであるが[557]、いまだ徳の習慣[558] habitus virtutis を有しないところの不完全な者と、徳の習慣によって完成されている者とにおいては、徳の行為を遂行することへと傾かしめられる仕方が異なっているからである。すなわち、*c いまだ徳の習慣を有しない者どもは、何らかの外的な原因、たとえば刑罰の脅威、あるいは名誉、富ないしその種のことがらのような何らかの外的な報酬の約束からして、徳の行為を為すことへと傾かしめられる。したがって、不完全な人々、すなわち、いまだ霊的恩寵を獲得していない人々にたいして与えられた旧法は、何らかの刑罰の脅威によって掟の遵守へと導いたかぎりにおいて「怖れの法」lex timoris と呼ばれたのである。そして、旧法は何らかの現世的約束をふくむと言われるのである。――これにたいして、徳を有する人々は何らかの刑罰あるいは外的報酬のゆえにではなく、徳を愛するがゆえに徳の行為を為すことへと傾かしめられるのである。したがって、主要的に心に注ぎこまれた霊的恩寵そのものに存するところの新法は「愛の法」lex amoris と呼ばれる。そして、新法は徳の対象[559]、とりわけ愛徳の対象であるところの、霊的で永遠的な約束 promissa spiritualia et aeterna をふくむと言われるのである。このようにして、人々は自体的に per se それらへと傾かしめられるのであり、いわば外的なものへ向かってではなく、いわばかれらに固有なるものへ向かって傾かしめられるのである。――また、ここからして旧法は「心ではなく、手を拘束する」とも言われる。なぜなら、刑罰への怖れからして何らかの罪を避ける者の場合、かれの意志は、正義への愛からして罪を避ける者の意志のように、無条件的に罪から遠ざかってはいないからである。そしてこのことのゆえに、愛の法であるところの新法は「心を拘束する」と言われるのである。(560)

しかしながら、旧約の状態においても聖霊の愛徳と恩寵を有し、主要的に、霊的で永遠的な約束を待望していた人々も存在した。そして、かれらはこのことにもとづいて新法に属していたのである。――同様にまた、新約においていまだに新法の完全性に到達していない或る肉的な人々も存在するのであって、新約においてもかれらを刑罰にたいする怖れと、何らかの現世的な約束によって徳の行為へと導くことが必要だったのである。

しかし、旧約は愛の掟をも規定していたとはいえ、それによって『ローマ人への書翰』第五章(第五節)に言われているような「神の愛を私たちの心にあふれさせ」て下さる聖霊が与えられることはなかったのである。

(三)については、こう言うべきである。前述のように(第百六問題第一、二項)、新法はそれが主要的に、信ずる者に内的に与えられる恩寵そのものに存するかぎりにおいて、「信仰の法」と呼ばれる。ここからして、それは「信仰の恩寵」gratia fidei と称せられる[561]のである。しかしながら、新法は副次的には何らかの倫理的および祭儀的な業をもふくむのである。だが旧法が主要的にそれらのことがらに存していたのにたいして、新法は主要的にそれらのことがらに存するのではない。ところで、旧約において、信仰によって神に受けいれられていた人々は、そのことにもとづいて新約に属していたのである。というのも、かれらは新約の創立者であるところのキリストにたいする信仰によるのでなければ義とされることはなかったからである[562]。ここからして、使徒パウロは『ヘブライ人への書翰』第十一章(第二十六節)において、モーセについても「かれはキリストのゆえの辱めをエジプト人たちの財宝にまさる富と見なした」とのべているのである。

＊a　ピオ版は datur を補足、レオ版は省略。
＊b　ピオ版の読み habet に従う。レオ版は「もっていた」habuit。
＊c　レオ版は enim、ピオ版は autem。

第二項　新法は旧法を成就するか

第二については次のように進められる。(563)――新法は旧法を成就しない、と思われる。なぜなら

(一)　成就 impletio は撤去 evacuatio とは反対・対立的である。しかるに、新法は旧法の遵守を撤去あるいは排除する。というのも、使徒パウロは『ガラテヤ人への書翰』第五章(第二節)において「もしあなたがたが割礼を受けるならば、キリストはあなたがたにとってまったく無用となるであろう」とのべているからである。それゆえに、新法は旧法を成就するものではない。

(二)　反対・対立的なものの一方は他方を成就することはない。しかるに、主キリストは新法において旧法の掟と反対・対立的な何らかの掟を提示された。というのも、『マタイ福音書』第五章(第二十七、三十一節)において「あなたがたは昔の人々に、妻と離縁する者は離縁状を渡せ、と命じられていたのを聞いている。しかし、私はあなたがたに言う。自分の妻を離縁する者は皆、姦通の罪を犯す機会を妻に与えることになる」。ま

も、さらに同害復讐の禁止および敵を憎むことなどにおいても、同じことがあきらかである。同様にまた、主キリストは『マタイ福音書』第十五章（第十一節）「口に入るものは人を汚さない」において、食物の区別に関する旧法の掟を排除されたように思われる。それゆえに、新法は旧法を成就するのではない。[*a]

（三）法に反する行動をする者は法を成就する者ではない。というのも、キリストは或ることがらにおいて律法に反する行動をとり給うた。しかるに、『マタイ福音書』第八章（第三節）で言われているように、かれはらい病者に触れ給うたが、それは律法に反することであった。同様にまた、かれは何度も安息日を守り給わなかったように思われる。ここからして、ユダヤ人たちはかれについて『ヨハネ福音書』第九章（第十六節）によると「この人は安息日を守らないから、神からの者ではない」と言ったのである。それゆえに、主キリストは律法を成就し給わなかった。したがって、キリストによって与えられた新法は旧法を成就するものではない。

（四）前述のように（第九十九問題第四項）、旧法には倫理的、祭儀的、および司法的掟がふくまれていた。しかるに、主キリストは『マタイ福音書』第五章において或ることがらに関しては律法を成就し給うたが、そこで司法および祭儀のことがらについては何の言及も為されていない。それゆえに、新法は旧法を全体として成就するのではないように思われる。

しかし、その反対に、主キリストは『マタイ福音書』第五章（第十七節）において「私は律法を廃止するためにではなく、成就するために来た」と言われ、その後で（第十八節）「律法の一点一画も消えうせることはなく、すべては成就するであろう」と付け加えておられる。

私は答える[564]——。

前述のように（第一項）、新法は旧法にたいして、完全なものが不完全なものにたいするように関係づけられている。しかるに、すべて完全なものは、不完全なものに欠けているところのものを補足・成就する。したがって、新法は旧法を、旧法に欠けているところのものを補足するかぎりにおいて、成就するのである。

しかるに、旧法においては二つのことがら、すなわち目的、および法にふくまれている諸々の掟を考察することができる。ところで、前述のように（第九十二問題第一項）、いかなる法の目的も人々を正しく、そして有徳な者たらしめることである。ここからして、旧法の目的もまた人々を義とすること[565] justificatio であった。そのことを、しかし、律法は実現することはできなかったのであり、むしろ何らかの祭儀的な業によって予表し、言葉によって約束したのである。そして、この点に関しては、新法はキリストの受難のちからによって義[*b]たらしめることにより旧法を成就している。使徒パウロが『ローマ人への書翰』第八章（第三節以下）で「律法の為しえなかったことを、[566]神は（成就し給うた。すなわち）御子を罪深い肉のありさまで遣わし、律法の義とする働きがわれわれにおいて成就されるように、肉において罪を断罪されたのである」とのべているのはこのことである。——そして、この点に関しては、『コリント人への第二書翰』第一章（第二十節）「神のありとあらゆる約束はかれ——すなわちキリスト——において在る」によると、新法は旧法が約束したものを与えるのである。——さらにまた、この点に関しては、新法は旧法が予表したものを完成もするのである。ここからして、『コロサイ人への書翰』第二章（第十七節）において祭儀的なことがらについて「これらのことは来たるべきことがらの影であって、その本体はキリストにある」、すなわち、真理はキリストに属する、と言われているのである。ここからして、新法は「真理の法」[567] lex veritatis と呼ばれ、これにたいして旧法は「影[568]あるいは予表の法」lex umbrae vel figurae と呼ばれるのである。

しかるに、キリストは業 opus と教え doctrina において旧法の掟を成就された。業においてというのは、『ガラテヤ人への書翰』第四章（第四節）「律法の下《もと》に生まれた」によると、かれはその時代において遵守されるべきであった割礼およびその他の律法に属することがらを遵守することを望まれたからである。――他方、キリストはその教えによって三つの仕方で律法の掟を成就された。すなわち、第一に、律法の真の意味を解明することによって。これは殺人および姦淫についてあきらかであって、律法学者やファリサイ派はそれらの禁止に関してただ禁止された外的行為のみを理解していた。ここからして、主キリストは罪の内的行為も禁止にふくまれることを示すことによって、律法を成就されたのである。(569)――第二に、主キリストは旧法が規定しているところはいかにしてより確実に遵守されるかを示すことによって律法の掟を成就された。たとえば、旧法は偽りの誓いをしてはならないと規定しているが、このことは緊急必要な場合以外は完全に誓いをするのを避けることによってより確実に遵守されるのである。(570)――第三に、主キリストは何らかの完全性の勧告 consilium perfectionis を付加することによって律法の掟を成就された。このことは、たとえば『マタイ福音書』第十九章（第二十一節）において、自分は旧法の掟を遵守してきたとのべる者に向かって、主キリストが[*c]「あなたに欠けていることが一つある。(571)もし完全になりたいなら、行ってあなたの持ち物をすべて売りなさい……」と言われているところからあきらかである。[*d]

㈠については、それゆえ、こう言うべきである。新法は前述のように(第百三問題第三、四項)、祭儀的なことがらに関する他は旧法の遵守を撤去したのではない。ところで、これら祭儀的なことがらは来たるべきことを予表するものであった。ここからして、予表されていたことが完成されたことにより祭儀的掟が成就された、というそのことによって、それらの掟はもはや遵守されるべきではないのである。なぜなら、もし遵守されたならば、或ることがまだ来るべきであり、成就されていないことを意味表示するであろうからである。それは、賜物が与えられることによってすでに約束が成就されたあかつきにおいては、将来の賜物の約束が入りこむ余地はもはやないのと同じである。そして、このような仕方で律法の祭儀はそれらが成就されることによって廃棄されるのである。

㈡についてはこう言うべきである。アウグスティヌスが『ファウストゥス反駁』第十九巻第二十六章(PL42, 364)においてのべているように、主キリストのそれらの掟は旧法の掟に反対・対立的ではなかった。「というのも、主キリストが妻を離縁すべきではないことについてお命じになったことは、律法が命じているところに反対・対立的ではないからである。すなわち、律法は「望む者は妻を離縁せよ」とは言っていないのであって、（もしそう言っていたならば）「離縁してはならない」という掟はそれに反対・対立的だったであろう。しかし、たしかに律法は夫が妻を離縁することをよしとしていたのではないのであって、むしろ離別へと突進しようとしている心が離縁状を書くことによって引きもどされて、中止してしまうようにと、この遅延の期間をそこに置いたのである。ここからして、主キリストは妻が容易に離縁されるべきではないことを確認するために、私通を理由に離縁することだけを例外とされたのである。[572]」——そして、前述のように（本項主文）、誓いをすることの禁止についても同じことを言わなければならない。——さらにまた、同じことが同害復讐の禁止についてもあきらかである。というのも、律法は無抑制な復讐へと走ることのないよう復讐の限度を定めたのであるが、主キリストは完全に復讐を断念するように戒めることによって無抑制な復讐から人々をより完全に引き離されたのである。——ところで、敵を憎むことについては、人を憎むのではなく、罪過を憎むようにわれわれを戒めることによって、ファリサイ派の偽りの理解を除去された。——他方、祭儀的なことがらであった食物の区別については、主キリストはそのさい当の掟を守ってはならないと命じられたのではなく、むしろいかなる食物もその自然本性に即して汚れているのではなく、前述したように（第百二問題第六項第一異論解答）、ただ予表としてのみ汚れたものであることを示しておられるのである。*f

㈢についてはこう言うべきである。律法においてらい病者に触れることが禁止されて[*g]いたのは、前述のように（第百二問題第五項第四異論解答）、死者に触れた場合と同じく、そのことによって人が聖職障害 irregularitas ⑸⑺⑶ となるような汚れを被る《こうむ》という理由によるものであった。しかし、らい病者を潔める方であられた主キリストは、汚れを被ることはありえなかったのである。――ところで、主御自身が[*h]福音書において示されているように、かれは安息日に為し給うたことがらによって、安息日をことがらの真実に即して廃棄されたのではない。なぜなら、かれは常に事物のうちで働きを為している神的力⑸⑺⑷に よって奇跡を行い給うたからであり、またファリサイ派の人々もまた安息日において動物たちの福祉を配慮していたのにたいして⑸⑺⑸、かれは人間の救い・福祉のための業を為し給うたからでもあり、さらにまた緊急必要性の理由からして弟子たちが安息日に穂をつむのを許容し給うたからである⑸⑺⑹。しかし、ファリサイ派の迷信的理解にもとづいて言えば主キリストは安息日を廃棄されたように見えたのである。すなわち、かれらは安息日には人を救う業すらも控えなければならないと信じたのであるが、それは律法の意図に反することであった。

㈣についてはこう言うべきである。『マタイ福音書』第五章において律法の祭儀的掟が言及されていないのは、前述のように（第一異論解答）、それらが成就されることによって、それらの遵守がまったく排除されているからである。――これにたいして、司法的掟に関しては同害復讐の掟への言及が為されているが、それはこのことについて言われたことが他のすべての掟について理解されるためである。ところで、主キリストはこの掟において律法が意図しているのは、復讐への悪意にかられて同害復讐の罰を追求すること――主はこのことを、人はより大いなる害悪すら引きうける心構えがなければならぬと戒めることによって排斥しておられる――ではなくて、ただ正義を愛するがゆえにのみ⑰同害復讐を行うことである、と教えられた。そのことは新法においてもなお存続しているのである。

＊a　ピオ版は dicens を補足、レオ版は省略。
＊b　レオ版は virtute、ピオ版は per virtutem。
＊c　レオ版の読み casu に従う。ピオ版は「（緊急必要性という）理由による」causa。
＊d　レオ版は Dominus、ピオ版は省略。
＊e　レオ版の読み non dimittenda に従う。ピオ版は non を省略。
＊f　レオ版は observaretur、ピオ版は observarentur。
＊g　レオ版の読み lege に従う。ピオ版は「旧法」veteri lege。
＊h　レオ版の読み ipse Magister に従う。ピオ版は「マタイ自身」ipse Matthaeus。

第三項　新法は旧法のうちにふくまれているか

第三については次のように進められる。——新法は旧法のうちにふくまれてはいない、と思われる。なぜなら

(一) 新法は第一義的に信仰に存する。ここからして、『ローマ人への書翰』第三章(第二十七節)にあきらかなように、それは「信仰の法」と呼ばれるのである。しかるに、新法においては、旧法にふくまれていないところの多くの信ずべきことが提示されている。それゆえに、新法は旧法のうちにふくまれてはいない。

(二) 『マタイ福音書』第五章(第十九節)「これら最も小さな戒めの一つでも無視する者は」について、或る註釈(578)は、律法の戒めはより小さいものであるが、福音のうちにはより大きな戒めがある、とのべている。しかるに、より大きなものはより小さいもののうちにはふくまれえない。それゆえに、新法は旧法のうちにはふくまれない。

(三) 他のもの(A)のうちにふくまれているものは、Aをもつことによって同時に所有される。それゆえに、もし新法が旧法のうちにふくまれていたならば、旧法をもつこと

によって新法も所有されるということになっていたであろう。それゆえ、旧法が所有されている以上、ふたたび新法が与えられることは余分なことであった。それゆえに、新法は旧法のうちにふくまれているのではない。

しかし、その反対に、『エゼキエル書』第一章(第十六節)に言われているように*a「一つの輪がもう一つの輪のうちにある」、すなわち、グレゴリウス(579)が解説しているように(『エゼキエル書講話』第一巻第六講話、PL76, 834)「旧約のうちに新約がふくまれている」。

私は答える――。

或るものは他のもののうちに二つの仕方でふくまれる。(580) その一つは現実態において in actu であり、たとえば位置づけられたもの locatum が場所 locus のうちにふくまれる仕方である。第二は可能・能力的に virtute であり、たとえば結果が原因のうちに、補完されたもの complementum が未完なもの incompletum のうちにふくまれる仕方である。*b 例としては、類が種を可能・能力的に potestate ふくみ、樹木の全体が種子のうちにふくまれることが挙げられる。そして、新法が旧法のうちにふくまれるのはこの後者の仕方による。というのも、さきに(第一項)、新法は旧法にたいして、完全なものが不完全なものにたいするような仕方で関係づけられている、とのべられたからである。ここからして、クリュソストモスは『マルコ福音書』第四章（第二十八節）「土は自ら働き、初めに苗、次に穂、次に穂のうちに豊かな実を生ずる」と言われている箇所を解説して、次のようにのべている。「それは初めに自然法において苗を、その後にモーセの律法において穂を、最後に福音において豊かな実を生ずる。[581]」このように、新法は実が穂のうちに見出されるような仕方で旧法のうちに見出される。

㈠については、それゆえ、こう言うべきである。新約において信ずべきこととして明示的かつ明白に explicite et aperte 提示されていることがらのすべては、旧約においても信ずべきこととして提示されているが、それは暗示的かつ予表的に implicite et sub figura である。そして、この意味において信ずべきことに関しても、新法は旧法のうちにふくまれているのである。

㈡についてはこう言うべきである。新法の諸々の掟は、明示的な開示 explicita manifestatio に関して、旧法の掟よりもより大いなるものと言われている。しかし、新約の諸々の掟の実体[582]substantia に関しては、すべては旧約のうちにふくまれている。ここからして、アウグスティヌスは『ファウストゥス反駁』第十九巻第二十三、二十八章

(PL42, 361, 366)において次のようにのべている。「主キリストが「しかし私はあなたがたに言う」と付け加えて戒め、あるいは命じられたことがらのほとんどすべては、かの旧約の諸書においても見出される。しかし、かれらは人間の身体を殺すことのみを殺人として理解していたので、主キリストは兄弟を殺そうとする邪悪な衝動のすべても殺人の部類に入ることをあきらかにし給うたのである。」そして、このような開示に関するかぎりにおいて新法の掟は旧法の掟よりもより大いなるものと言われる。しかるに、樹木が種子のうちにふくまれるように、より大いなるものがより小さいもののうちに可能・能力的にふくまれることを妨げるものは何もない。

㈢については こう言うべきである。暗示的に与えられたことがらは解明される必要がある。したがって、旧法が公布された後において新法も与えられなければならなかったのである。

＊a　レオ版の読み sicut に従う。ピオ版は省略。

＊b　レオ版の読みに従う。ピオ版は「完成されたもののうちに」completo。

第四項　新法は旧法よりもより重荷であるか

第四については[583]次のように進められる。——新法は旧法よりもより重荷 gravior である、と思われる。なぜなら

(一)『マタイ福音書』第五章(第十九節)「これら最小の戒めのうち一つでも無視する[*a]者は」についてクリュソストモス[584]は次のようにのべている。「モーセの戒律、すなわち、殺してはならない、姦淫《かんいん》してはならない、などは行うのが容易である。しかし、キリストの戒律、すなわち、怒りに身をまかせてはならない、欲情を起こしてはならない、などは行うのが困難である。それゆえに、新法は旧法よりもより重荷である。

(二)　地上の繁栄を活用することのほうが苦難に耐えることよりもより容易である。しかるに、『申命記』第二十八章(第一—十四節)においてあきらかなように、旧約においては旧法の遵守は現世的繁栄によってともなわれた。これにたいして、新法を遵守する者には多くの逆境がともなったのであって、そのことは『コリント人への第二書翰』第六章(第四節以下)において「われわれは大いなる忍耐をもって、苦難においても、追いつめ

られても、行きづまっても、神の奉仕者として自らを差し出そうではないか」と言われているごとくである。それゆえに、新法は旧法より重荷である。

㈢　他のものにさらに付加されたものとして関係づけられていることがらはより困難であるように思われる。しかるに、新法は旧法にたいして付加されたものとして関係づけられている。というのも、旧法は偽りの誓いを禁止したのに、新法は誓いをすること(一般)をも禁止しており、また旧法は離縁状なしに妻を離別することを禁止したのに、新法は離別をすべて禁止しているからであって、このことはアウグスティヌスの解説によると(『主の山上説教について』第一巻第十四、十七章、PL34, 1248, 1255.『ファウストゥス反駁』第十九巻第二十三、二十六章、PL42, 361, 364)、『マタイ福音書』第五章(第三十一節)においてあきらかである。それゆえに、新法は旧法よりもより重荷である。

しかし、その反対に、『マタイ福音書』第十一章(第二十八節)において「労苦し、重荷を負っている者はみな私のもとに来なさい」と言われている。ヒラリウス⑸⑻⑸は『マタイ福音書講解』(PL9, 984)において、それを解説して「かれは律法を守ることの難しさに労苦し、この世の罪の重荷にあえぐ人々を自らのもとに呼んでおられる」とのべている。しかるに、その後で(第三十節)福音の軛《くびき》について「なぜなら、私の軛は負いやすく、私の荷は軽いからである」と付言されている。それゆえに、新法は旧法よりもより軽い荷である。

私は答える――。

法の諸々の掟によって命じられているところの徳の行為に関しては、二重の困難を見てとることが可能である。すなわち、その一つは外的行為の側に認められるものであって、それら外的行為はそれ自身からして何らかの困難と重荷をふくんでいる。そして、この点に関して言えば、旧法は新法よりもはるかにより重荷である。なぜなら、旧法は新法にくらべて、数多くの祭儀において多くの外的行為を為すことを義務づけるからである。これにたいして、新法は自然法の掟の他には、キリストおよび使徒たちの教えにおいては、ごく僅《わず》かの掟を付加したにとどまる[586]――後に聖なる教父たちの指定によって何らかのものが付加されはしたけれども。しかも、それらに関しても、アウグスティヌスは信者たちの行動に重荷が負わされないよう節度を守るべきであるとのべている。というのも、かれは『イアヌアリウスの質問に答えて』(書翰第五十五第十九章、PL33, 221)において、或る人々について次のようにのべているからである。「かれらは、神がその憐《あわ》れみによって、最も顕著で、最も数少ない祭儀的秘跡でもって、自由であることを望み給うたわれわれの宗教そのものを、ユダヤ人たちの状態——かれらは人間的な慢心の所産にではなく、律法の祭儀に従属せしめられていたのであるが——すらそれにくらべれば耐え易いものであるほどの、奴隷的な重荷の下に置いているのである。」

これにたいして、もう一つの困難は、内的行為における諸々の徳の行為に関するものであって、たとえば人は徳の行為を速やかに、かつ悦《よろこ》びをもって遂行すべきである、というのがそれである。そして、徳はまさしくこのような難しいことにかかわっているのである。というのも、このことは徳を有しない者にとっては極めて困難であるが、徳によって容易なものたらしめられるのであるから。そして、このことに関しては、新法の掟のほうが旧法の掟よりもより重荷である。なぜなら、新法においては、旧法において或る場合には禁止されていたとはいえ、すべての場合について禁止されてはいなかった——しかも、それら禁止されたことがらに刑罰は課せられていなかった——ところの、心の内的な動きが禁止されているからである。しかるに、このことは徳を有しない者にとっては最も困難であって、そのことはアリストテレスもまた『ニコマコス倫理学』第五巻(1137a5)において、正しい人が為すことがらを為すのは容易であるが、(587)それらのことを正しい人が為すところの仕方で、すなわち悦びをもって速やかに為すことは、正義(の徳)を有しない者にとっては困難である、とのべているごとくである。そして、『ヨハネの第一書翰』第五章(第三節)において「かれの戒めは重荷ではない」と言われているのもこのような意味においてであり、アウグスティヌスは『自然と恩寵について』第六十九章(PL44, 289)[588]においてこの箇所を解説して、「愛する人にとっては重荷ではないが、愛しない人にとっては重荷である」[589]とのべている。

(一)については、それゆえ、こう言うべきである。この権威ある言葉[590] auctoritas はあきらかに、内的な(心の)動きの明確な抑制に関するかぎりでの新法の困難さについて語っているのである。

(二)についてはこう言うべきである。新法を遵守する者が被るところの諸々の逆境は法そのものによって課されたものではない。とはいえ、それらは愛——新法そのものがそれに存する——のゆえに容易に耐えられるのである。なぜなら、アウグスティヌスが『主の言葉について』(説教第七十第三章、PL38, 444)においてのべているように、「愛はすべての苛酷で怖ろしいことを容易で、[*b]何でもないこととたらしめる」からである。

(三)についてはこう言うべきである。旧法の掟にたいするこれらの付加は、アウグスティヌスがのべているように(『主の山上説教について』第一巻第十七、二十一章、PL34, 1256, 1265.『ファウストゥス反駁』第十九巻第二十三、二十六章、PL42, 362, 365)、旧法の命じたことがより容易に成就されるように定められているのである。したがって、このことによって新法がより重荷であるということではなく、むしろより容易であることが示されているのである。

*a　ピオ版は ut を付加、レオ版は省略。
*b　ピオ版は et を付加、レオ版は省略。

第百八問題（全四項）
新法の内容について

次に新法のうちにふくまれていることがらについて考察しなければならない。そして、このことについては次の四つの点が問題となる。

第一　新法は何らかの外的な業 opus を命令あるいは禁止すべきであるか
第二　新法は充分な仕方で外的行為 actus を命令あるいは禁止しているか
第三　新法は人々を内的行為に関して適切に教導しているか
第四　新法は適切な仕方で掟《おきて》に勧告を付加しているか

第一項　新法は何らかの外的行為を命令あるいは禁止すべきであるか

第一については591次のように進められる。――新法はいかなる外的行為も命令あるいは禁止すべきではない、と思われる。なぜなら

(一)　新法は『マタイ福音書』第二十四章(第十四節)「神の国のこの福音は全世界に宣べ伝えられるであろう」によると、神の国の福音である。しかるに、『ルカ福音書』第十七章(第二十一節)「神の国はあなたがたのうちにある」および『ローマ人への書翰』第十四章(第十七節)「神の国は食べたり飲んだりすることではなく、聖霊における正義、平和、悦びである」によると、神の国は外的行為ではなくて、ただ内的行為に存する。それゆえに、新法は何らかの外的行為を命令、あるいは禁止すべきではない。

(二)　新法は『ローマ人への書翰』第八章(第二節)で言われているように「霊の法」である。しかるに、『コリント人への第二書翰』第三章(第十七節)で言われているように、「主の霊があるところには自由がある」。しかるに、人が或る外的行為を為《な》したり、避け

たりするように拘束されているところには、自由はない。それゆえに、新法は外的行為についての何らかの命令あるいは禁止をふくんではいない。

㈢　内的行為が心に属するように、すべての外的行為は手に属するものと理解される。しかるに、「旧法は手を抑制するが、新法は心を抑制する」(592)ということが、新法と旧法との間の相違として提示されている。それゆえに、新法においては外的行為についてではなく、内的行為についてのみ禁止および命令が規定されるべきである。

しかし、その反対に、新法によって人々は「光の子」たらしめられる。ここからして、『ヨハネ福音書』第十二章(第三十六節)において「光の子となるために光を信じなさい」と言われている。しかるに、『エフェソ人への書翰』第五章(第八節)「かつて、あなた方は闇《やみ》であったが、今は主において光である。光の子として歩みなさい」によると、光の子は光の業を為し、闇の業を斥《しりぞ》けるのがふさわしいことである。それゆえに、新法は何らかの外的行為を禁止し、何らかの外的行為を命令すべきであった。

私は答える——。

前述のように(第百六問題第一、二項)、新法において主要的であるのは、愛によって働く信仰においてあきらかにされるところの聖霊の恩寵である。しかるに、人々がこの恩寵に到達するのは人となられた神の御子を通じてであり、まず恩寵はその人間性を満たし、そこからしてわれわれへともたらされたのである。ここからして『ヨハネ福音書』第一章(第十四節)においては「御言葉は人となり給うた」と言われ、その後で「恩寵と真理に満ちていた」と付け加えられている。そしてさらに(第十六節)「われわれは皆この方の満ち満ちた豊かさから、恩寵の上にさらに恩寵を受けた」と言われており、ここからして「恩寵と真理はイエス・キリストを通じて来た」と付け加えられている。したがって、人となった御言葉から出てくる恩寵が何らかの外的に感覚されるものを通じてわれわれのもとへともたらされ、それによって肉が霊に従属せしめられているところのこの内的恩寵からして、何らかの外的で可感的な業が生みだされるのはふさわしいことである[593]。[*a]

したがって、外的行為は二つの仕方で恩寵に属することが可能である。第一に、何らかの仕方で恩寵へと導くものとしてであり、新法において制定されている諸々の秘跡、すなわち洗礼、聖体、および他のこうした秘跡の行為はそのようなものである。

これにたいして、第二に恩寵の誘発[594] instinctus gratiae によって生ぜしめられる外的行為がある。そして、これらについても何らかの相違に注目しなければならない。というのも、或る外的行為は内的恩寵——それは愛によって働く信仰に存する——にたいして必然的な一致もしくは反対・対立(の関係)を有するからである。そして、こうした(595)外的行為は新法において命令あるいは禁止されているのであって、たとえば信仰の告白 confessio fidei は命令され、信仰の否認は禁止されている。というのも『マタイ福音書』第十章(第三十二節)において「私を人々の前で告白する者があれば、私もまたその者を御父の前で告白するであろう。しかし、私を人々の前で否認する者があれば、私もその者を御父の前で否認するであろう」と言われているからである。——これにたいして、愛によって働く信仰にたいして何ら必然的な反対・対立ないし一致をふくまないような他の諸行為がある。そして、こうした行為は新法においては法が最初に制定された際には命令ないし禁止されてはいないのであって、むしろ立法者*b、すなわちキリストによって、各人にたいして、それぞれが為すべき配慮に応じてゆだねられているのである。このようなわけで、このような行為に関して自ら何を為し、あるいは避けるのが最善であるのかを確定することは各人にとって自由であり、またこうした行為に関して、自らの従属者のためにこうしたことがらにおいて何を為し、あるいは避けるべきかを規定することも各々の上長にとって自由なのである。(596) ここからして、この点に関してもまた福音の法は「自由の法(597)」と呼ばれる。というのも、旧法は多くのことがらを確定しており、その確定を人々の自由にゆだねたことがらは僅かだったからである。

㈠については、それゆえ、こう言うべきである。神の国 regnum Dei は主要的に言って内的行為に存する。しかし帰結としては、それなしには内的行為が成立しえないようなすべてのことがらもまた、神の国に属する。したがって、もし神の国が内的な正義 interior justitia、平和 pax であり、霊的悦び gaudium spirituale であるならば、正義あるいは平和、もしくは霊的悦びと相容れないようなすべての外的行為は、必然的に神の国と相容れないものであり、したがって神の国の福音においては禁止されるのでなければならない。これにたいして、たとえば、あれこれの食物を食べる、といったことのように、これらの内的行為にたいして中立的な関係にあることがらは、神の国とはかかわりがない。ここからして、使徒パウロは始めに「神の国は食べたり飲んだりすることではない」とのべているのである。*c

㈡についてはこう言うべきである。アリストテレスが『形而上学』第一巻(982b26)でのべているところによると、「おのれ自らのために在るところの者が自由である」。(598) それゆえに、自分自身からして ex seipso 為すところの者が或ることを自由に為すのである。しかるに、人が自らの自然本性に適合する習慣からして為すところのことは、(599) 自分自身からして為している。なぜなら、習慣は自然本性の仕方で傾かしめるからである。しかるに、もし習慣が自然本性に反するものであったならば、人は自らがそれであるところのものに即してではなく、自らにふりかかった何らかの腐敗[600] corruptio に即して行為することになろう。ところで、聖霊の恩寵はわれわれを正しく行為することへと傾かしめるところの、われわれに注入された習慣のようなものであるから[601]、われわれをして恩寵に適合することがらを自由に為さしめ、また恩寵に反することがらを避けしめるのである。

このようなわけで、新法は二つの仕方で自由の法と呼ばれる。第一に、それ自体として救いのために必要もしくは救いに反することがら——それらは法の命令あるいは禁止にふくまれる——を除いては、われわれをして何ごとかを為し、あるいは避けるように拘束しないがゆえにである。第二に、こうした命令あるいは禁止さえも[*d]、われわれがそれらを恩寵の内的誘発 instinctus interior によって成就するかぎりにおいて、われわれをして自由に全うせしめるがゆえにである。そして、これら二つのことのゆえに『ヤコブの書翰』第一章（第二十五節）において、新法は「完全な自由の法[602]」lex perfectae libertatis と呼ばれているのである。

㈢についてはこう言うべきである。新法は心を無秩序な動きにたいして抑制するにさいして[*e]、内的な動きの結果であるところの無秩序な行為にたいしても手を抑制しなければばならないのである。
＊a　レオ版は hac を補足、ピオ版は省略。
＊b　レオ版の読みに従う。ピオ版は「或る人が或る人のために配慮しなければならないのに即して」secundum quod aliquis alicujus curam gerere debet。
＊c　ピオ版は etiam を付加、レオ版は省略。
＊d　レオ版は etiam を付加、ピオ版は省略。
＊e　レオ版は cohibendo、ピオ版は prohibendo。

第二項　新法は外的行為を充分な仕方で秩序づけていたか

第二については次のように進められる。——新法は不充分な仕方で insufficienter 外的行為を秩序づけていた、と思われる。なぜなら

(一)『ガラテヤ人への書翰』第五章(第六節)「キリスト・イエスにおいては割礼も無割礼も何の価値もなく、愛によって働く信仰こそ価値がある」によると、新法に主要的に

属するのは愛によって働く信仰であるように思われる。しかるに、新法は旧法においては解明されていなかった何らかの信ずべきこと、たとえば三位一体の信仰に関することを解明した。それゆえに、旧法においては確定されていなかった何らかの外的な倫理的行為をも付加すべきであった。

㈡　前述のように(第百一問題第四項、第百二問題第四項)、旧法においては諸々の秘跡 sacramenta のみでなく、何らかの聖物 sacra もまた制定されていた。しかるに、新法においては何らかの秘跡は制定されているが、いかなる聖物、たとえば或る神殿もしくは器物の聖化、あるいはまた或る祝われるべき祝祭 solemnitas にかかわることがらも主キリストによって制定されなかったように思われる。それゆえに、新法は不充分な仕方で外的行為を秩序づけていた。

㈢　さきに旧法の祭儀的規定を考察した際にのべたように(第百一問題第四項、第百二問題第六項)、旧法においては神の役務者 minister にかかわる何らかの(遵守されるべき)慣例 observantia が存在していたように、(一般の)民にかかわる何らかの慣例も存在していた。しかるに『マタイ福音書』第十章(第九節)「あなたがたの帯の中に金貨も銀貨も銅貨ももってはならない」、およびそれに続いて言われている他のことがら、さらに『ルカ福音書』第九および十章において言われているところからあきらかなように、新法においては神の役務者たちに何らかの守るべき慣例が与えられているように思われる。それゆえに、新法においては信徒にかかわる何らかの慣例も定められるべきであった。

(四)　旧法においては倫理的および祭儀的掟の他に、何らかの司法的掟が存在した。しかるに、新法においては何らの司法的掟も提示されていない。それゆえに、新法は外的行為を不充分な仕方で秩序づけていたのである。

しかし、その反対に、主キリストは『マタイ福音書』第七章(第二十四節)において「この私の言葉を聞いて実行する者は皆、岩の上に家を建てた賢明な人にたとえられる」と語っておられる。しかるに、賢明な建築家は建物に必要なことがらのうち何一つ見落とすことはない。それゆえに、キリストの言葉において人間の救いにかかわるすべてのことが充分な仕方で提示されている。

私は答える——。

前述のように(第一項)、新法は外的なことがらにおいて、われわれがそれによって恩寵へと導かれることがら、もしくは恩寵の正しい行使に必然的に属するところのことがらのみを命令、あるいは禁止すべきであった。そして、われわれは恩寵をわれわれからして ex nobis 取得することはできず、キリストを通じてのみ per Christum solum 取得することができるのであるから、主キリストはわれわれがそれを通じて恩寵を取得するところの秘跡⑹⓪⑶を自ら制定し給うたのである。すなわち、かれは洗礼 baptismus、聖体 eucharistia、使徒たち、および七十二人の弟子を任命することによる、新法の役務者たちの品級 ordo、悔悛 poenitentia、および不可離の婚姻 matrimonium indivisibile の秘跡を制定し給うた。さらにまた聖霊の派遣を通じて堅信 confirmatio をも約束された。またかれが定め給うたところに従って使徒たちは病者に油を塗って癒した、と『マルコ福音書』第六章（第十三節）に記されているのを読むのである。(604) これらが新法の秘跡である。

他方、恩寵の正しい行使は愛徳の行為による。ところで、それら愛徳の行為は、それらが徳の必要条件 necessitas virtutis であるかぎりにおいては倫理的掟に属するのであるが、それらの掟は旧法においても規定されていた。したがって、この点に関しては新法は、外的な為すべきことがらについては、旧法に何ら付け加える必要はなかったのである。――これにたいして、前述のように（第九十九問題第四項）、前記の行為を神の礼拝との関係において確定することは律法の祭儀的掟に属することであり、隣人との関係において確定することは司法的掟に属することである。したがって、これらの確定はそれ自体において内的恩寵――新法はそれに存する――の必要条件ではないので、それらは新法の掟の下《もと》にはふくまれず、むしろ人間的決定にゆだねられている。すなわち、個別的に各人に属することがらは従属者たち（の決定）にゆだねられ、他方、共同の福祉にかかわることがらは現世的ないし霊的な上長（の決定）にゆだねられているのである。

したがって、新法は秘跡、および「殺してはならない」「盗んではならない」などのように、それ自身からして徳の本質側面に属するところの倫理的掟の外には、いかなる外的行為をも命令もしくは禁止するという仕方で確定する必要はなかったのである。(605)

(一)については、それゆえ、こう言うべきである。信仰に属することがらは人間的理性を超えている。したがって、われわれは恩寵によらないではそれらに到達することはできない。したがって、より豊かな恩寵がもたらされるようになると、より多くの信ずべきことがらが解明されることが必要であった。しかし、われわれが徳の諸行為へと導かれるのは自然的理性 ratio naturalis――それは前述のように（第十九問題第三項、第六十三問題第二項）、人間的行為の何らかの規準である(606)――によるのであり、したがってそれらにおいては理性の命令 dictamen rationis に属するところの律法の倫理的掟を超えて、何らかの掟が与えられる必要はなかったのである。

㈡についてはこう言うべきである。新法の諸々の秘跡においては恩寵――それはキリストからのみ来る――が与えられるのであり、したがってそれらはキリストによって制定されなければならなかった。しかし諸々の聖物においては――たとえば神殿、祭壇ないし他のこの種のものの祝別 consecratio、あるいは諸々の祝祭を祝うこと自体においてさえ――何らの恩寵も与えられない(607)。したがって、これらのものはそれ自体において内的恩寵の必要条件に属するものではないがゆえに、主キリストは信徒たちに自らの決定によってそれらを制定することをゆだね給うたのである。

㈢についてはこう言うべきである。主キリストはこれらの掟を祭儀的慣例としてではなく、倫理的規定として使徒たちに与えられたのである。そして、それらは二つの仕方で理解することが可能である。第一に、アウグスティヌスが『福音書記者の一致について』第三十章(PL34, 1114)においてのべているところに従って、掟としてではなく、許可 concessio として。というのも、主キリストはかれらにたいして旅行袋、杖、および他のその種のものをもたずに宣教の職務を果たすために出発してもよい、と許可されたからである――いわば宣教を受ける人々から生活の資を受け取る権能を有する者として。このゆえに、「働く人が生活のかてを得るのは当然だからである」(第十節)と付言されたのである。とはいえ、パウロがそうしたように(『コリント人への第一書翰』第九章(第四節以下〕)、福音の宣教を受けた人々から費用を受け取るのではなく、宣教の職務を遂行するにさいして生活を支えるために自分のものをたずさえる者は、罪を犯すのではなく、むしろ義務以上のことを為している(608) supererogare のである。

第二に、他の聖者たちの(609)解説にもとづいて、キリストの受難に先立って使徒たちが宣教のためにユダヤに派遣された時期に関してのみかれらに与えられた、一時的な規定であるとして理解されることも可能である。というのも、自分の上長の下にあるすべての者と同じように、弟子たちはいわばまだキリストの配慮の下にある幼児のような者として、キリストから何らかの特別な教導を受けとる必要があったからである――とりわけ、かれらは現世的なことがらへの心遣いを捨て、それによって福音を全世界に宣べ伝えることができる者となるように、徐々に訓練されなければならなかったからである。また主キリストが、まだ旧法の状態が存続していて、いまだ霊の完全な自由に到達していない人々のために、何らかの明確な生き方を規定されたとしても驚くべきことではない。ところで、かれはこれらの規定 statuta を、受難の直前に、いわばすでにそれらの規定によって充分に訓練を受けたところの弟子たちから取り除き給うたのである。ここからして、『ルカ福音書』第二十二章〔第三十五節以下〕において次のように言われている。「(イエスが弟子たちに《私が財布も袋も靴ももたせずにあなたたちを遣わしたとき、何か不足したものがあったか》(と仰せになると)、かれらは《いいえ、何もありませんでした》と答えた。そこでイエスはかれらに仰せられた。《しかし今は、財布をもっている者はそれを手にとり、袋も同様にしなさい》。」というのも、それ自体として徳の必要条件 necessitas virtutis に属しないことがらについては、かれらが完全に自らの決定にゆだねられるべき、完全な自由の時がすでに迫っていたからである。

㈣についてはこう言うべきである。司法的掟もまた、それ自体として考察した場合、こうした(特殊的)確定(610) determinatio に関するかぎり徳の必要条件に属するのではなく、ただ正義の共通的側面に関してのみ然りである。したがって、主キリストは司法的掟を、霊的にせよ、現世的にせよ、他の者のために配慮すべきであった人々の処置にゆだねられたのである。しかし、後にのべるように(第三項第二異論解答)、旧法の司法的掟に関しては、ファリサイ派の人々の間違った解釈のゆえに何らかの説明を為し給うたのである。

* ピオ版は opera を追加、レオ版は省略。

第三項　新法は人間を内的行為に関して充分な仕方で秩序づけたか

第三については次のように進められる。——新法は内的行為(611)に関して人間を不充分な仕方で insufficienter 秩序づけていた、と思われる。なぜなら

(一)　人間を神と隣人に秩序づける十戒 decalogus の掟は十個である。しかるに、主キリストはそれらのうちの三個のみについて、すなわち、殺人の禁止、姦淫の禁止、および偽りの宣誓(612) perjurium の禁止に関してのみ何らかの補完をされた。それゆえに、他の掟についての補完を見落としておられるところから、人間を不充分な仕方で秩序づけ給うたように思われる。

(二)　主キリストは福音において、妻の離縁、同害復讐的な刑罰、および敵を迫害することに関するものを除けば、司法的掟については何らの規定も定め給わなかった。しかし、前述のように(第百四問題第四項、第百五問題)、旧法には他にも多くの司法的掟がふくまれている。それゆえに、この点に関しては、主キリストは不充分な仕方で人々の生活

を秩序づけ給うた。

(三)　旧法においては倫理的および司法的掟の他に何らかの祭儀的掟が見出されたが、主キリストはそれらに関しては何らの秩序づけも為し給わなかった。それゆえに、不充分な仕方で秩序づけを為し給うたように思われる。

(四)　精神の善い内的状態 interior bona mentis dispositio に属するのは、いかなる現世的目的のためにも善い業を行うことをけっしてしない、という態度である。しかるに、人間的好意 favor humanus の他にも多くの現世的な善があり、また断食、施し、祈りの他にも多くの善き業がある。それゆえに、主キリストがこれら三つの業に関してのみ人間的好意という名声⑹³ gloria を避けるように教え、他の地上的善について何ら言及されなかったのは不適切 inconveniens であった。

(五)　生きるために自分が必要とする事物に関して思い煩う⑹⁴ sollicitare ことは自然本性的に人間に植えつけられていることであり、その思い煩いにおいては他の諸々の動物も人間と合致しているのである。ここからして、『箴言《しんげん》』第六章（第六、八節）において、「怠け者よ、蟻《あり》の所へ行ってそのやり方を見よ。⑹⁵*a 蟻は夏の間に自分のために食物を準備し、刈り入れのときに食物を集める」と言われている。しかるに、自然本性の傾向性に反して与えられるところの掟はすべて、自然法に反するものであるかぎりにおいて⑹⁶邪悪である。それゆえに、主キリストが食べる物や着る物についての思い煩いを禁止されたのは不適切であるように思われる。

(六)　いかなる徳の行為も禁止されるべきではない。しかるに、『詩篇』第九十三(第十五節)「正義が裁きの形をとるにいたるまで」によると、裁きjudiciumは正義(の徳)の行為である。(617)それゆえに、主キリストが裁きを禁じ給うたのは不適切であるように思われる。このように、新法は内的行為に関して人間を不充分な仕方で秩序づけたように思われる。

しかし、その反対に、アウグスティヌスは『主の山上説教について』第一巻第一章(PL34, 1231)において次のようにのべている。「主キリストが《私のこれらの言葉を聞く者》と仰せられたとき、主キリストのこの説教は、それによってキリスト信者の生活が形成されるところの、すべての掟に関して完全なものであることを、充分に表示されていることに注意すべきである。」

私は答える——。

右に引用したアウグスティヌスの権威ある言葉からしてあきらかなように、主キリストが山上で行われた説教（『マタイ福音書』第五―七章）はキリスト信者の生活の秩序づけの全体 tota informatio をふくんでいる。そこにおいて人間の内的行為は完全に秩序づけられているのである。というのは、かれは至福という目的について言明し、福音の教えを公布すべき使徒たちの尊厳を推賞した後で、人間の内的な運動を、第一に自分自身に関するかぎりにおいて、次に隣人にかかわるかぎりにおいて秩序づけ給うているからである。

ところで、自分自身に関しては、為すべきことがらに関する人間の二つの内的な運動、すなわち*b為すべきことがらについての意志(618) voluntas と目的についての意図(619) intentio とに即して、二つの仕方で秩序づけが為されている。ここからして、第一に人間の意志を律法の様々の掟に即して秩序づけ給うている――すなわち、人はたんに自体的に悪であるところの外的行為をひかえるだけでなく、そうした内的行為ならびに悪の機会となることがらをも避けるべきである、という仕方で。――次に、われわれは自らが為す善きことがらにおいて人間的名声をも、またこの世の富――それは地上に宝を積む(620)ことである――をも追求すべきではない*c、と教えることによって、人間の意図を秩序づけ給うているのである。

他方、その後で人間の内的な動きを隣人との関係において秩序づけ給うている――すなわち、われわれは隣人を性急に temerarie、あるいは不正に injuste、もしくは僭越《せんえつ》な仕方で(621) praesumptuose 裁いてはならないが、またそれにふさわしくないのに聖なることがらを委託するというふうに、隣人にたいしてゆるやか過ぎてもならない、という仕方で(622)。

ところで、最後に福音の教えを完全に実行する方法を教え給うている——すなわち、それは神の扶助を祈願し(623)、完全な徳という狭い門から入るように努力し(624)、誘惑者によって堕落させられることのないように用心することによってである(625)。また、主キリストは徳に達するためにはかれの戒めを遵守することが必要であって、たんに信仰を告白し、あるいは諸々の奇跡を行い、たんに(かれの言葉を)聞くだけでは充分ではないことを教え給うているのである(626)。

㈠については、それゆえ、こう言うべきである。主キリストは、律法学者やファリサイ派の人々が正しい理解を有していなかったところのかの律法の掟に関して補完を為し給うたのである。そして、このことはとりわけ十戒の三つの掟に関して生じていた。というのも、かれらは姦淫と殺人の禁止に関してたんに外的行為のみが禁止されていて、内的な欲求が禁止されているとは考えなかったからである。かれらはそのことを盗みあるいは偽りの証言についてよりは、むしろ殺人と姦淫についてより信じた。なぜなら殺人へと向かう怒りの動き、および姦淫へ向かう欲情の動きは或る意味で自然本性からしてわれわれのうちに存在する nobis a natura inesse ように思われるのにたいして、宣誓をしたり、偽りの証言 falsum testimonium をしようとする欲求はそうではないからである。——偽りの宣誓 perjurium に関してかれらは間違った理解を有していた——つまり、偽りの宣誓はたしかに罪であると信じていたが、宣誓 juramentum は神への崇敬に属すると思われたところから、それ自体として欲求すべきものであり、しばしば為すべきことであると信じていたのである。したがって主キリストは、宣誓は善きこととして欲求すべきものではなく、必要不可欠でなければ宣誓をしないで語るほうがよりよいことを示されたのである。

(二)についてはこう言うべきである。司法的掟に関して律法学者とファリサイ派は二重の仕方で誤りに陥っていた。すなわち、第一にモーセの律法においては許可 permissio という意味で定められていたことがらを、それ自体として正しいことがら per se justum であると思いこんだからである。すなわち、妻を離縁すること、他国人から利子 (627)
usura をとること、がそれにあたる。このゆえに、主キリストは『マタイ福音書』第五章(第三十二節)において妻を離縁することを禁止し、『ルカ福音書』第六章(第三十五節)において「何も当てにしないで貸してやりなさい」と言って、利子を受け取ることを禁止し給うたのである。

第二に、かれらは旧法が正義のゆえに為すべきこととして制定した何らかのことがらを、復讐への願望からして、あるいは現世的物財への貪欲《どんよく》cupiditas、もしくは敵への憎しみからして実行すべきであると信じこむことによって、誤りに陥った。そして、このことは三つの掟において見出される。すなわち、かれらは同害復讐の刑罰を規定している掟のゆえに、復讐を欲求することは正当であると信じた。しかし、この掟は人が復讐を追求するためにではなく、正義が保持されることを目指して規定されたのである。したがって、主キリストはこの誤りを除去するために、人の心はもし必要だったならばより多くの苦しみを被る覚悟がなければならない、と教え給うのである。――これにたいして、前述のように(第百五問題第二項第九異論解答)、取り去られた物財の返還はそのものに何らかのものを付加した上で為すことを命じている司法的掟があるので、かれらは貪欲の(内的な)動きは正当なものであると考えた。ところで、このことを律法が命じたのは正義を保持するためであって、貪欲に場所を与えるためではなかったのである。このゆえに、主キリストはわれわれは自らの貪欲のゆえに返還を求めるべきではなく、むしろ必要であればより多くのものを与える心構えをもつべきことを教え給うたのである。

──しかるに、憎しみの(内的な)動きについては、敵を殺すことを命じている律法の掟のゆえに、かれらはそれが正当なものであると信じた。ところで、律法がそのことを規定したのは、前述のように(第百五問題第三項第四異論解答)、正義を成就するためであって、憎しみを満足させるためではなかった。このゆえに主キリストは、われわれは敵にたいしても愛をもつべきこと、そして必要な場合には親切にさえふるまう心構えをもつべきことを教え給うた。というのも、これらの掟はアウグスティヌスが*d『主の山上説教について』第一巻第十九章(PL34, 1260)において解説しているように、「心構えという意味で」secundum praeparationem animi 受けとめるべきだからである。

(三)についてはこう言うべきである。(律法の)倫理的掟は新法において全面的に存続すべきであった。なぜなら、それ自体において徳の本質側面 ratio virtutis に属していたからである。しかし、司法的掟は律法が確定した仕方に従って必然的に存続したのではなく、それがどのような仕方で確定されるべきかは人々の決定にゆだねられた。このゆえに、主キリストはこれら二つの種類の掟に関してわれわれを適切な仕方で秩序づけ給うたのである。他方、祭儀的掟の遵守はことがらが成就されたことによって、全体的に廃棄された。したがって、この種の掟に関しては(山上の説教という)かの共通的な教えにおいては何ごとも秩序づけ給わなかった。しかし、他の箇所においては、律法において確定された外形的な礼拝 cultus corporalis の全体が霊的礼拝へと変容せしめられるべきことを示し給うているのであって、そのことは『ヨハネ福音書』第四章(第二十一、二十三節)において次のように仰せられたところからあきらかである。「この山でも、エルサレムでもない所であなたがたが御父を礼拝する時が来る。しかし、まことの礼拝者は御父を霊と真理において礼拝するであろう。」

(四)についてはこう言うべきである。『ヨハネの第一書翰』第二章(第十六節)によると、この世のすべての事物は三つのもの、すなわち名誉 honor、富 divitiae、快楽 deliciae に還元される。すなわち、「この世にあるすべてのものは肉の欲である」と言われているのは肉の快楽に属し、「目の欲」と言われているのは富、「そしておごりたかぶった生活」と言われているのは名声と名誉への野心 ambitus に属する。しかるに、律法は過剰な肉の快楽を約束したのではなく、むしろ禁止した。他方、名誉の高揚と富の満ちあふれは約束したのであって、その前者に関しては『申命記』第二十八章(第一節)に「もし、あなたがあなたの神、主の御声に聞き従うなら、かれはあなたをすべての国々の上に高くあげられよう」と言われており、後者に関してはすぐ後のところで(第十一節)「かれはあなたをすべての善きもので豊かに満たして下さる」と付け加えられている。しかるに、ユダヤ人たちはこれらの約束を、あたかもそれらが目的であるかのように、それらのゆえに神に奉仕すべきであるというふうに曲解した。そこで主キリストは、第一に、徳の[*e]行為は人間的名声のために為すべきものではない、と[*f]教えることによってこの誤りを除去し給うている。そして、それへと他のすべての行為が還元されるところの、三つの行為を提示し給う。というのも、或る人が自らの欲情に関して自分自身を抑制するために為すところのすべてのことは断食[628] jejunium に還元され、また隣人への愛のために為すことはすべて施し[629] eleemosyna に、そしてまた神の礼拝のために為すことはすべて祈り[630] oratio に還元されるからである。ところで、主キリストがこれら三つを特に提示されたのはいわば三つの主要なものとしてであり、また人々がそれによって名声を追い求めるならわしであるところのものとしてである。——第二に、主キリストは『マタイ福音書』第六章（第十九節）において「あなたがたは自分のために地上に宝を積んではならない」と仰せられたときに、われわれは富をわれわれの目的としてはならないことを教え給うたのである。

㈤についてはこう言うべきである。主キリストは必要不可欠な思い煩いではなく、秩序なき思い煩いを禁じ給うた。ところで、現世的なことがらに関しては、思い煩いが四つの仕方で秩序から外れることを避けなければならない。すなわち、第一に、現世的なことがらをわれわれの目的として追求したり、あるいは食物や着る物など必要なものを手に入れるために神に奉仕することを避けなければならない。ここからして、主キリストは『マタイ福音書』第六章(第十九節)において「あなたがたは自分のために地上に宝を積んではならない」と仰せられている。——第二に、われわれは神的扶助に絶望するような仕方で現世的なことがらについて思い煩いをしてはならない。ここからして、主キリストは『マタイ福音書』第六章(第三十二節)において「あなたがたの御父はあなたがたがこれらのもののすべてを必要とすることを知っておられる」と仰せられている。——第三に、人が神的扶助なしにも、自らの思い煩いによって生活に必要なものを確保できると確信するほどに、思い煩いが慢心的 praesumptuosa になってはならない。このような誤りを主キリストは『マタイ福音書』第六章(第二十七節)において「人は(思い煩ったからといって)自分の身長をいくらかでも伸ばすことはできない」と言うことによって除去し給うている。——第四に、人は現時点で配慮すべきことではなく、将来において配慮すべきことがらについて、今、思い煩うことによって、思い煩いの時を先取りしてはならない。ここからして、主キリストは『マタイ福音書』第六章(第三十四節)において「明日のことを思い煩ってはならない」と仰せられている。

(六)についてはこう言うべきである。主キリストは、それなしには聖なる事物がふさわしからぬ者どもから取り上げられることが不可能になるような、正義の裁き judicium justitiae を禁止しておられるのではない。そうではなくて、前述のように（本項主文）、秩序を外れた inordinatum 裁きを禁止し給うているのである。

＊a　レオ版の読みに従う。ピオ版は「（蟻は）司も支配者もいないが」quae cum non habeat praeceptorem vel ducem を補足。
＊b　レオ版は qui、ピオ版は quae。
＊c　レオ版の読み docens に従う、ピオ版は「告げる」dicens。
＊d　レオ版は si opus fuerit、ピオ版は si necesse fuerit。
＊e　レオ版は virtutis、ピオ版は virtutum。
＊f　レオ版の読み docens に従う。ピオ版は「示す」ostendens。

第四項　新法においては何らかの明確な勧告が適切な仕方で提示されているか

第四については次のように進められる。(631)——新法において何らかの明確な勧告 consilium determinatum は不適切な仕方で提示された、と思われる。なぜなら

㈠　勧告は、さきに勧告について考察した際に言われたように（第百四問題第二項）、目的にたいして有益・適当である expediens ようなことがらについて与えられる。しかるに、同じことがすべての者にとって有益・適当であるのではない。それゆえに、或る明確な勧告がすべての者にたいして提示されるべきではない。

㈡　勧告はより大いなる善について与えられる。しかるに、より大いなる善について明確な段階というものはない。それゆえに、或る明確な勧告が与えられるべきではない。

㈢　勧告は生活の完全性 perfectio vitae に属する。しかるに、従順 obedientia は生活の完全性に属する。それゆえに、福音において従順についての勧告が与えられていないのは適切ではない。

㈣　生活の完全性に属する多くのことがらが掟のうちに数えられているのであって、たとえば『マタイ福音書』第五章（第四十四節）において「あなたがたの敵を愛しなさい」と言われていること、および『マタイ福音書』第十章において主キリストが使徒たちに与え給うた掟も然りである。それゆえに、すべてが枚挙されているのではないこと、さらにまた掟から（勧告が）区別されてもいないことのゆえに、新法において勧告は不適切な仕方で与えられている。

しかし、その反対に、『箴言』第二十七(第九節)「心は香油と様々の香りを悦び、魂は友の善き勧告によって力づけられる」によると、賢明な友の勧告は大きな利益をもらしてくれる。しかるに、キリストは最も賢明にして最大の友である。それゆえに、かれの勧告は最大の利益をふくみ、適切なものである。

私は答える――。

勧告 consilium と掟 praeceptum との違いは、掟が(必ず守らなければならぬという)必然性をふくむのにたいして、勧告はそれを受ける者の選択 optio にゆだねられているということである。したがって、自由の法である新法においては掟の上に勧告が加えられたのにたいして、隷属の法であった旧法においては加えられなかったことは適切であった。それゆえに、新法の諸々の掟は永遠の至福という目的――新法はそれへと人々を直接的に導き入れるのであるが――に到達するために必要とされることがらについて与えられている、と理解しなければならない。これにたいして、諸々の勧告はそれによって人がより優れた melius、より迅速な仕方で expeditius 前述の目的に到達しうるようなことがらにかかわるものでなければならない。

しかるに、人間はこの世界の事物と、そのうちに永遠の至福が存する霊的な善きものとの間に位置づけられているところから、かれがそれらの一方に密着すればするほど、それだけ他のものからは遠ざかることになるのであって、その逆も真である。(632) それゆえに、この世界の事物を自らの目的として追求し、それらをいわば自らの働きの理由 ratio とも規準 regula ともするような仕方で、それらに全面的に密着する者は、霊的な善きものから完全に脱落してしまうことになる。したがって、このような無秩序 inordinatio が掟によって除去されるのである。――しかし、人がこの世に属する事物を全面的に totaliter 斥《しりぞ》けることは、前述の目的に到達するために必要不可欠ではない。なぜなら、人はこの世界の事物を――それらを自分の目的として追求しないかぎり――使用しつつ、永遠に至福に到達することができるからである。しかしながら、かれはこの世界の善きものを完全に放棄することによって、より迅速に(永遠の至福に)到達するであろう。したがって、このことに関して福音の勧告 consilium Evangelii が与えられているのである。

ところで、人間生活において使用されるところのこの世界の善きものは三つのことがらに存する。すなわち「目の欲」に属するところの外的物財の富、「肉の欲」に属するところの肉体的快楽、および「おごりたかぶった生活」に属するところの諸々の名誉に存するのであって、そのことは『ヨハネの第一書翰』第二章(第十六節)においてあきらかなごとくである。しかるに、これら三つのものを可能なかぎりにおいて完全に放棄することが福音的勧告 consilia evangelica に属する。さらに、完全な徳の状態 status perfectionis を宣言するところのすべての修道生活㉝ religio もまたこれら三つの勧告にもとづいている。というのも、清貧 paupertas によって富が、終生貞潔 perpetua castitas によって肉の快楽が、従順なる従属 obedientiae servitus によって生活のおごりたかぶりが拒否されているからである。

ところで、これらの勧告を無条件的に遵守することが、無条件的な仕方で提示された勧告に対応することである。これにたいして、それらの勧告のうちのいずれか一つを、或る特定の場合において遵守することは、或る限られた意味での勧告、すなわち当該の場合における勧告に属することである。たとえば、或る人が貧者に義務的ではないところの何らかの施し*を与えてやるとき、かれはそこで為されたことに関するかぎりにおいて勧告に従っている。また同様に、或る人が祈りに専念するために或る一定の時期の間、肉体的快楽を断念するとき、かれはその時間に関するかぎり勧告に従っている。同様にまた、或る人が為すことを許されている何らかのことがらにおいて自らの意志をおし通さないとき、たとえばそのことが義務ではない場合に敵にたいして親切にふるまい、あるいは正当に復讐を要求しうる場合に自分が受けた害悪を許してやるとき、かれはその場合に関して勧告に従っているのである。このように、すべての特殊的な勧告 consilia particularia もまた、これら三つの一般的で完全な勧告に還元されるのである。

(一)については、それゆえ、こう言うべきである。前述の諸勧告は、それ自体に関するかぎり、すべての者にとって有益・適当なものである。しかし、或る者における態勢の欠如 indispositio からして、或る者にとっては有益・適当ではない、ということがありうる。なぜなら、かれらの情意はこのようなことがらへの傾きを有していないからである。このことのゆえに、主キリストは福音的勧告を提示するにあたって、常に勧告の遵守にたいする人々の適応性 idoneitas に言及し給うのである。というのも、『マタイ福音書』第十九章（第二十一節）において、終生清貧の勧告を与えるにあたって、かれは前もって「もしあなたが完全になりたいなら」と言われ、そして後で「行って、あなたの持ち物をすべて売りなさい」と付け加え給うのである。同様に、『マタイ福音書』第十九章（第十二節）において「天の国のために進んで結婚しない者もある」と告げて、終生貞潔の勧告を与えるにあたって、ただちに「これを受けいれることができる者は受けいれよ」と付け加え給うている。また同様に使徒パウロも『コリント人への第一書翰』第七章（第三十五節）において純潔(634) virginitas の勧告を与えた後で、「私がこのことを言うのはあなたがた自身の益のためであって、あなたがたを束縛するためではない」とのべているのである。

(二)についてはこう言うべきである。より大いなる善は、個々の場合について個別的に見た場合には particulariter in singulis、未確定である。しかし一般的に言えば in universali、無条件的かつ絶対的により大いなる善は、確定されている。そしてこうした善に、前述のように(本項主文)、かのすべての特殊的な善もまた還元されるのである。

(三)についてはこう言うべきである。従順の勧告もまた、主キリストが『マタイ福音書』第十六章(第二十四節)において「(私の後に従いたい者は)私に従いなさい」と仰せになったときに与えられた、と理解される。そして、『ヨハネ福音書』第十章(第二十七節)「私の羊は私の声を聞きわけ、私について来る」によると、われわれはかれの業を模倣することによってのみならず、かれの戒めに従うことによっても、主キリストについて行くのである。

(四)についてはこう言うべきである。『マタイ福音書』第五章および『ルカ福音書』第六章において、主キリストが敵にたいする真の愛 vera dilectio について言われたことがらは、それらが心構え praeparatio animi に関するものと解されるならば、すなわち、人はそのことが必要とされる場合には敵にたいして親切にふるまうとか、その他この種のことをする心構えがなければならない、との意味においては、救いをうるための必要条件である。したがって、それらは掟のうちに数えられている。しかし、前述のように(本項主文)、特別の必要性がない場合において、或る人が迅速に、現実の行為においてこのような愛を敵にたいして示す、ということは特殊な勧告に属することである。――他方、『マタイ福音書』第十章、および『ルカ福音書』第九、十章においてのべられたことがらは、前述のように(第二項第三異論解答)、その時のための或る訓練にかかわる掟、もしくは何らかの容認であった。したがって、それらは勧告として導入されてはいないのである。

＊　レオ版の読み quam に従う。ピオ版は「ときに」quando。

第百九問題（全十項）
恩寵の必要性について

続いて⑮人間的行為の外的根源、すなわち神について、われわれがかれによって、恩寵を通じて、正しく行為することへ向けて扶助されるかぎりにおいて、考察しなければならない⑯。そして、第一に神の恩寵について、第二にその原因について、第三にそれの諸結果について考察しなければならない。

ところで、第一の考察は三つの部分にわかれるであろう。というのも、われわれは第一に恩寵の必要性⑰ necessitas について、第二に恩寵そのものについて、それの本質に関して、第三に恩寵の区分について考察することになるからである。*a

第一の点に関して次の十個のことがらが問題となる。

第一　恩寵なしに人は何らかの真なることを認識しうるか

第二　恩寵なしに人は何らかの善いことを為《な》し、あるいは意志することができるか

第三　人は恩寵なしに神をすべてに超えて愛することができるか

第四　恩寵なしに律法の掟を守ることができるか＊b

第五　恩寵なしに永遠の生命を報いとして得ることができるか

第六　人は恩寵なしに自らを恩寵へと準備することができるか

第七　人は恩寵なしに罪から立ち直りうるか

第八　恩寵なしに人は罪を避けうるか

第九　恩寵を得た人間が、他の神的扶助なしに善を為し、悪を避けることは可能か

第十　自力で善のうちにふみとどまり・堅忍することは可能か

＊a　レオ版は considerabimus、ピオ版は considerabitur。

＊b　ピオ版は「自らの自然本性的な能力によって」per sua naturalia を付加。レオ版は省略。

第一項　人は恩寵なしに何らかの真なることを認識しうるか

第一については次のように進められる。⑹ ――人は恩寵なしにはいかなる真なること verum をも認識しえない、と思われる。なぜなら

(一)『コリント人への第一書翰』第十二章(第三節)「聖霊によらなければ、だれも《イエスは主である》と言うことはできない」について、『アンブロシウス註釈』Glossa Ambrosii⑹は「すべて真なることは、だれによって語られようと、聖霊から来るものである」とのべているからである。しかるに、聖霊は恩寵を通じてわれわれのうちに住み給う。それゆえに、われわれは恩寵なしには真理 veritas を認識することはできない。

(二) アウグスティヌスは『ソリロクィア』第一巻第六章(PL32, 875)において、「諸学のうちで最も確実なるものは、太陽に照明されることによって見られうるものとなるような、そのようなものである。しかるに、照明するのは神御自身である。これにたいして、精神における理性は、眼における視力である。ところで、精神の眼は霊魂の感覚である」とのべている。しかるに、身体の感覚はいかに純粋なものであっても、太陽の照明

なしには何らかの可視的なものを見ることはできない。それゆえに、人間精神はいかに完全であっても、神的照明 illustratio divina――それは恩寵の扶助に属するものである――なしには、推論することによって真理を認識することはできないのである。

㈢　アウグスティヌスが『三位一体論』第十四巻第七章(PL42, 1043)においてのべているところからあきらかなように、人間精神は思考をめぐらせることによってでなければ真理を知解することはできない。しかるに、使徒パウロは『コリント人への第二書翰』第三章(第五節)において、「われわれは、いわば自分の力によるかのように、何ごとかを自分で思考するのに充分なる者ではない」とのべている。それゆえに、人は恩寵の扶助なしに、自分自身によって真理を認識することはできない。

しかし、その反対に、アウグスティヌスは『改訂録』第一巻第四章(640)(PL32, 589)において次のようにのべている。「私は祈りにおいて、《潔き者のみが真なることを知るのを望み給う神よ》とのべたことを是認しない。というのも、潔くないところの多くの者も多くの真なることを知っている、と答えられることが可能だからである。」しかるに、『詩篇』第五十(第十二節)「神よ、私のうちに潔い心をつくり、私のうちに正しい霊を新しくして下さい」によると、人が潔い者たらしめられるのは恩寵による。それゆえに、恩寵なしにも人は自分自身によって真理を認識することが可能である。

私は答える——。

真理を認識することは知的な光 lumen intellectuale の何らかの使用もしくは働きである。なぜなら、使徒パウロが『エフェソ人への書翰』第五章(第十三節)でのべているところによると、「すべてあきらかにされるところのものは光である」からである。しかるに、すべての使用 usus は何らかの運動 motus をふくんでいる——ただし、「運動」という言葉を、アリストテレスが『霊魂論』第三巻(429b25; 431a4)でのべているところからあきらかなように、知性認識することや意志することも何らかの運動であると言われる場合のように、広い意味に解した上でのことであるが。(641) しかるに、われわれは物体的事物において、運動が成立するためには、運動あるいは働きの根源である形相そのもの ipsa forma だけではなく、(642) 第一の動者の発動 motio も必要であることを見てとる。しかるに、物体的事物の領域における第一の動者は天体(643) corpus caeleste である。ここからして、火がいかほど完全な熱をもっていようとも、天体の発動によることなしには変化を生ぜしめることはない。しかるに、すべての物体的運動が天体の運動へと、第一の物体的動者へと向かう仕方で還元せしめられるように、物体的と霊的をふくめてのすべての運動は端的な意味での第一の動者[644]、すなわち神へと還元せしめられる。したがって、何らかの物体的あるいは霊的本性を有するものがいかほど完全なものとされようとも、神によって動かされることなしには自らの働きへと進むことはできない。ところで、この(神による)発動は神の摂理[645]の理念 ratio providentiae にもとづくものであって、天体による発動のように、自然本性の必然性にもとづくものではない。しかるに、すべての運動が第一の動者としての神に由来するのみでなく、すべての形相的完全性もまた第一の現実態としての神に由来する。したがって、知性ならびにあらゆる被造的なる存在者の働きは二つの点に関して神に依存している。すなわち、第一に、それによって働きを為すところの形相[*a]を神から得ているかぎりにおいて。第二に、神によって働きへと動かされるかぎりにおいて。

ところで、神によって被造物に賦与された形相は或る確定された働き actus determinatus に関して有効性 efficacia を有するのであって、被造物はそうした働きを自らの固有性にもとづいて為すことができるのである。しかし、それを超えて働きを為すことは何らかの追加された形相によることなしには不可能であって、たとえば水は火によって熱せられることなしには熱することはできないのである。このようなわけで、人間知性は何らかの形相、すなわち可知的な光そのもの ipsum intelligibile lumen を有しており、これはそれ自体によって、何らかの可知的なもの、すなわち、それの認識へとわれわれが可感的なものを通じて到達しうるところのもの(646)を認識するには充分である。しかし、人間知性はより強い光、たとえば信仰もしくは預言(647) prophetia の光によって完成されることなしには、より高次の可知的なものを認識することはできない。ところで、その光は自然本性にたいして付加されたものであるかぎりにおいて、「恩寵の光」lumen gratiae と呼ばれる。

したがって、人はいかなる真なることを認識することのためにも――知性がその働きへと動かされるのは神によるかぎりにおいては――神的扶助を必要とする、と言わなければならない。しかし、あらゆることがらにおいて真理を認識するために、自然本性的照明に付加された新しい照明 nova illustratio を必要とするのではなく、自然本性的認識を超える何らかのことがらにおいてのみである。(648)――とはいえ、時として神は、或る人々を自然的理性によって認識されうるようなことがらに関しても、その恩寵によって奇跡的な仕方で(649) miraculose 教導し給うことがある(650)――それは時として自然が為しうることがらを奇跡的な仕方で為し給うのと同様である。

(一)については、それゆえ、こう言うべきである。すべて真なることは、だれによって語られようと、聖霊からであるのは、聖霊が自然本性的なる光を注入し、真理を知解し、語ることへと動かす者であるかぎりにおいてであって、[651] 成聖の恩寵[652](神意に適せしめる恩寵) gratia gratum faciens によって(われわれのうちに)住み、あるいは自然本性に付加された何らかの習慣的賜物[653] habituale donum を授ける者であるかぎりにおいてではない。[654] むしろ、この後者は或る特定の認識すべき、また語るべき真なることに関してのみであり、何より第一に信仰に属することがら――使徒パウロはそれらについて語っていた――に関してなのである。

(二)についてはこう言うべきである。物体的太陽は外的に照明するが、神であるところの可知的太陽は内的に照明する。ここからして、霊魂に賦与されている自然本性的な光そのものは神の照明であり、それでもってわれわれは自然的認識に属することがらを認識するように神によって照明されるのである。そして、このことに関して他の照明は必要とされないのであり、ただ自然的認識を超えることがらに関してのみ必要とされるのである。[655]

(三)についてはこう言うべきである。われわれはいかなることを思考するためにも、常に神的扶助を必要とする。それは、知性を働きへと動かし給うのは神であるかぎりにおいてである。[*b] それというのも、アウグスティヌスが『三位一体』第十四巻(PL42, 1043)でのべているところからあきらかなように、或ることを現実態において知性認識することは思考することだからである。

＊a　ピオ版は「完全性もしくは」perfectionem sive を付加。レオ版は省略。
＊b　レオ版は ipse を補足、ピオ版は省略。

第二項　人は恩寵なしに善を意志し、為すことが可能か

第二については次のように進められる。――人は恩寵なしにも善を意志し、為すことが可能である、と思われる。なぜなら

㈠　人間自身がそれの主人 dominus であるところのこと、そのことはかれのちから potestas のうちにある。しかるに、さきに言われたように（第一問題第一項、第十三問題第六項）、人間はかれの諸々の行為、そして何より第一に、意志するという行為の主人である。それゆえに、人間は恩寵の扶助なしにも自分自身で善を意志し、為すことが可能である。

㈡　いかなるものも自らの自然本性の外にあるところのことにたいしてよりは、自ら

の自然本性に合致しているところのことにたいして、より力あるものである。しかるに、ダマスケヌス[657]が『正統信仰論』第二巻第四章(PG94, 876)においてのべているように、罪は自然本性に反するものである。これにたいして、前述のように(第七十一問題第一項)、罪徳の行為は人間にとって[*a]自然本性に合致するものである。それゆえに、人間は自分自身で罪を犯すことができるのであってみれば、なおさらのこと自分自身で善を意志し、為すことができるように思われる。

㈢　アリストテレスが『ニコマコス倫理学』第六巻(1139a27)においてのべているように、知性の善は真である。しかるに、知性は、他のいかなるものもその自然本性的な働きを自らによって為しうるように、自分自身によって真を認識することができる。それゆえに、なおさらのこと、人間は自分自身によって善を為し、意志することが可能である。

しかし、その反対に、使徒パウロは『ローマ人への書翰』第九章(第十六節)において、「(意志することは)意志する者によるのではなく、(走ることは)走る者によるのではなくて、憐れむ神によることである」とのべている。そして、アウグスティヌスは『矯《きょう》正《せい》と恩寵について』第二章(PL44, 917)において、「人々は恩寵なしには思考においても、意志することや愛すること、あるいは為すことにおいても、まったく何の善も行わない」とのべている。

私は答える――。

人間の自然本性は二つの仕方で考察されることが可能である。第一に、罪を犯す以前において人祖において見出されたように、その十全性⑱ integritas において。第二に、人祖の罪の後において、われわれにおいてそれが堕落させられている corrupta かぎりにおいて⑲。ところで、この両者の状態において人間本性はいかなる善を為し、あるいは意志するためにも、第一動者としての神的扶助 auxilium divinum を必要とするのであって、これは前述のごとくである（第一項）。しかし、十全的本性の状態においては、働きを為すちからが充分であったかぎりにおいて、人はその自然本性的能力 naturalia によって獲得的徳の善のように、自らの自然本性に対比的な proportionatum 善を意志し、為すことが可能であった。ただし、注入的徳の善のように、（自らの自然本性を）超え出る superexcedens 善についてはそうではなかった。これにたいして、堕落した本性の状態においては、人は自らの自然本性に即して為しうることについても欠陥を示すのであって、すなわち自らの自然本性的能力によってはこうした善の全体を成就することは*b

できないのである。しかしながら、人間本性は、自然本性の善の全体を奪われてしまうほどに、罪によって全体的に totaliter 堕落せしめられてはいないので、[660]人は堕落した本性の状態においても、自らの自然本性のちからによって、家を建て、ぶどう畑を栽培するとか、その他この種の特殊的な善を為すことはたしかに可能である。[661]しかし、かれはいかなることにも欠けるところがないような仕方で、自らの自然本性に適合的なる善の全体を為すことはできない。それは病弱な人間が自分のちからで何らかの運動を為すことはできても、医術の助けをかりて癒されることなしには、健康な人間の運動をもって完全に動きまわることはできないのと同じである。

このようなわけで、人は十全的本性の状態においては一つのことに関して、すなわち超自然的善 bonum supernaturale を為し、意志するために、自然本性的能力に付加された無償の(恩寵的)ちから virtus gratuita を必要とする。しかし、堕落した本性の状態においては二つのことに関して、すなわち癒されるためと、その上さらに、超自然的なちからに属する善を為す——これは功徳的[662] meritorium である——ために、そうしたちからを必要とするのである。しかし、その他にも、人は両者の状態において、よく働きを為すことへと ad bene agendum 神によって動かされんがために、神的扶助を必要とするのである。[663]

㈠については、それゆえ、こう言うべきである。人間は理性の熟考 deliberatio rationis――これは一方の側へも、あるいは他の側へも向けられうる――のゆえに、意志することおよび意志しないことをふくめて、自らの諸行為の主人である。しかるに、かれが熟考するかあるいは熟考しないかということは、もし人間がそれについても主人[*c]であるとすれば、そのことは先行する熟考によるものでなければならないであろう。そして、このことは無限に進行することはできないのであるから、最終的にはアリストテレスも『幸運について』[664] De Bona Fortuna の一章において立証しているように、人間の自由意思が人間精神を超える何らかの外的根源、すなわち神によって動かされる、というところに到達するのでなければならない[665]。ここからして、(罪のゆえに)病んでいない人間の精神ですら、神によって動かされることを必要としないほど、自らの行為の主[*d]人であるのではない。まして、罪の後の病める人間の自由意思――それは自然本性の堕落によって善から阻害されている――の場合はなおさらのことである。

㈡についてはこう言うべきである。罪を犯す peccare とは或るものにその自然本性に即して適合するところの善を欠落する deficere ことにほかならない[666]。しかるに、いかなる被造的事物も他者から受けとるのでなければ存在を有せず、それ自らにおいて考察された場合には虚無 nihil であるごとく、そのように他者によって、自らの自然本性に適合する善のうちに保全されることを必要とする。しかるに、[*e] 被造的事物は神によって保全されるのでなければ、自分自身によって非存在 non esse へと脱落することが可能であるように、自分自身によって善から欠落することが可能なのである。

㊂についてはこう言うべきである。さきに言われたように(第一項)、人間は神的扶助なしには真理 verum を認識することもできないのである。とはいえ、人間の自然本性は罪によって、真理の認識に関してよりは、善の欲求に関してより甚だしく堕落せしめられているのである。⑹⑹⑺

*a　レオ版の読み homini に従う。ピオ版は「人間的」hominum。
*b　レオ版は ab、ピオ版は ad。
*c　レオ版は hujus、ピオ版は hujusmodi。
*d　レオ版の読み quod に従う。ピオ版 per quod... は「それ(罪)によって(自由意思は)自然本性の堕落により善から阻害されている。」
*e　レオ版の読み autem に従う。ピオ版は enim。

第三項　人は恩寵なしに自然本性的能力のみによって神をすべてに超えて愛することができるか

第三については⑹⑹⑻次のように進められる。――人は恩寵なしに自然本性的能力 naturalia のみによって神をすべてに超えて愛することはできない、と思われる。なぜなら

(一)　神をすべてを超えて愛することは愛徳の固有的で主要的な行為である。しかるに、人は自分自身によっては愛徳をもつことはできない。なぜなら、『ローマ人への書翰』第五章(第五節)に言われているように、「私たちに賜わった聖霊によって神の愛(徳)が私たちの心に注ぎ込まれている」からである。それゆえに、人は自然本性的能力のみによっては神をすべてに超えて愛することはできない。

(二)　いかなるもの natura も自分自身を超えて何ごとかを為すことはできない。しかるに、何かを自分よりもより愛することは、自分自身を超えて何かへ向かうことである。それゆえに、いかなる被造物 natura creata も恩寵なしには自分自身を超えて神を愛することはできない。

㈢　神は最高善[669] summum bonum であるがゆえに、神には最高の愛 summus amor ──それは神がすべてに超えて愛されることである──を捧げなければならない。しかるに、神に最高の愛を捧げること──われわれは神にたいしてそうしなければならないのであるが──のためには、恩寵なしには人間の力は充分ではない。そうでなければ、恩寵が付加されることは空しかったであろう。それゆえに、人は恩寵なしに自然本性的能力のみによって、神をすべてに超えて愛することはできない。

しかし、その反対に、或る論者 quidam[670] が主張しているように、人祖 primus homo はただ自然本性的能力のみをそなえたものとして創造された。ところで、かれがその状態において神を何らかの仕方で愛していたことはあきらかである。しかるに、かれは神を自らと等しく、もしくは自ら以下に愛していたのではない。なぜなら、そうしたならば罪を犯すことになったであろうからである。それゆえに、かれは自らを超えて神を愛していた。それゆえ、人は自然本性的能力のみによって自ら以上に、そしてすべてを超えて神を愛することが可能である。

私は答える──。

さきに第一部（第六十問題第五項）において、天使たちの自然本性的愛に関する様々の見解㊐をも論述した際にのべたように、人は十全的本性の状態において、自らにとって自然本性的 connaturale であるところの善については、無償の賜物《たまもの》 donum gratuitum（恩寵）が付加されることなしにも——ただし動者たる神の扶助なしにではないが——自らの自然本性のちからによってそれを為すことが可能であった。しかるに、神をすべてを超えて愛することは人間にとって何らかの自然本性的なことであり㊑、さらにすべての被造物にとって、つまり理性的被造物のみならず、非理性的、さらに生命なき被造物にとってさえも、各々の被造物に属しうるところの愛の様相 modus amoris に即して、自然本性的なことである。その理由は、各々のものにとって本性上そうあるようにできているところに即して secundum quod aptum natum est esse 何かを欲求し、愛することが自然本性的なことである、ということにほかならない。というのも『自然学』[*a]第二巻（199a10）において言われているように、「いかなるものもそれが本性上そうできているように prout aptum natum est、そのように働きを為す」からである。しかるに、部分の善は全体の善のためにある、ということはあきらかである。ここからして、いかなる特殊的事物も、自然本性的欲求もしくは愛をもって、自らの固有的善を全宇宙の共通善㊒——それは神である——のゆえに愛するのである。ここからしてディオニシウスも『神名論』第四章（PG3, 708）において、「神はすべてのものを御自身の愛へと向け給う」とのべている。このゆえに、人は十全的本性の状態においては自分自身の愛、および同様に他のすべての事物の愛を、目的へと関係づけるような仕方で、神の愛へと秩序づけたのであり、このようにして神を自分自身よりも、そしてすべてを超えて愛したのである。しかし、堕落した本性の状態においては、人は理性的意志(674) voluntas rationalis――それは自然本性の堕落のゆえに、神の恩寵によって癒されないかぎり、私的善 bonum privatum を追求する――の欲求に関して、そのような愛を欠落している。したがって、人は十全的本性の状態においては、神を自然本性的にすべてを超えて愛することのために、自然本性的な諸々の善に恩寵の賜物が付加されることを必要とはしなかった――ただし、かれをそのような愛へと動かす神の扶助は必要であったが――と言わなければならない。しかし、堕落した本性の状態においては、人は右のことのためにも、自然本性を癒す恩寵の扶助を必要とするのである。

㈠については、それゆえ、こう言うべきである。愛徳は自然本性よりもより優越的な仕方で eminentius すべてを超えて神を愛する。というのも、自然本性が神を、かれが自然本性的善の始源であり終極であるかぎりにおいて、すべてを超えて愛するのにたいして、愛徳は神を、かれが至福の対象であり、また人間が神と何らかの霊的交わり[675] societas spiritualis を有するかぎりにおいて愛するからである。さらにまた、愛徳は神の自然本性的愛に何らかの迅速さと悦楽とを付加するのであって、それはすべての徳の習慣が、徳の習慣を有しない人間[676]の自然的理性のみによって為される善い行為にそうした特質を付加するのと同様である。

㈡についてはこう言うべきである。いかなるものも自分自身を超えて何ごとかを為すことはできない、と言われるとき、自分自身を超える何らかの対象へとたどりつくことはできない、との意味に解すべきではない。というのも、神（について）の自然的認識 cognitio naturalis においてあきらかなように[677]、われわれの知性は自然的認識によって自分自身を超える何らかの事物を認識しうる、ということは明白だからである。むしろ右の言葉は、*b 事物 natura は自らのちからの限界[678] proportio virtutis を超出するところの働きには達しえない、との意味に解すべきである。しかるに、すべてを超えて神を愛することはこのような働きではない。というのも、前述のように（本項主文）、このことはすべての被造物にとって自然本性的なことだからである。

㈢についてはこう言うべきである。愛 amor が最高のものと言われるのは愛する働きの段階 gradus dilectionis に関してのみではなく、愛することの根拠[679] ratio diligendi、および愛する働きの様相(680) modus dilectionis に関してでもある。そして、この意味において愛の最高の段階は、前述のように(第一異論解答)、愛徳が至福ならしめる者としての神を愛する際のそれである。[*c]

*a　レオ版は enim、ピオ版は igitur。
*b　ピオ版は illud を補足、レオ版は省略。
*c　レオ版は supremus、ピオ版は summus。

第四項　人は恩寵なしに自らの自然本性的能力によって法の掟を全うすることができるか

第四については次のように進められる。(681)――人は恩寵なしにも自らの自然本性的能力によって法の掟 praecepta legis を全うする implere ことができる、と思われる。なぜなら

(一)　使徒パウロは『ローマ人への書翰』第二章(第十四節)において、「律法をもたない

異邦人が律法に定められていることを生まれつき自然に(自然本性的に)naturaliter 為す」とのべている。しかるに、人が自然本性的に為すことは、自分自身によって恩寵なしに為すことができる。それゆえに、人は恩寵なしに法の掟を果たすことができる。

(二) ヒエロニムス(682)は『カトリック信仰の解説(683)』において、「神が人間に何か不可能なことを命じ給うたとの言を為す者は呪われるべきである」とのべている。しかるに、人が自分自身によって成就できないことはかれにとって不可能なことである。それゆえに、人は自分自身によって法のすべての掟を全うすることができる。

(三) 『マタイ福音書』第二十二章(第三十七節)にあきらかなように、法のすべての掟の間にあって最大の掟は「あなたの神である主をあなたの心を尽くして愛しなさい」という掟である。しかるに、前述のように(第三項)、人はすべてを超えて神を愛することによって、自然本性的能力のみによりこの戒めを成就することができる。それゆえに、人は恩寵なしに法のすべての掟を全うすることができる。

しかし、その反対に、アウグスティヌスは『異端について』(PL42, 47)において、「人は恩寵なしに神のすべての戒めを成就することができる、と信じている」ことがペラギウス派(684) Pelagiani の異端に属する、とのべている。

私は答える――。

法の戒め mandata が全うされるのは二つの仕方においてである。第一は、たとえば人が正しいこと、剛毅なこと、および徳のその他の行為を為す場合のように、行為の実体[685] substantia に関するかぎりにおいてである。そして、この意味においては、人は十全的本性の状態において法のすべての戒めを全うすることができた。そうでなければ、その状態において罪を犯さないことは不可能だったであろう。[686] というのも、罪を犯す peccare とは神の戒めに違反することに他ならないからである。これにたいして、堕落した本性の状態においては、人は癒しを与える恩寵なしには神のすべての戒めを全うすることはできない。

第二に、法の戒めは、行為の実体に関してのみでなく、愛徳からして為されるという、行為の在り方 modus に関しても全うされることが可能である。そして、この意味においては、人は十全的本性の状態においても、堕落した本性の状態においても、恩寵なしには法の戒めを全うすることはできない。[687] ここからして、アウグスティヌスは『矯正と恩寵について』第二章（PL44, 917）において、「人々は恩寵なしにはいかなる善もまったく為さない」とのべた後で、次のように付言している。「恩寵が教えて下さることによってかれらが何を為すべきかを知るだけでなく、また恩寵が助けて下さることによってその知るところを愛をもって為さんことを。」――前述のように（第二、三項）、かれらはその上になお、いずれの状態においても、戒めを全うすることへと動かす神の扶助を必要とするのである。

㈠については、それゆえ、こう言うべきである。アウグスティヌスが『霊と儀文について』第二十七章（PL44, 229）においてのべているように、「（使徒パウロが）かれらは律法に定められていることを生まれつき自然に為す、とのべたのをあやしんではならない。というのも、このことを為し給うのは恩寵の霊であり、かれはわれわれがそれにおいて自然本性的に造られたところの神のかたどり imago Dei を、われわれにおいて回復せんがためにそのことを為し給うのである」。

㈡についてはこう言うべきである。アリストテレスが『ニコマコス倫理学』第三巻（1112b27）において、「われわれが友を通じて為しうることがらは、或る意味でわれわれは自分自身で為しうるのである」とのべているところによると、われわれが神的扶助をもって為しうるところのことは、われわれにとってまったく不可能なことであるのではない。ここからして、ヒエロニムスも同じ箇所において「われわれの選択・決断 arbitrium が自由であるのは、われわれが常に神的扶助を必要とすることを言明しなければならない、という仕方においてである」[688]ということを認めているのである。

㈢についてはこう言うべきである。前述のところからあきらかなように（第三項）、人は愛徳によってそれを全うするという意味においては、神の愛を命じている掟を純粋に自然本性的な能力によって全うすることはできないのである。

＊　レオ版の読み per に従う。ピオ版は「われわれが為しうるのである」。

第五項　人は恩寵なしに永遠の生命を報いとして得ることができるか

第五について[689]は次のように進められる。——人は恩寵なしに永遠の生命を報いとして得る[690] mereri ことができる、と思われる。なぜなら

㈠　主キリストは『マタイ福音書』第十九章（第十七節）において「もしあなたがいのちに入りたいならば掟を守りなさい」と仰せられている。ここからして、永遠の生命に

入ることは人間の意志による、とされているように思われる。しかるに、われわれの意志によるところのことはわれわれ自身によって為すことができる。それゆえに、人はかれ自身によって永遠の生命を報いとして得ることができるように思われる。

（二）『マタイ福音書』第五章（第十二節）「天においてあなたがたが受ける報いは大きい」によると、永遠の生命は神から人々に与えられる報酬 merces あるいは褒賞 praemium である。しかるに、『詩篇』第六十一（第十三節）(691)「あなたはそれぞれの業《わざ》に応じて各人に報いられる」によると、褒賞あるいは報酬は人にたいして、かれの業に応じて神から与えられるものである。それゆえに、人は自らの業の主人であってみれば、永遠の生命に到達することはかれの力によることとされているように思われる。

（三）永遠の生命は人間的生 vita humana の究極目的である。しかるに、いかなる自然的事物(692) res naturalis もその自然本性的能力によって自らの目的に到達することができる。それゆえに、なおさらのことより高次の自然本性を有するところの人間は、自らの自然本性的能力によって、何ら恩寵なしにも、永遠の生命に到達することが可能である。

しかし、その反対に、使徒パウロは『ローマ人への書翰』第六章（第二十三節）において

「神の恩寵は永遠の生命である」とのべている。ところでこのことは、『註釈』(『正規註釈』VI, 15F)がその箇所でのべているごとく、「神がその憐れみのゆえにわれわれを永遠の生命へと導き給うことをわれわれが理解するように」との理由でのべられているのである。

私は答える――。

目的へと導いていく働きは目的に対比した(693) proportionatus で働きでなければならない。しかるに、いかなる働きも能動的根源 principium activum への対比 proportio を超え出ることはない。このゆえに、われわれは諸々の自然的事物 res naturales において、いかなる事物も自らの働きによって能動的なちから virtus activa を超え出る結果を生ぜしめることはできない、ということを見てとるのであって、そこで可能なのは自らの働きによって自らのちからに対比した結果を生ぜしめることだけである。しかるに、永遠の生命は、前述のところからあきらかなように(第五問題第五項)、人間の自然本性への対比(694) proportio naturae humanae を超え出る目的である。したがって、人間は自らの自然本性的能力によっては永遠の生命に対比した功徳ある業(695) opera meritoria を生ぜしめることは不可能であり、そのためには恩寵のちから vitrtus gratiae であるところのより高いちからを必要とする。このようなわけで、人は恩寵なしには永遠の生命を報いとして得ることはできないのである。しかし、アウグスティヌスがペラギウス派を反駁する第三解答(696)においてのべているように、人間の自然本性に対応する何らかの善へと導く諸々の働き、たとえば畑で働き、飲み、食べ、友人をもつこと、およびその他この種の働きを為すことは可能である(697)。

(一)については、それゆえ、こう言うべきである。人間が永遠の生命を報いとして得ることのできる業を為すのは自らの意志によってである。しかし、アウグスティヌスが同じ書物(698)においてのべているように、そのことのためには人間の意志が神によって恩寵を通じて準備されることが必要とされるのである。

(二)についてはこう言うべきである。『ローマ人への書翰』第六章(第二十三節)「神の恩寵は永遠の生命である」という箇所について『註釈』(『ロンバルドゥス註釈』、PL191, 1412)がのべているように、「永遠の生命が善い業にたいして与えられることは確かである。しかし、それにたいして(永遠の生命が)与えられるところの当の業そのものは神の恩寵に属するのである」。そのことはさきに(第四項)、法の戒めを然《しか》るべき仕方――それによって、それら戒めを全うすることが功徳あるものとなるような、そのような仕方――でもって全うすることのためには恩寵が必要である、とのべられたごとくである。

㈢についてはこう言うべきである。この異論は人間の自然本性に対応する connaturalis 目的について進められている。しかるに、人間本性は、それがより高貴なものであるところから、少なくとも恩寵の扶助によって、より低い諸々の自然本性がけっして到達しえないところの、より高い目的へと導かれることが可能である。(699) それはアリストテレスが『天体論』第二巻(292b13)において例示しているように、医術の何らかの扶助によって健康を獲得しうるところの人間は、けっして健康を獲得しえない者よりも、健康へとよりよく態勢づけられているのと同様である。

第六項　人は恩寵の外的扶助なしに、自分自身によって自らを恩寵へと準備することができるか

第六については(700)次のように進められる。——人は恩寵の外的扶助なしに、自分自身によって自らを恩寵へと準備する(701) seipsum ad gratiam praeparare ことができる、と思わ

れる。なぜなら

㈠　前述のように(第四項第二異論)、人間にたいして、かれに不可能なことが課せられることはない。しかるに、『ゼカリヤ書』第一章(第三節)において「あなたがたは私に帰れ、そうすれば私もあなたがたに帰る」と言われている。ところで、自らを恩寵へと準備するとは、神へと帰る(回心する)convertere ことにほかならない。それゆえに、人は恩寵の扶助なしにも、自分自身によって自らを恩寵へと準備することができるように思われる。

㈡　人間は自らのうちにあることを為すことによって(702) faciendo quod in se est 自らを恩寵へと準備する。なぜなら、もし人間が自らのうちにあることを為すならば、神はかれに恩寵を拒み給わないからである。というのも、『マタイ福音書』第七章(第十一節)において、神は「御自分に求める者たちに善い霊を与えて下さる」と記されているからである。しかるに、われわれのうちにあるもの、と言われているのは、われわれの能力potestas のうちにあるもののことである。それゆえに、われわれを恩寵へと準備することはわれわれの能力のうちに置かれているように思われる。

㈢　もし人が自らを恩寵へと準備するために恩寵を必要とするのであれば、同じ理由からして、自らをその恩寵へと準備するために恩寵を必要とすることになるであろうし、こうして無際限に進んで行くことになるであろう。それは道理にかなったことではない inconveniens。それゆえに、むしろ発端——すなわち人は恩寵なしに自らを恩寵へと準備することができるということ——においてとどまるべきであるように思われる。

(四)『箴言』第十六(第一節)において「心の準備をすることは人間に属することである」と言われている。しかるに、人間が自分自身で為しうることが人間に属すると言われる。それゆえに、人は自分自身で自らを恩寵へと準備することができるように思われる。

しかし、その反対に、『ヨハネ福音書』第六章(第四十四節)において「私を遣わされた御父が引き寄せ給うのでなければ、だれも私のもとに来ることはできない」と言われている。しかるに、もし人間が自分自身で準備することができたならば、他者によって引き寄せられる必要はなかったであろう。それゆえに、人は恩寵の扶助なしには自らを恩寵へと準備することはできない。

私は答える——。

善へ向けての人間的意志の準備には二種類ある。すなわち、第一はそれによって善く行為し、神を(至福として)享受することへと準備される場合である。そして、このような意志の準備は、前述のように(第五項)、功徳ある業 opus meritorium の根源であるところの、恩寵の習慣的賜物 donum habituale なしには為されえない。第二は、人間的意志が習慣的な恩寵の賜物それ自体 ipsum gratiae habitualis donum の取得へと準備される場合である。しかるに、この賜物の受領へと自らを準備することのためには、霊魂のうちに何か他の習慣的賜物を前提する必要はない。なぜなら、もしそうであれば無際限に進行することになるであろうからである。むしろ、内的に霊魂を動かすか、あるいは善い意向 propositum bonum を呼び起こし給う神の或る無償の(恩寵的)扶助 auxilium gratuitum を前提することが必要である[*a]。というのも、さきに言われたように(第二、三項)、われわれはこうした二つの仕方で神的扶助を必要とするからである。

ところで、われわれがこのことのために、動かし給う神 Deus movens の扶助を必要とすることはあきらかである。というのも、すべての能動者 agens は目的のゆえに働きを為すがゆえに[703]、すべての原因はその結果を自らの目的へと方向づけることが必然的である。したがって、諸々の能動者あるいは動者の秩序にもとづいて諸々の目的の秩序は見出されるのであるから、人は究極目的 ultimus finis へは第一の動者 primum movens の発動 motio によって方向づけられ[704]、これにたいして近接目的へは下位の動者のうちの或るものの発動によって方向づけられるのでなければならない。それはあたかも兵士の精神が軍団の総指揮官の発動によって勝利を追求することへと方向づけられ、他方、或る部隊の軍旗の下《もと》に戦うことへは部隊長の発動によって方向づけられるのと同じである。このようなわけで、神は無条件的な意味での第一動者であるから、その発動によって万物は善への共通的な意図 communis intentio——それによって各々のものは自らの在り方に即して神に似たものたらしめられることを意図する——に即して神自身へと方向づけられるのである。ここからして、ディオニシウスも『神名論』第四章(PG3, 708)において、神は「万物を神御自身へと向け給う」とのべているのである。しかるに、神は正しい人間を特別な目的 finis specialis——かれらはそれを、『詩篇』第七十二(第二十八節)「私にとっては神にすがりつくことが善いことである」によると、自らに固有の善 bonum proprium として意図し、それにすがりつくことを希求する——へと向けるような仕方で、御自身へと向け・回心せしめ給うのである。[705] したがって、人間が神へと向けられ・回心せしめられること、そのことは神がかれを(御自身へと)向け・回心せしめ給うことなしにはありえない。しかるに、何らかの仕方で神へと向けられ・回心せしめられること converti、それが自らを恩寵へと準備することにほかならない。それはあたかも、自らの眼を太陽の光からそむけている者が、その眼を太陽へと向けかえることによって、太陽の光を受けいれることへと自らを準備するのと同様である。ここからして、内的に動かし給う神の無償の(恩寵的)扶助なしには、人が恩寵の光を受けることへと自らを準備することはできない、ということはあきらかである。(706)

(一)については、それゆえ、こう言うべきである。神への人間の回心 conversio はたしかに自由意思によって為されるものであり、その意味で人間にたいして神へと自らを向ける(回心する)ように命じられているのである。しかし、自由意思は神がそれを御自身へと向け給うのでなければ、神へと向けられることは不可能であって、それは『エレミヤ書』第三十一章(第十八節)において「私を帰らせ(回心させ)て下さい、そうすれば帰ります。あなたは私の神、主であるからです」と言われ、『哀歌』第五章(第二十一節)において「主よ私たちをあなたのもとへ帰らせて下さい、そうすれば私たちは帰ります」と言われているごとくである。

(二)についてはこう言うべきである。『ヨハネ福音書』第十五章(第五節)「私なしにあなたがたは何ごとも為しえない」によると、人間は神によって動かされることなしには何ごとも為しえない(707) nihil homo potest facere。したがって、人間は自らのうちにあることを為すと言われるとき、このことはかれが神によって動かされているかぎりにおいて人間の能力のうちにある、[*b]と言われているのである。

㈢については こう言うべきである。この異論は習慣的恩寵 gratia habitualis について進められているのであり、それのためには何らかの準備が必要なのである。なぜなら、すべての形相は態勢づけられた受容基体 susceptibile dispositum を必要とするからである。(709) しかし、人間が神によって動かされるということは、それに先立って何か他の発動を必要とするのではない。というのも、神は第一の動者だからである。ここからして、無際限に進む必要はない。

㈣についてはこう言うべきである。心の準備をすることが人間に属することであるのは、人間がそのことを自由意思によって為すからである。しかし、前述のように（本項主文）、人間はそのことを、かれを動かし、そして御自身へと引き寄せ給う神の扶助なしに為すのではない。

＊a　ピオ版は「人間が」homo を補足、レオ版は省略。

＊b　レオ版は esse、ピオ版は sat。

第七項　人は恩寵の扶助なしに罪から立ち直ることができるか

第七については次のように進められる。——人は恩寵の扶助なしにも罪から立ち直る resurgere ことができる、と思われる。なぜなら

(一)　恩寵の前提要件であるところのことは恩寵なしに生起する。しかるに、罪から立ち直ることは恩寵の照明を受けるための前提要件である。というのも、『エフェソ人への書翰』第五章(第十四節)において「死者の中から立ち上がりなさい、そうすればキリストがあなたを照らして下さるであろう」と言われているからである。それゆえに、人は恩寵なしにも罪から立ち直ることができる。

(二)　前述のように(第七十一問題第一項第三異論解答)、罪は徳にたいして、病気が健康にたいするような仕方で対立している。しかるに、人間は自然本性のちからによって、外的な医術の扶助なしにも、そこから自然本性的な働きが発出するところの、生命の根源が内部に存続していることのゆえに、病気から健康へと立ち直ることが可能である。それゆえに、同じ理由によって、人間は外的な恩寵の扶助なしにも、罪の状態から正義の

状態へと立ちもどることにより、自分自身によって回復せしめられることが可能であるように思われる。

㈢　すべての自然的事物は自らの自然本性に適合した働きへと立ち返ることが可能であり、それは熱せられた水が自分自身によって自然的な冷たさへ立ち返り、上方へ投げられた石が自分自身によってその自然的な運動へ立ち返るのと同様である。しかるに、ダマスケヌスが『正統信仰論』第二巻（第四章〔PG94, 876〕）においてのべているところからあきらかなように、罪は自然本性に反するところの何らかの働きである。それゆえに、人は自分自身によって罪から正義の状態へと立ち返ることができるように思われる。

しかし、その反対に、使徒パウロは『ガラテヤ人への書翰』第二章（第二十一節）において「もし義とすることのできる律法が与えられていたのならば、キリストは空しく――すなわち理由なしに――死なれたことになる」とのべている。それゆえに、同じ理由によって、もし人間が、それによってかれが義とされうるような自然本性を有していたならば、「キリストは空しく」、つまり理由なしに「死に給うた」[*a]ことになろう。しかし、それは条理にかなった言い方ではない。それゆえに、人は自分自身で義とされること、すなわち罪から正義の状態へと立ち返ることはできない。

私は答える――。

人は恩寵の扶助なしに自分自身で罪から立ち直ることはけっしてできない。というのも、前述のように(第八十七問題第六項)、働き・行為としては過ぎゆくものであるところの罪は、罪責性 reatus においては存続するのであるから、罪から立ち直ることは罪の行為をやめることと同一ではないからである。むしろ、罪から立ち直るとは、罪を犯すことによって喪失したものへと人間が回復せしめられることである。ところで、前述のところからあきらかなように(第八十五問題第一項、第八十六問題第一項、第八十七問題第一項)、人は罪を犯すことによって三重の損害 detrimentum を被る――すなわち、けがれ macula、自然本性的善の堕落 corruptio naturalis boni および可罰性 reatus poenae の三つである。かれがけがれを被るのは、罪の醜悪さからして恩寵の(霊的)美(71) decorum gratiae が取り去られているかぎりにおいてである。これにたいして、自然本性の善が堕落するのは、人間の意志が神に服従せしめられていないことによって、人間の自然本性に秩序の乱れが生ずるかぎりにおいてである。それというのも、この秩序が取り除かれると、罪を犯す人間の自然本性の全体が秩序から外れたままにとどまるからである。ところで、可罰性とは、人が大罪を犯すことによって永遠の断罪を受けるべきものとなる meretur ことにほかならない。

　しかるに、これら三つのいずれについても、神によるのでなければ回復が為されえないことはあきらかである。というのも、恩寵の(霊的)美は神的光の照明からして生ずるものであるから、神があらたに照明し給うのでなければ、こうした(霊的)美が霊魂のうちに回復されることはありえないからである。ここからして習慣的賜物、すなわち恩寵の光が必要とされるのである。同様に、前述のように(第六項)、神が人間の意志を御自身へと引きよせて下さるのでなければ、人間の意志が神に服従せしめられるという仕方[*b]で自然本性の秩序が回復されることも不可能である。同様にまた、神——違反はかれにたいして犯されたのであり、またかれが人々を裁く御方である——によるのでなければ永遠の刑罰を受けるべきことから免責されることも不可能である。したがって、人が罪から立ち直るためには、習慣的賜物に関しても、また神の内的な発動 motio interior Dei に関しても、恩寵の扶助が必要とされるのである。

　(一)については、それゆえ、こう言うべきである。人間にたいして命令されるのは、人が罪から立ち直るために必要とされるところの、自由意思の働きに属するところのことである。したがって、「立ち上がりなさい、そうすればキリストがあなたを照らして下さるであろう」と言われるとき、罪からの立ち上がりの全体が恩寵の照明に先行するというふうに理解すべきではなく、むしろ人が神によって動かされた自由意思 liberum arbitrium a Deo motum によって罪から立ち直ろうと努力するときにかれは義とする恩寵の光を受けるところから、⑵こう言われているのだと理解すべきである。

㈡についてはこう言うべきである。自然的理性は、義とする恩寵によって人間のうちに見出されるところのこの健康にとっての充分なる根源ではない。そうではなくて、それの根源は、罪によって取り去られるところの恩寵である。したがって、人はかれ自身によって回復せしめられることは不可能であり、かれにたいしてあらたに恩寵の光が注入されることが必要である――それはあたかも、死体をよみがえらせるためにはあらたに霊魂が注入されなければならないのと同じである。

㈢についてはこう言うべきである。自然本性が十全であるときには、自らに適合的でありかつ対比的であるもの sibi conveniens et proportionatum に関しては、自分自身によって回復せしめられることが可能である。しかし、自らの(能力の)限界 proportio を超え出るものに関しては、外的扶助なしには回復せしめられることは不可能である。このようなわけで、罪の行為によって転落した人間の自然本性は、前述のように(本項主文)、十全さを保つことなく、堕落しているのであるから、自らの自然本性に適合する善 bonum sibi connaturale に関してさえも自分自身によって回復せしめられることは不可能である。まして超自然的なる義に属する善 bonum supernaturalis justitiae[*c] に関してはなおさらのことである。

*a　レオ版は homo を補足、ピオ版は省略。
*b　ピオ版は ut の後に scilicet を付加、レオ版は省略。
*c　レオ版の読みに従う。ピオ版は「義の超自然的なる善」bonum supernaturale justitiae。

第八項　人は恩寵なしに罪を犯さないことが可能か

第八については次のように進められる。[713]——人は恩寵なしにも罪を犯さないことが可能である、と思われる。なぜなら

(一)　アウグスティヌスが『二つの魂について』第十、十一章(PL42, 103; 105)および『自由意思論』第三巻(第十八章 PL32, 1295)においてのべているように「なんびともかれが避けえないことにおいては罪を犯さない」。それゆえに、もし大罪の状態にある人間が

罪を避けることができないとしたら、かれは罪を犯しても罪を犯さないことになるように思われる。そのことは道理に合わない inconveniens。

(二) 人が矯正されるのは、かれが罪を犯すことのないためである。それゆえに、もし大罪の状態に在る人間が罪を犯さないことは不可能であるとしたら、かれに矯正の手がさしのべられることは無意味なことであるように思われる。そのことは道理に合わない。

(三) 『集会書』第十五章(第十八節)において「人間の前には生命と死、善と悪がある。かれが選ぶものがかれに与えられるであろう」と言われている。しかるに、人はだれも罪を犯すことによって人間であることをやめるのではない。それゆえに、善と悪のいずれを選ぶかは依然としてかれの能力のうちにある。このように、人は恩寵なしにも罪を避けることが可能である。

しかし、その反対に、アウグスティヌスは『人の義の完成について』第二十一章(PL44. 317)において次のようにのべている。「われわれは誘惑に遭うことのないように祈るべきであることを否定する者(しかるに、罪を犯さないことのために、神の恩寵の助力は人間にとって必要ではなく、ただ律法さえ受けたならば、人間的意志で充分であると主張する者は、そのことを否定しているのである)はだれでも、すべての人の耳から遠ざけられるべきであり、すべての人の口によって破門 anathema を宣告されるべきであることは疑いを容れない。」

私は答える――。

われわれは人間について二つの仕方で語ることが可能である。第一は十全的本性 natura integra の状態に即してであり、第二は堕落した本性 natura corrupta の状態に即してである。ところで、十全的本性の状態に即して言えば、人は習慣的恩寵 gratia habitualis なしにでも、罪を犯さない――大罪に関しても、小罪に関しても――ことが可能であった。なぜなら、罪を犯すとは自然本性と合致するところのことから逸脱することに他ならないが、人は自然本性の十全性においてはそのことを避けえたからである。[*a]とはいえ、かれは(かれを)善のうちに保全し給う神の扶助なしにはそのことを為しえなかったのであって、それが取り去られるならば自然本性そのものといえども虚無へと落ちこむことであろう。

しかし堕落した本性の状態においては、人は全面的に omnino 罪を避けるためには自然本性を癒すところの習慣的恩寵を必要とする。ところで、この癒しは現在の生においては、最初に精神 mens に即して為されるのであり、肉的欲求はいまだ全体的に totaliter 治癒・回復されないままにとどまる。ここからして、使徒パウロは『ローマ人への書翰』第七章(第二十五節)において、治癒・回復された人間になり代って「私自身は精神では神の律法に仕え、肉では罪の律法に仕えている」とのべているのである。しかるに、この状態において人は、前述のように(第七十四問題第四項)、すべての大罪[*b]――それは理性 ratio のうちに存する――を避けることが可能である。しかし、人は感覚的部分 sensualitas のより低い欲求の堕落のゆえに、すべての小罪を避けることはできない。すなわち、たしかに理性はそうした(堕落した欲求の)個々の発動 motus singuli を抑制することはできるが(そして、ここからしてそれらは罪としての、また有意的なもの[714] voluntarium としての本質側面を有する)、すべての omnes 発動を抑制することはできないのである。なぜなら、その中の一つに対抗しようと努めている間に、おそらく他の一つが生起してくるからであり、また前述のように(第七十四問題第三項第二異論解答)、理性はこうした避けるべき発動にたいして常に見張っていることはできないからである。

同様にまた、大罪がそのうちに見出されるところの人間の理性が、義とする恩寵によって治癒・回復される以前においても、人は個々の大罪をしばらくの間は避けることが可能である。なぜなら、人はたえず continuo 現実に罪を犯さざるをえないというわけではないからである。しかし、長い間大罪なしの状態にとどまることは不可能である。

ここからして、グレゴリウスも『エゼキエル書講話』第一巻第二講(PL76, 915)において「すぐさま痛悔によって取り去られないところの罪は、その重さによってわれわれをもう一つの罪へと引き寄せる」とのべている。そして、このことの理由は、より低い欲求能力が理性に従属すべきであるように、理性もまた神に従属すべきであり、自らの意志の目的・終極を神のうちに置かなければならない、ということである。しかるに、より低い欲求能力の運動が理性の判断によって規制されるべきであるように、すべての人間的行為は目的によって規制されるのでなければならない。それゆえに、より低い欲求能力が全面的に理性に従属せしめられていないかぎり、感覚的欲求能力において秩序なき(欲求)発動が起こらざるをえないごとく、そのようにまた、人間の理性[*c]が神に従属する状態に置かれていないかぎり、理性の働きそのものにおいて多くの秩序の乱れが起こることが帰結するのである。というのも、人がいかなる善を獲得するため、もしくはいかなる悪を避けるためであっても神から切り離されることは欲しない、という仕方で自らの心を神のうちに堅く保っていないときには、それを獲得し、あるいは避けるために、人が神の掟を軽侮して神から離反し、かくして大罪を犯すことになるような多くのことが起こるものだからである。なぜなら、理性の熟考 praemeditatio にもとづく場合には、人はあらかじめ念頭にあった目的の秩序および習慣の傾向性を離れて何ごとかを為すことが可能であろうが、突然の場合には、アリストテレスが『ニコマコス倫理学』第三巻(1117a18)においてのべているように、人はあらかじめ念頭にあった目的および先在している習慣にもとづいて行為するのであってみれば、なおさらのことである。しかし、人は常にこうした熟考をめぐらしうる状態にあることはできないのであるから、人が速やかに恩寵によって正しい秩序 ordo debitus へと回復せしめられないかぎり、かれが長い間、神への秩序から離れた意志に従って行為することをひかえ続ける、といったことは起こりえないであろう。(715)

(一)については、それゆえ、こう言うべきである。前述のように(本項主文)、人は罪の個々の行為を避けることはできるが、恩寵によらずしては(罪の)すべての行為を避けることはできない。しかも、人が恩寵を受けるための準備を為さないのはかれの欠如・過失 defectus に由来することであるから、恩寵なしには罪を避けることができないからといって、それが罪を犯すことの言い訳にはならないのである。*d

(二)についてはこう言うべきである。アウグスティヌスが『矯正と恩寵について』(PL44.921)においてのべているように、矯正は「矯正されることの悲しみからして再生への意志が生じてくるかぎりにおいて有用である。だがそれは、矯正される者が(再生の)見込みのある子であるならば、すなわち、矯正の物音が外でひびき、またかれを打ちたたいている間に、神がかれにおいて内的に、秘められた霊感によって意志することをも生ぜしめ給うならばのことである」。したがって、矯正は罪を避けるためには人間の意志が必要とされるがゆえに、必要不可欠なのである。とはいえ、神の扶助なしには矯正は充分なものではない。ここからして『伝道者の書』第七章(第十四節)において「神の業を見よ、神がさげすまされた者をだれが矯正しえようか」と記されている。

㈢についてはこう言うべきである。アウグスティヌスが『ヒポノグノスティコン』[716](PL45, 1621)においてのべているように、この言葉は人間がまだ罪の奴隷ではなく、したがって罪を犯すことも犯さないことも可能であったところの、十全的な本性の状態における人間について理解すべきものである。いまでも人間が意志するところのことは何であれかれに与えられるのであるが、かれが善を意志するということ、そのことをかれは恩寵の扶助のおかげで有するのである。[*e]

*a　レオ版の読み in integritate naturae に従う。ピオ版は「十全的本性の状態において」in statu naturae integrae。
*b　ピオ版に従って「すべての」omni を補う。レオ版は省略。
*c　レオ版の読みに従う。ピオ版は「全面的に」totaliter を付加。

＊d　レオ版は per、ピオ版は propter。
＊e　レオ版は ac、ピオ版は aut。

第九項　すでに恩寵を得た人間は、恩寵の他の扶助なしに、自力で善を為し罪を避けることが可能か

第九については次のように進められる。⑰すでに恩寵を得た人間は、恩寵の他の扶助なしに、自力で per seipsum 善を為し罪を避けることが可能である、と思われる。なぜなら

㈠　いかなるものも、それがそのために与えられたところのことを成就しないならば、無駄 frustra であるか、あるいは不完全である。しかるに、恩寵がわれわれに与えられるのは、われわれが善を為し罪を避けることができるためである。それゆえに、人がもし恩寵によってそのことを為しえないならば、恩寵が与えられたのは無駄であったか、あるいは恩寵は不完全なものであるように思われる。

(二)『コリント人への第一書翰』第三章（第十六節）「あなたがたはあなたがたが神の住まいであり、神の霊があなたがたのうちに住んでおられることを知らないのか」によると、恩寵によって聖霊御自身がわれわれのうちに住んでおられる。しかるに、聖霊は全能であるから、われわれを導いて善い業を為させ、われわれを罪から守るのに充分である。それゆえに、恩寵を得た人間は、恩寵の他の扶助なしに、前述の二つのことを為すことができる。

(三)もし恩寵を得た人間が、正しく生き罪を避けるために、なおも恩寵の他の扶助を必要とするというのであれば、同じ理由からして、右にのべた恩寵の更なる扶助を受けたとしても、なおも他の扶助を必要とするであろう。それゆえに、無限に進行することになるであろうが、それは条理に反する inconveniens。それゆえ、恩寵のうちに在る者は善い業を為し罪を避けることのために恩寵の他の扶助を必要とするのではない。[*a]

しかし、その反対に、アウグスティヌスは『自然と恩寵について』第二十六章（PL44. 261）において次のようにのべている。「完全に健康な身体の眼といえども光の輝きによって助けられることなしには視《み》ることができないように、完全に義とされた人間といえども正義の永遠なる光 aeterna lux justitiae によって神的に扶助されることなしには正しく生きることはできない。」しかるに、『ローマ人への書翰』第三章（第二十四節）「かれの恩寵によって無償で義とされた」によると、成義 justificatio は恩寵によって為される。それゆえに、すでに恩寵を有する人間もまた正しく生きるためには恩寵の他の扶助を必要とするのである。

私は答える——。

前述のように（第二、三、六項）、人は正しく生きるために二重の仕方で神の扶助を必要とする。すなわち、第一は何らかの習慣的賜物 habituale donum に関してであり、それによって堕落した人間本性が癒され、また癒された人間本性は、自然本性の（能力の）限界 proportio naturae を超えるところの、永遠の生命を報いとして得るに値いする働きを為すところまで高められるのである。第二に、人は神によって動きへと動かされるために恩寵の扶助を必要とする。それゆえに、扶助の第一の仕方に関しては、恩寵のうちにある人間は、恩寵の他の扶助、いわば或る他の注入的習慣(718) habitus infusus といったものを必要とするのではない。しかし、他の仕方、すなわち神によって正しく働きを為すことへと動かされるという点に関しては恩寵の扶助を必要とするのである。

そして、このことは次の二つの理由による。すなわち、第一は一般的理由によるものであり、前述のように(第一項)、いかなる被造物も神的な発動のちからによるのでなければいかなる働きをも為すことはできない、ということによる。――第二は特殊的理由によるものであり、すなわち人間本性が置かれている状態の(特殊な)事情 conditio によるものである。すなわち、人間本性は恩寵によって精神 mens に関しては癒されているとはいえ、肉 caro に関してはそのうちに堕落と病毒が残っているのであり、『ローマ人への書翰』第七章(第二十五節)において言われているように、この肉によって「罪の律法に仕えている」のである。さらに、知性のうちにも何らかの無知の暗さ obscuritas ignorantiae が残っているのであり、それのゆえに『ローマ人への書翰』第八章(第二十六節)において言われているように「われわれはいかに祈るべきかを知らない」のである。というのも、事物は様々なる仕方で生起し、またわれわれはわれわれ自身を完全には認識していないところから、われわれは何がわれわれにとって適当であるかを完全に知ることができないからである。それは『智書』第九章(第十四節)において「死すべき者どもの思いは臆病であり、われらの計画は不確かである」と言われているごとくである。⑲したがって、すべてを知り、すべてを為しうる神によって導かれ、保護されることがわれわれには必要なのである。そして、このことのゆえに恩寵によって神の子としてあらたに生まれた者にとっても「私たちを試みにあわせないで下さい」とか、「あなたの御心 voluntas tua が天国におけるように地上においても成就されますように」、およびこの他にもこのことに関連して主の祈りにふくまれていることがらを唱えるのはふさわしいことなのである[720]。

㈠については、それゆえ、こう言うべきである。習慣的恩寵の賜物は、それによってわれわれがもはや神的扶助を必要としなくなるためにわれわれに与えられたのではない。というのも、いかなる被造物も、神から受けた善のうちに神によって保たれることを必要とするからである。したがって、もし人間が恩寵を受けた後においてなおも神的扶助を必要としたとしても、そこから恩寵は空しく*b与えられたとか、恩寵は不完全であるという結論を下すことはできない。なぜなら、恩寵があらゆる点で完全になるであろうところの栄光の状態 status gloriae においてさえ、人は神的扶助を必要とするであろうからである。しかし、ここ(地上)においては恩寵は或る意味では不完全であり、それは前述のように(本項主文)、恩寵が人間を全面的に癒してはいないかぎりにおいてである。

㈡についてはこう言うべきである。聖霊がそれによって*cわれわれを動かし、保護して下さる働きは、聖霊がわれわれのうちに生ぜしめ給う習慣的賜物という結果のうちに包みこまれているのではなくて、むしろこうした結果を超えて、御父および御子と共に、われわれを動かし、保護し給うのである。

㈢についてはこう言うべきである。この議論は人間が他の習慣的恩寵を必要とするものではないことを結論しているのである。

＊a　ピオ版は「恩寵の」gratiae を付加。レオ版は省略。
＊b　レオ版は in vacuum、ピオ版は in vanum。
＊c　レオ版の読み qua に従う。ピオ版の読み quae に従えば「われわれを動かし、保護して下さるところの聖霊の働き」となる。

第十項　恩寵のうちに確立された人間は堅忍するために恩寵の扶助を必要とするか

第十については(721)次のように進められる。――恩寵のうちに確立された人間は堅忍するために ad perseverandum 恩寵の扶助を必要とするのではない、と思われる。なぜなら

㈠ アリストテレスが『ニコマコス倫理学』第七巻(1145b1)でのべているところからあきらかなように、堅忍[722] perseverantia は、自制[723] continentia もそうであるように、徳よりも劣った何ものかである。しかるに、人は恩寵によって義とされたあかつきには、徳をもつために恩寵の他の扶助を必要とすることはない。それゆえに、なおさらのこと堅忍をもつために恩寵の扶助を必要とすることはない。

㈡ すべての徳は同時に注入される。しかるに堅忍は何らかの徳であるとされている。それゆえに、恩寵によって注入された他の諸々の徳と同時に堅忍も与えられた、と思われる。

㈢ 使徒パウロが『ローマ人への書翰』第五章(第十五節)でのべているように、人間にたいしては、かれがアダムの罪によって失ったよりもより多くのものがキリストの賜物によって回復された。しかるに、アダムはかれをして堅忍することを得さしめるところのものを受けた。それゆえに、われわれが堅忍することができるよう、キリストの恩寵によって、はるかに多くのものがわれわれのために回復されたのである。したがって、人は堅忍するために恩寵を必要とすることはない。

しかし、その反対に、アウグスティヌスは『堅忍について』第二章(PL45, 996)においいて次のようにのべている。「もし堅忍が神から授けられるものでないのなら、なぜ神に(授けて下さいと)祈願するのか。それともこれは嘲弄的《ちょうろうてき》な祈願であるのか――神が授けて下さるのではなく、授けて下さらなくとも人間の能力のうちにあると知っているところのものが祈願されているがゆえに。」しかるに、堅忍は恩寵によって聖なる者たらしめられた人によってさえも祈願されるのであって、アウグスティヌスが『矯正と恩寵について』第十二章(PL44, 937)においてキプリアヌス(724)の言葉によって裏づけているように、われわれが「あなたの御名が聖とされますように」と唱えるときに、そこで知解されていることなのである。それゆえに、恩寵のうちに確立されている人間でさえも、神によってかれに堅忍が授けられることを必要とするのである。

私は答える――。

堅忍は三つの意味で語られる。というのも、(第一に)時としてそれは、人が襲いかかる悲しみ tristitia irruens によって徳にもとづくところのことから引き離されることのないよう、それによって堅固にふみとどまるところの精神の習慣 habitus mentis を意味するからである。この意味では、アリストテレスが『ニコマコス倫理学』第七巻(1150a13)でのべているように、堅忍は悲しみにたいして、自制が欲情および快楽にたいするような仕方で、関係づけられている。(725) 第二に、堅忍とは人がそれにもとづいて終りまで usque in finem 善のうちのふみとどまり、堅忍しようとする意図 propositum をもつところの、何らかの習慣を名づけたものである。(726) そしてこれら二者のいずれにおいても、堅忍は自制およびその他の諸徳と同じように、恩寵とともに注入される。

第三に、生涯の終りまで善を何らかの仕方で保ち続けること continuatio boni が堅忍と呼ばれる。(727) そして、このような堅忍をもつためには、恩寵のうちに確立された人間は、たしかに何か他の習慣的恩寵を必要とするのではないが、さきに論じられたところからあきらかなように（第九項）、諸々の誘惑の襲来にたいしてかれを導き、保護して下さる神的扶助を必要とするのである。したがって、或る人が恩寵によって義とされた後においても、かれは生涯の終りまで悪から保護されるように、右にのべた堅忍の賜物を神に祈願しなければならないのである。それというのも、恩寵を授けられてはいても、恩寵においてふみとどまり、堅忍する賜物は授けられないような多くの者が存在するからである。(728)

(一)については、それゆえ、こう言うべきである。この異論は堅忍の第一の在り方について進められており、それは、第二の異論が（堅忍の）第二の在り方について進められているのと同様である。

ここからして㈡の異論にたいする解答はあきらかである。

㈢についてはこう言うべきである。アウグスティヌスが『矯正と恩寵について』[729]第十二章(PL44, 937)においてのべているように、「人間は最初の状態において、それによってかれが堅忍しうるところの賜物は受けたが、それによって(実際に)堅忍するであろうところの賜物は受けなかった。しかるに、今やキリストの恩寵によって、多くの人がそれによって堅忍しうるところの恩寵の賜物を受け、その上さらにかれらが(実際に)堅忍するであろうところの賜物も与えられているのである」。この意味でキリストの賜物はアダムの違反よりもより大いなるものである。――とはいえ、人間は今われわれに可能である*よりも、霊にたいする肉の反乱がまったく存在しなかった原罪以前の状態status innocentiaeにおいてのほうが、恩寵の賜物によってより容易に堅忍することができたのである。すなわち、今はキリストの恩寵による回復の業は、精神に関しては始まっているとはいえ、肉に関してはまだ成就されていないのであって、それは、人間がそこにおいては堅忍することができるのみでなく、罪を犯すことができなくなるであろうような[730]、天国において見出されるであろう。

＊　レオ版はpossumus、ピオ版はpossimus。

訳註

稲垣良典

（1）トマスは『神学大全』全体の構想について、第一部第二問題の序言において、「第一に神について（第一部）、第二には理性的被造物の神への運動について（第二部）、第三にはキリスト――すなわち、人間であり給うかぎりにおいて、われわれにとっての、神に赴くための道なる――について論ずる」とのべている。これは第一原因なる神からの万物の発出 exitus、および究極目的なる神への万物の還帰 reditus が、究極的には、人となった神であるキリストを道として行われるものであることを主張するかぎりにおいて、新プラトン哲学的世界理解を、キリスト教の啓示の光の下《もと》に再解釈したものと言えるであろう。それは言いかえると、創造論と救済論的立場とを総合したものである。このような『神学大全』の全体的構想の中で本巻がどのように位置づけられるかを概観しておくと、トマスは第二部の第一部の序言において、「第一部では範型 exemplar なる神、および神の意志のままに神的権能 potestas divina からして発出したところの諸々のものを論じたのに続いて、（第二部では）神のかたどり imago なる人間を、かれもまたその行為の根源 principium たるかぎりにおいて考察しなければならない」とのべている。したがって、『神学大全』第二部においては、あくまで神によって創造されたものでありながら、かれ自らもまたその行為の根源であるところの人間が主題となる。そのうちで、第二部の第一部においては、まず人間の究極目的あるいは至福の概念が考察された(第一―五問題)後、人間的行為がまず人間に固有の面において(第七―二十一問題)、ついで他の諸動物と共通なる側面において、すなわち情念として(第二十二―四十八問題)考察される。続いて人間的行為の根源・原理が考察されるが、まず内的諸根源のうち、能力 potentia についてはすでに第一部で論じられたとして、能力態・習慣 habitus が、第一に一般的に(第四十九―五十四問題)、第二に善き能力態としての徳 virtus およびそれに付加されたところのもの(第五十五―七十問題)、第三に悪《あ》しき能力態たる悪徳 vitium および罪 peccatum に関して考察される(第七十一―八十九問題)。それに続いて本巻における、人間的行為の外的諸根源の考察が行われることになる。

(2)　法および恩寵《おんちょう》がただちに人間的行為の外的根源であると言われているのではなく、神が外的根源であると言われていることに注意。cf. Jean Tonneau, The Teaching of The Thomist Tract on Law, *The Thomist*, XXXIV, 1970, p. 25.

(3)　ローマ法からの引用の場合、Jurisconsultus, Jurisperitus, Legisconsultus, Legisperitus などの名称が慣習に従って用いられているが、ここでは固有名を用いた。なおトマスとローマ法との関係については、J-M. Aubert, *Le Droit Romain dans l'Oeuvre de Saint Thomas*, J. Vrin, 1955 を参照。

(4)　『学説彙纂《がくせついさん》』第一巻・四・一。*Corpus Juris Civilis Justinianei.* studio et opera Joannis Fehi, 1627 ed., Otto Zeller, Osnabrück, 1965.

（5）『自然学』第二巻第九章(200a22)(トマスの註解、第十五講)、『ニコマコス倫理学』第七巻第八章(1151a16)(トマスの註解、第八講)。
（6）第一部第十一問題第二項を参照。
（7）ペトルス・ロンバルドゥス(?—一一六四)の『命題論集』第二巻第三十区分第八章(「クヮラッチ版」一巻四六四)。第九十一問題第六項を参照(とくに指定のない場合は第二部の第一部)。
（8）第三章(1147a24)(トマスの註解、第三講)。『命題論集』は中世の大学における教科書として広く用いられ、トマス、ボナヴェントゥラ、ドゥンス・スコトゥスその他、多くの学者による註解が現われた。
（9）『語源集』第二巻第十章、第五巻第三章。「ラテン教父全集」第八十二巻一三二、一九九。セビリアのイシドールス(五六〇頃—六三六)の著書『語源集』二十巻は中世にたいして古代の学問・教養を伝達する主要な百科全書的著作であった。
（10）第二十一章。「ラテン教父全集」第八十二巻二〇三。
（11）第一部第六十問題第五項、第二部の第二部第六十四問題第二項を参照。
（12）第一章(1129b17)(トマスの註解、第二講)。
（13）第一章(1252a5)(トマスの註解、第一講)。
（14）第一部第二問題第三項における「第四の道」の議論を参照。
（15）トマスの共通善概念に関するテキスト、およびその解釈については、拙著『トマス・アクィナスの共通善思想』有斐閣、昭和三十六年、を参照。

(16) この極めて含蓄に富む用語は、一般に、或る上位のちから、あるいは原因、原理が自らを何らかのものに関係づける働きを指すのに用いられる。代表的な用例はこの箇所および本問題第四項の他、第一部の天使論(第五十二問題第一項、その他)、第二部の第一部における同意 consensus(第十五問題)、行使・使用 usus(第十六問題)、良心 conscientia(第十九問題第五項)などの概念の説明、賢慮 prudentia の概念の説明(第二部の第二部第四十七問題)などにおいて見出される。

(17) 第一章(1103b3)(トマスの註解、第一講)。

(18) 第十章。「ラテン教父全集」第八十二巻二〇〇。第二巻第十章、「ラテン教父全集」第八十二巻一三〇を参照。

(19) 第一部第二区分第一章。A. Friedberg, Corpus Juris Canonici I. Decretum Magistri Gratiani (Leibzig, 1879) Akademische Druck-u. Verlagsanstalt, Graz, 1959. グラティアヌス(一一〇〇—一一五〇頃)はボローニア大学で法学を教えた修道士、一一四〇年頃、それまでの法制資料、学説等を集成して法典化したものが、『法令集』である。

(20) 第九章(1180a20)(トマスの註解、第十四講)。

(21) 第一章(1252a5)(トマスの註解、第一講)。

(22) トマスの『真理論』第十七問題第三項を参照。

(23) 「ユスティニアヌス法典」法典 codex 第一巻十四・七。前掲 Corpus Juris Civilis IV。

(24) 第一部第四区分第三章。

(25) 第十章。「ラテン教父全集」第八十二巻一三〇。

(26) 第九十三問題第一項を参照。
(27) 神の永遠性については第一部第十問題第二、三項を、創造の永遠性については第一部第四十六問題第一、二項を参照。
(28) 第六章。「ラテン教父全集」第三十二巻一二二九。
(29) 第一部第二十四問題第一項を参照。
(30) 第一部第二十二問題第一項、第百三問題第二項を参照。なお永遠法と神的摂理との関係については『真理論』第五問題第一項第六異論解答を参照。永遠法は摂理そのものではなく、摂理にとっての根源 principium とも言うべきものにあたる。
(31) 第九十四問題、トマス『命題論集註解』第四巻第三十三区分第一問題第一項を参照。
(32) 第六章。「ラテン教父全集」第三十二巻一二二九。
(33) 『正規註釈』六・七「ラテン教父全集」第一一四巻四七六、ペトルス・ロンバルドゥスの『註釈』「ラテン教父全集」第一九二巻一三四五。ここで『正規註釈』と呼んでいるのは「ラテン教父全集」第一一三―一一四巻(七五二まで)にウァラフリドゥス・ストラブス(八〇九頃―八四九)の著作として収められているGlossa Ordinariaであるが、トマスが著作者の名前を付することなく、たんに『註釈』Glossaとして引用するのは、中世における諸々の聖書註釈の間にあって、その声望と普及度のゆえに端的に『註釈』と呼ばれていたところの、十二世紀の初めランのアンセルムス(一〇五〇―一一一七)の作にかかるものである。元来、中世の聖書註釈は七、八世紀から十一世紀にわたって、聖書本文の欄外に記された「欄外註釈」glossa marginalisと、行間に書かれた「行間註釈」glossa interlinealis に始まり、それらから右にのべたランのアンセルムスの『註釈』を代表とする、中世固有の聖書註釈書が成立し、大学の神学部における聖書講義の活動を通じて発展してゆく。従来、「欄外註釈」がストラブスに帰せられ、その結果アンセルムスには「行間註釈」が帰せられていたが、これは誤りで、もともとこの二つは一体をなして伝えられてきたもので、十二、三世紀において聖書釈義における教科書の地位を占め、『正規註釈』Glossa Ordinaria と呼ばれたのは、前述のように、ランのアンセルムスの著作である。*Lexikon für Theologie und Kirche*, 4. Herder, Freiburg 1960, 1969 を参照。なお中世における聖書註釈の問題に関しては、C. Spicq, *Esquisse d'une Histoire de l'Exégèse Latine au Moyen Age*, J. Vrin, Paris, 1944 を参照。

(34) トマスの『護教大全』第三巻第七十八章を参照。

(35) 第一部第二十二問題第二項第四異論解答、第百三問題第五項第二、三異論解答を参照。

(36) 第九十五問題第一項を参照。

(37) 第六章。「ラテン教父全集」第三十二巻一二二九。

(38) 第一章(1053a31)(トマスの註解、第二講)。

(39) 第一章(1053a31)(トマスの註解、第二講)。

(40) 『自由意思論』第一巻第六、十五章。「ラテン教父全集」第三十二巻一二二九、一二三八。

(41) (通称)『発見論』第二巻第五十三章。ただし、原典では法《ユス》ではなく正義《ユスティティア》についてのべられている。

(42) 第九十三問題第二項、第九十四問題第四項を参照。
(43) 第十九問題第四項を参照。人間理性は神的理性なる永遠法からして、それが人間の意志ないし人間的行為の規則たることを得てきているのである。
(44) 『ニコマコス倫理学』第五巻(1137b29)、第一巻(1094b11)以下も参照。
(45) 第一部第一問題第一項、第二部の第二部第二十二問題第一項第一異論解答、第三部第六十問題第五項第三異論解答、『命題論集註解』第三巻第三十七区分第一問題第一項、『詩篇註釈』第十八、『ガラテヤ人への書翰註釈』第三章第七講、『護教大全』第一巻第四、五章を参照。
(46) ヴルガタ聖書では「神は始めより人を造り、かれを自らの思量するにまかせた」とある。
(47) 生命の自足性の段階に関しては、第一部第十八問題第三項を参照。
(48) 第三項第三異論解答を参照。
(49) 第五章。「ラテン教父全集」第三十二巻一二二八。
(50) 第九十六問題第二項を参照。
(51) 第十四問題第一項。
(52) 第百七問題第一項、『ガラテヤ人への書翰註釈』第一章第二講。
(53) 『ファウストゥス論駁《ろんばく》』第四巻第二章。「ラテン教父全集」第四十二巻二一七。
(54) ペトルス・ロンバルドゥス『命題論集』第三巻第四十区分第一章(「クワラッチ版」第二巻七三四)。
(55) 第九十問題第三項第二異論解答を参照。

(56)『マニカエウス(マニ)の弟子アディマントゥス論駁』第十七章。「ラテン教父全集」第四十二巻一五九。

(57) ヴルガタ聖書では「他のいかなるものにおいても救いはなく、またわれわれがそれによって救われなければならない名はこれ以外には与えられなかった」となっている。

(58) 第九十三問題第三項、『ローマ人への書翰註釈』第七章第四講を参照。

(59) この用語の由来についてはペトルス・ロンバルドゥス『命題論集』第二巻第三十区分第八章(「クワラッチ版」第一巻五六四)を参照。その本来意味するところは、点火に用いられる燃え易い木であり、無節度な情念でもって燃え上がり易い、人間の感覚的欲求の傾向あるいは状態を表示している。

(60) 第三章。「ラテン教父全集」第八十二巻一九九。

(61) 第七十四問題第三項、第八十二問題第三項を参照。

(62) 原初の正義、すなわち、原罪 peccatum originale を犯す以前の状態とは、純粋な自然本性の状態ではなく、恩寵によるところの、超自然的な正しい状態であって、その状態が原罪によって喪失されたのである。

(63) モデスティヌス。『学説彙纂《がくせついさん》』第一巻三・七。

(64)『護教大全』第三巻一一六章、『ニコマコス倫理学註解』第十巻第十四講を参照。

(65) 第六章(1106a15)(トマスの註解、第六講)。

(66) 第三巻第十一章(1282b12)(トマスの註解、第九講)。

(67)　第一章(1103b3)(トマスの註解、第一講)。
(68)　第十七問題第七項、第七十四問題第三項を参照。
(69)　第十三章(1260a20)(トマスの註解、第十項)。
(70)　第一異論を参照。
(71)　実際に該当箇所が見出されるのは後者のみである。第二巻第一章(1103b3)(トマスの註解、第一講)。
(72)　第八章。「ラテン教父全集」第三十二巻六八九。
(73)　第九十問題第二項を参照。
(74)　第四章(1277a20)(トマスの註解、第三講)。
(75)　『学説彙纂』第一巻三・一。
(76)　『ペラギウス派の二書翰論駁』第二巻第九章。「ラテン教父全集」第四十四巻五八六。
(77)　第十九章。「ラテン教父全集」第八十二巻二〇二。
(78)　「言表」の概念に関して、第一部第八十五問題第二項第三異論解答に「言表は知性の複合と分割を表示する」とある。
(79)　第一章(1129b19)(トマスの註解、第二講)。ただし人定法はすべての徳の行為を命令するのではない。第九十六問題第三項を参照。
(80)　第九十問題序言を参照。
(81)　第九十四問題。

(82) 第九十五問題。
(83) 第九十八問題。
(84) 第百六問題。
(85) 第八十一問題以下を参照。
(86) 第九十一問題第一項を参照。
(87) 『八十三問題の書』第四十六問題。「ラテン教父全集」第四十巻三十。
(88) 第三十章。「ラテン教父全集」第三十四巻一四七。
(89) 第六章。「ラテン教父全集」第三十二巻一二二九。
(90) 第十四章。「ラテン教父全集」第四十二巻一〇七六。
(91) 第十九問題第四項第三異論解答、『ヨブ記註釈』第十一章第一講。
(92) 第六章。「ラテン教父全集」第三十二巻一二二九。
(93) 第三十一章。「ラテン教父全集」第三十四巻一四八。
(94) 第一章(1094b27)(トマスの註解、第三講)。
(95) 第六章。「ラテン教父全集」第三十二巻一二二九。プロティノス『エネアデス』一、第一巻第八章(ビュデ版一、四十四)、二、第三巻第十七章(二、四十四)、四、第三巻第十七章(四、八十四)を参照。
(96) 第三問題第八項を参照。
(97) 第三十一章。「ラテン教父全集」第三十四巻一四八。

(98) 第一部第十二問題第十二項を参照。

(99) 「把握」の概念に関しては、第一部第十二問題第七項を参照。

(100) 第一部第十七問題第三項を参照。

(101) 『ニコマコス倫理学』第一巻第一章(1094b27)(トマスの註解、第三講)。

(102) トマスにおけるこれら二種類の判断に関する詳細な説明については、以下を参照。B. Garceau, *Judicium, Vocabulaire, Sources, Doctrine de Saint Thomas d'Aquin*, J. Vrin, 1968.

(103) この概念に関しては第二部の第二部第五十五問題第一—二項を参照。

(104) ヴルガタ聖書では「(なぜなら)神の法に従わず、また従うこともできない」となっている。

(105) 第五章。「ラテン教父全集」第三十二巻一二二八。

(106) 第一問題第四項、および第一部第二問題第三項における「第一の道」prima via を参照。

(107) ヴルガタ聖書では「神から出ないような権力はない」となっている。

(108) 第九十二問題第二項を参照。

(109) 第一部第百三問題第一項第三異論解答、第二部の第二部第四十九問題第六項を参照。

(110) この区別に関連しては、第九十五問題第二項および第二部の第二部第五十七問題第二項を参照。

(111) 第一部第十九問題第一および第十一項を参照。

(112) 第一部第二十七問題第二項を参照。

(113) 第一項第二異論解答を参照。

(114) 第三十一章。「ラテン教父全集」第三十四巻一四七。
(115) 『ヨハネ福音書』第十四章第二十八節。第三部第二十問題第一項を参照。
(116) 第五章(1015b10)(トマスの註解、第六講)。
(117) 第一部第二問題第三項のうち「第三の道」tertia via を参照。
(118) 『護教大全』第三巻第七十一―七十三章、『真理論』第五問題第三、四項を参照。
(119) トマスによる摂理および運命に関する考察を参照。第一部第二十二問題第二、三項、第百十六問題第一―四項。
(120) 第十三章(1102b25)(トマスの註解、第二十講)。
(121) 第一部百三問題第五、七項を参照。
(122) 『護教大全』第三巻第六十四、九十、百十一、百十二章を参照。
(123) ヴルガタ聖書では「神の霊によって導かれている人はだれでも神の子らである」となっている。
(124) ヴルガタ聖書では「肉の知恵」sapientia carnis となっている。
(125) 第六章。「ラテン教父全集」第三十二巻一二二九。
(126) 第十二章。「ラテン教父全集」第四十一巻六四〇。
(127) 第一章(1103b25)(トマスの註解、第一講)。徳が生具的なものであるか否かの問題については、第六十三問題第一項、第八十五問題第一、二項を参照。
(128) 第十五章。「ラテン教父全集」第三十二巻一二二三八。

(129)　第十八章。「ラテン教父全集」第四十巻三三三。

(130)　ornare(飾る)は、ピオ版では ordinare(秩序づける)となっているが、「ラテン教父全集」でも ornare となっており、それに従って読む。

(131)　ペトルス・ロンバルドゥスの『ガラテヤ人への書翰註釈』五・十八。「ラテン教父全集」第百九十二巻一五八。

(132)　第二部の第二部第五十五問題第二項第二異論解答を参照。

(133)　第九十三問題序言を参照。

(134)　第五十一問題第一項、第五十五問題第一項、第六十三問題第一項を参照。

(135)　habitus を「能力態」と訳さず、あえて「習慣」と訳したのは、「習慣」という日本語に habitus なるラテン語がもともとふくんでいた豊かな意味を回復する試みとしてである。habitus はほとんど自動機制的となった行為・働きの繰り返しの型を指すのではなく、もともと能力・可能態 potentia に付加されたところの何らかの現実態 actus であり、かならずしも倫理的な意味においてではないが、形而上学的な意味での完全性 perfectio を意味する。トマスの「習慣」概念については第四十九―五十四問題を参照。なお詳細な研究として以下を参照。V. J. Bourke, *The Perfecting of Potency by Habitus in the Philosophy of Saint Thomas Aquinas*, University of Toronto, 1938. G. Klubertanz, *Habits and Virtues*, Appleton-Century-Crofts, New York, 1965.

(136)　第五章(1105b20)(トマスの註解、第五講)。

(137)　「われわれの知性の法」という言いまわしはヨハネス・ダマスケヌス(六五〇頃―七五〇頃)

の『正統信仰論』第四巻第二十二章(「ギリシア教父全集」第九十四巻一二〇〇)に見出されるものであり、そのよりどころはバシリウス(三三〇頃—三七九頃)の『ヘクサエメロン教話』第七(「ギリシア教父全集」第二十九巻一五八)に見出される。なお『正統信仰論』は『知識の泉』と題する著書の第三部にあたる。

(138) 第二十一章。「ラテン教父全集」第四十巻三九〇。

(139) 第五十五問題第一項第一異論解答、第二部の第二部第四問題第六項。

(140) 第五十七問題第一、二項を参照。

(141) 『命題論集註解』第四巻第三十三区分第一問題第一項を参照。

(142) この重要な区別に関しては、第一部第二問題第一、二項、『護教大全』第一巻第十一章を参照。

(143) 『デ・ヘブドマディブス』「ラテン教父全集」第六十四巻一三一一。ボエティウス(四八〇頃—五二四)は論理学的著作、有名な『哲学の慰め』の他、五つの神学小論文を書いたが、本書はその一つである。トマスは本書および『三位一体論』の註解(ただし後者は未完)を著わしている。

(144) 第一部第五十二問題第一—三項、とくに第二項を参照。

(145) 第三章(1005b29)(トマスの註解、第四および六講)。第二部の第二部第一問題第七項を参照。

(146) 第十問題第一項を参照。

(147) omne agens agit propter finem なる基本命題に関しては、第一問題第一、二項、第六問題第一項、および『護教大全』第三巻第二—二十四章における詳細なる論述を参照。

(148) 『護教大全』第三巻第百二十九章を参照。
(149) 『学説彙纂《がくせついさん》』(ウルピアヌス)第一巻一・一。
(150) 『護教大全』第三巻第百二十九章を参照。
(151) 同右。
(152) 第五十六問題第四項、第二部の第二部第百四十一問題第二、三項。
(153) 『正統信仰論』第三巻第十四章。「ギリシア教父全集」第九十四巻一〇四五。
(154) 第六十三問題第一項を参照。
(155) 第十八問題第五項を参照。
(156) 第五十四問題第三項および第二部の第二部第四十七問題第七項を参照。
(157) 第二部の第二部第五十七問題第二項を参照。
(158) 『正統信仰論』第二巻第四章および第四巻第二十章。「ギリシア教父全集」第九十四巻八七六および一一九六。
(159) 第二部の第二部第百五十四問題第十一項。
(160) 第九十七問題第一項第一異論解答、第二部の第二部第五十七問題第二項第一異論解答、『命題論集註解』第三巻第三十七区分、第三項、第四項第二異論解答、第四巻第三十三区分第一問題第二項第一異論解答、『定期討論集・悪について』第二問題第四項第十三異論解答、『ニコマコス倫理学註解』第五巻第十二講を参照。
(161) 第一部第一区分序言。

(162) 第一章(1129b12)(トマスの註解、第二講)。
(163) 第五巻第七章(1134b32)(トマスの註解、第十二講)。
(164) 第五巻第四章。「ラテン教父全集」第八十二巻一九九。
(165) 第一章(184a16)(トマスの註解、第一講)。
(166) ボエティウス『デ・ヘブドマディブス』「ラテン教父全集」第六十四巻一三一一。
(167) 第二項を参照。
(168) 第六巻第二十三章。
(169) 第一部第一区分序言。
(170) 第九十七問題第一項第一異論解答、第二部の第二部第五十七問題第二項第一異論解答、『命題論集註解』第三巻第三十七区分第三項、第四項第二異論解答、第四巻第三十三区分第一問題第二項第一異論解答、『ニコマコス倫理学註解』第五巻第十二講、『定期討論集・悪について』第二問題第四項第十三異論解答を参照。
(171) 『正規註釈』三・四〇三E。「ラテン教父全集」第一一三巻一二〇一。ラバヌス・マウルス(七八〇頃―八五六)の『集会書註釈』第四巻第五章。「ラテン教父全集」第一〇九巻八七六。
(172) 第四章。「ラテン教父全集」第八十二巻一九九。
(173) 第一部第五区分序言。
(174) 第九十一問題第四項。
(175) 第九十一問題第三項。

(176) 第百問題第一項、第二部の第二部第百四問題第四項第二異論解答を参照。
(177) 第百問題第八項を参照。
(178) 第百五問題第六項第一異論解答。
(179) 財の私有については第二部の第二部第五十七問題第三項、第六十六問題第一、二、七項、奴隷制については第一部第九十六問題第四項を参照。
(180) 本問題第四項、第九十九問題第二項第二異論解答を参照。
(181) 『正規註釈』六・七。「ラテン教父全集」第一一四巻四七六。ペトルス・ロンバルドゥスの『註釈』「ラテン教父全集」第一九一巻一三四五。
(182) 第四章。「ラテン教父全集」第三十二巻六七八。
(183) 第四項を参照。
(184) 罪が人間の自然本性的なる善にたいしておよぼす影響に関しては、第八十五問題第一、二項を参照。
(185) 第九十三問題序言を参照。
(186) 第九十六問題。
(187) 第九十七問題。
(188) 第九十一問題第三項、『ニコマコス倫理学註解』第十巻第十四講を参照。
(189) 第四章(1132a22)(トマスの註解、第六講)。
(190) 第二十章。「ラテン教父全集」第八十二巻二〇二。

(191) 第一部第七十六問題第五項第四異論解答、第九十一問題第三項第二異論解答。
(192) 第九十二問題第一項第二異論解答、第九十八問題第六項、第百七問題第一項第二異論解答を参照。
(193) 第二章(1253a32)(トマスの註解、第一講)。
(194) 英語対訳版(トマス・ギルビイ訳)では expleo における ex を否定・欠如の意味にとって ex-pello(「排除する」)と置きかえて訳しているが、ここではレオ版、ピオ版その他に従って訳した。
(195) 第一章(1354a32)。
(196) 第二部の第二部第六十七—七十一問題における詳細な考察を参照。
(197) 第一章(1354b13)。
(198) 『命題論集註解』第三巻第三十七区分第三項、第四巻第十五区分第三問題第一項第四小問題、第二項第一小問題、『護教大全』第三巻第百二十三章、『ニコマコス倫理学註解』第五巻第十二講を参照。
(199) 第七章(1134b20)(トマスの註解、第十二講)。
(200) 第四章。「ラテン教父全集」第八十二巻一九九。
(201) 第七章(1134b18)(トマスの註解、第十二講)。
(202) 第七章(1134b20)(トマスの註解、第十二講)。
(203) 『学説彙纂』第一巻三・二〇。ただし原文では「先祖たちによって確立されたことのすべてについて……」とある。

(204) 第二巻第五十三章。
(205) 第五章。「ラテン教父全集」第三十二巻一二二七。
(206) 第十一章(1143b11)(トマスの註解、第九講)。
(207) 第二十一章。「ラテン教父全集」第八十二巻二〇三。
(208) 第三章。「ラテン教父全集」第八十二巻一九九。
(209) 第一巻第七章。
(210) 『語源集』第二巻第十章、第五巻第三章。「ラテン教父全集」第八十二巻一三一、一九九。
(211) 第一異論における引用。
(212) 第九章(200a10, 200b5)(トマスの註解、第十五講)。
(213) 『学説彙纂』第一巻三・二五。
(214) 『ニコマコス倫理学註解』第五巻第十二講を参照。
(215) 『語源集』第五巻第四章。「ラテン教父全集」第八十二巻一九九以下。
(216) 『語源集』第五巻第六章。「ラテン教父全集」第八十二巻二〇〇。
(217) 第四章。「ラテン教父全集」第八十二巻一九九。
(218) 第九章。「ラテン教父全集」第八十二巻二〇〇。
(219) 第七、八章。「ラテン教父全集」第八十二巻二〇〇。
(220) 第十五章。「ラテン教父全集」第八十二巻二〇一。
(221) 『語源集』第五巻第四章以下。「ラテン教父全集」第八十二巻一九九以下。

(222) 第十八問題第七項、第三十五問題第八項、第七十二問題第五項を参照。
(223) 第一章(1253a2)(トマスの註解、第二講)。
(224) 第七章(1279a32)(トマスの註解、第六講)。
(225) 第百五問題第一項を参照。
(226) 『語源集』第五巻第十章。「ラテン教父全集」第八十二巻二〇〇。
(227) 『学説彙纂《がくせついさん》』第一巻四八・五。
(228) 『学説彙纂』第一巻四八・八。
(229) 第二部の第二部第五十七問題第三項を参照。
(230) 第九十五問題序言。
(231) 『ニコマコス倫理学註解』第五巻第十六講を参照。
(232) 第七章(1134b23)(トマスの註解、第十二講)。
(233) 第一章(1053a1)(トマスの註解、第二講)。
(234) 『学説彙纂』第一巻三・三―四。
(235) 『語源集』第二巻第十章、第五巻第二十一章。「ラテン教父全集」第八十二巻一三一、二〇三。
(236) 第二十二巻第六章。「ラテン教父全集」第四十一巻七五九。
(237) 『ニコマコス倫理学』第五巻第七章(1134b23)(トマスの註解、第十二講)。
(238) 第一章(1052b18)(トマスの註解、第二講)。
(239) ピオ版では「支配者たちの」praesidentium とあるが、ここではレオ版の通りに prudentium

と読む。

(240) 第三章(1094b13)(トマスの註解、第三講)。

(241) 賢慮 prudentia がかかわることがらにおいて学知・論証知 scientia の場合と同じ確実性を要求すべきではない、という問題に関しては、第二部の第二部第六十問題第三項第一異論解答、第七十問題第二項を参照。

(242) 第九十一問題第四項、第九十三問題第三項第三異論解答、第九十六問題第三項第一異論解答、第九十八問題第一項、第二部の第二部第六十九問題第二項第一異論解答、第七十七問題第一項第一異論解答、第七十八問題第一項第三異論解答、『定期討論集・悪について』第十三問題第四項第六異論解答、『任意討論集第二』第五問題第二項第一、二異論解答、『ヨブ記註釈』第十一章第一講、『詩篇註釈』第十八を参照。

(243) 第二十章。「ラテン教父全集」第八十二巻二〇二。

(244) 第一章(1053a24)(トマスの註解、第二講)。

(245) 『語源集』第二巻第十章、第五巻第二十一章。「ラテン教父全集」第八十二巻一三一、二〇三。

(246) 第一部第四十九問題第三項第五異論解答を参照。

(247) 原語は nimis。ヴルガタ聖書では「はげしく」vehementer とある。

(248) トマス『マタイ福音書註釈』第九章第三節を参照。

(249) 第五章。「ラテン教父全集」第三十二巻一二二八。

(250) 第百問題第二項、『ニコマコス倫理学註解』第五巻第二項。

(251) ピオ版では「人定法」lex humana とあるが、ここではレオ版に従って読む。
(252) 第一章(1129b19)(トマスの註解、第二講)。
(253) それというのも、トマスが第二十一問題第四項第三異論解答においてのべているように、「ひとはかれの全体、ならびにかれの持ち物のすべてにおいて政治的共同体 communitas politica へと秩序づけられているのではない」からである。
(254) 法が直接にかかわるところの徳は正義であり、勇気、節制、賢慮、ならびにそれらに関連する諸々の徳については、それらが外的あるいは社会的に発現するかぎりにおいて法の問題となる。
(255) トマスの「平和」概念に関しては、第二部の第二部第二十九問題第一項を参照。
(256) 第二部の第二部第六十問題第五項第一異論解答を参照。
(257) 良心の倫理的拘束力に関しては、第十九問題第五、六項を参照。
(258) ヴルガタ聖書では「神の良心のゆえに」とある。
(259) 第九十三問題第三項第二異論解答、第九十五問題第二異論解答。
(260) 第九十問題第二項、第三項第三異論解答、第九十二問題第一項第三異論解答を参照。
(261) 部分が「自然本性的に」自らに固有の善よりも全体に共通なる善を愛することに関しては、第二部の第二部第二十六問題第三項を参照。
(262) 第五章。「ラテン教父全集」第三十二巻一二二七。
(263) 躓きの罪、すなわち行為や言葉によって他人に精神的な害悪を与える罪に関しては、第二部の第二部第四十三問題第一項を参照。

(264)　ヴルガタ聖書ではこれら二つの事例は順序が逆であり、かつ「あなたの上着を取ろうと欲する者……」とある。
(265)　ヴルガタ聖書では「なぜなら権能にして神からのものでないものはなく……それゆえ権能にさからう者は神の定めにさからう者である」とある。第九十三問題第三項第二異論解答を参照。
(266)　『ローマ人への書翰註釈』第十三章第一講。
(267)　グラティアヌス『法令集』第二部十九・二。
(268)　『学説彙纂』第一部三・三一。
(269)　第二部の第二部第六十九問題第三項第一異論解答。
(270)　ここで「暴力的」と訳した violentum, violentia はむしろ「反自然本性的」とするのが原意に忠実であろう。それと意志との関係については第六問題第五項を参照。
(271)　第九十三問題第六項第一異論解答を参照。
(272)　『正規註釈』三・一五七。「ラテン教父全集」第一一三巻九一九。ペトルス・ロンバルドゥスの『註釈』「ラテン教父全集」第一九一巻四八六。カシオドルス(四八五頃—五八五頃)『詩篇註釈』第五十・六。「ラテン教父全集」第七十巻三六一。カシオドルスはボエティウスの弟子である。
(273)　第一巻二・六。Friedberg, Corpus Juris Canonici II.
(274)　デキウム・アウソニウム『七賢者の意見』(ピッタコス)。「ラテン教父全集」第十九巻八七六。
(275)　ヴルガタ聖書では「なぜなら、かれらは重くて運ぶことの不可能な重荷をしばって人々の肩にのせるが、自分の指でそれを動かすことすら欲しない」とある。

(276) 第二部の第二部第六十問題第五項第二、三異論解答、第百二十問題第一項、第百四十七問題第四項、『命題論集註解』第三巻第三十七区分第四項、第四巻第十五区分第三問題第二項第一、二小問題、『ニコマコス倫理学註解』第五巻第十六講を参照。

(277) 第三十一章。「ラテン教父全集」第三十四巻一四八。

(278) 「ラテン教父全集」第十巻一〇七。ヒラリウス(三一〇頃―三六七)はアリウス派に対抗して正統信仰を擁護したことで知られる。

(279) 『学説彙纂』第一巻三・二五。

(280) 第九十五問題序言を参照。

(281) 第百四問題第三項第二異論解答、『ニコマコス倫理学註解』第五巻第十二講、『ガラテヤ人への書翰註釈』第一章第二講を参照。

(282) 第五章(1133a25)(トマスの註解、第九講)。

(283) 第六章。「ラテン教父全集」第三十二巻一二三九。

(284) 第六章。「ラテン教父全集」第三十二巻一二二九。

(285) 『政治学註解』第二巻第十二講を参照。

(286) 第一章(1103a16)(トマスの註解、第一講)。

(287) 第一部十二・五。

(288) 『学説彙纂』第一巻四・二。

(289) 第二部の第二部第七十九問題第二項第二異論解答、『命題論集註解』第四巻第三十三区分第一問題第一項第一異論解答、『任意討論集第二』第四問題第三項、第七問題第二項を参照。
(290) 『書翰』第三十六第一章。「ラテン教父全集」第三十三巻一三六。
(291) グラティアヌス『法令集』第一部十一・七。
(292) 第十七問題第一項、第九十問題第一項、第九十二問題第一項を参照。
(293) 第一部第十九問題第十二項を参照。
(294) 第八十。「ラテン教父全集」第八十三巻八六三。
(295) 第九十五問題第三項。
(296) 第九十六問題第六項、第百問題第八項、第二部の第二部第八十八問題第十項、第八十九問題第九項、第百四十八問題第四項、『命題論集註解』第三巻第三十七区分第四項、第四巻第十五区分第三問題第二項第一小問題、第二十七区分第三問題第三項第四異論解答、『護教大全』第三巻第百二十五章を参照。
(297) 第二巻第十章、第五巻第二十一章。「ラテン教父全集」第八十二巻一三一、二〇三。
(298) 第二章(1094b10)(トマスの註解、第二講)。
(299) この配分正義 justitia distributiva に反する罪に関しては、第二部の第二部第六十三問題を参照。
(300) 第十章、および第五巻第三章。「ラテン教父全集」第八十二巻一三一、一九九。
(301) 十戒に関する免除については、第百問題第八項、第九十四問題第五項第二異論解答を参照。

(302) 第九十三問題序言を参照。
(303) 第九十九問題。
(304) 本問題第二項第一、二異論解答、『ガラテヤ人への書翰註釈』第三章第七、八講、『テモテへの第一書翰註釈』第一章第三講、『ローマ人への書翰註釈』第七章第二、三講、『マタイ福音書註釈』第二十三章を参照。
(305) 第十章。「ラテン教父全集」第八十二巻一三一。
(306) 第九十五問題第三項を参照。
(307) 「神を試みるのか」という訳はヴルガタ聖書によったものであり、引用では「神を」が脱落している。
(308) 第二十節。「ギリシア教父全集」第三巻七二〇(トマスの註解、第十六講)。
(309) 第九十六問題第二項を参照。
(310) 第九十一問題第四項を参照。
(311) 第百六問題第一項を参照。
(312) 第百一問題を参照。
(313) 第五十五問題第三項第一異論解答、第九十九問題第二項第三異論解答を参照。
(314) 『ヘブライ人への書翰註釈』第七章第三講を参照。
(315) 第九十九問題第六項。
(316) ヴルガタ聖書では「かれは自らに背いて分裂している」とある。

(317) 第二部の第二部第二問題第五項第一異論解答。

(318) 『イザヤ預言書註釈』第六章、『ガラテヤ人への書翰註釈』第三章第七講、『コロサイ人への書翰註釈』第二章第四講、『ヘブライ人への書翰註釈』第二章第一講を参照。

(319) ヴルガタ聖書では「すべてこれらの言葉を……」とある。

(320) ヴルガタ聖書では「人が自分の友と語るならわしのように」とある。

(321) 「ギリシア教父全集」第三巻一八〇。今日 Corpus Dionysiacum もしくは Corpus Areopagiticum と呼ばれ、ミーニュ「ギリシア教父全集」第三、四巻に収録されている著作群——『神名論』『神秘神学』『天上位階論』『教会位階論』など——の著者は、中世においては使徒パウロの影響でキリスト教に改宗したディオニシウス・アレオパギタであると信じられていたが、今日では五世紀の終り頃シリア地方で著作に従事した修道士・神学者であろうと推定されている。使徒パウロの弟子という伝承も手伝って、その著作は中世を通じて大きな影響を及ぼした。トマスは『神名論』の註解を著わしており、かれの「否定神学」theologia negativa 的傾向が Corpus Dionysiacum の著者から深い影響を受けとっていることは否定できない。

(322) 第一部第百十一問題第一項を参照。

(323) 第一部第二十二問題第三項、第百三問題第六項、第百十六問題第二項を参照。

(324) 『道徳論』(別名)『ヨブ記講解』Libri Moralium 序言第一章。「ラテン教父全集」第七十五巻五一七。グレゴリウス(五四〇頃—六〇四)、すなわち教皇グレゴリウス一世は、その組織家としての天才のゆえに大グレゴリウスと称せられる。その著である聖人伝『対話』は有名である。

(325) 第二十七章。「ラテン教父全集」第三十四巻四七七。
(326) 第一部第十二問題第十一項を参照。
(327) ヴルガタ聖書では「見よ、私は……」とある。
(328) ヴルガタ聖書では「このいとも優れた地を」とある。
(329) 引用では eritis と未来形が用いられているが、ヴルガタ聖書では命令形 estote である。
(330) ヴルガタ聖書では「あなたの先祖たち」とある。
(331) 第二十六講。『ヨハネ福音書』第六章(第四十四節)について。「ラテン教父全集」第三十五巻一六〇七。
(332) 第一部第二十三問題第五項第三異論解答、第二部の第二部第六十三問題第一項を参照。
(333) ヴルガタ聖書では「神の子」の「神の」がなく、「契約も」の前に「栄光も」とある。
(334) 第九十七問題第四項第二異論解答、第一部第二十三問題第五項第三異論解答、第二部の第二部第六十三問題第一項を参照。
(335) 第八章。「ラテン教父全集」第四十四巻九七一。
(336) 第八十五問題第一、二項を参照。
(337) 『マタイ福音書註釈』第二十三章、『ローマ人への書翰註釈』第二章第三講、第六章第三講。
(338) 第九章。「ギリシア教父全集」第三巻二六一。
(339) 第百問題第一項を参照。
(340) 第二部の第二部第八十五問題第四項第一異論解答を参照。

(341)　第三部第七十問題第二項第二異論解答、『命題論集註解』第四巻第一区分第一問題第二項第一小問題、『ガラテヤ人への書翰註釈』第三章第七講を参照。
(342)　この訳は引用通りヴルガタ聖書によったものであるが、旧約聖書原典にもとづく日本聖書刊行会『聖書』では「高くあげられた者、ヤコブの神に油そそがれた者の告げた言葉」となっている。
(343)　『正規註釈』六・八三「ラテン教父全集」第一一四巻五七六。ペトルス・ロンバルドゥスの『註釈』「ラテン教父全集」第一九二巻一二七。
(344)　第九十四問題第六項を参照。
(345)　第百六問題第三項を参照。
(346)　第九章(1280a32)。
(347)　第九十八問題序言を参照。
(348)　第百問題。
(349)　『正規註釈』六・九一「ラテン教父全集」第一一四巻五九二、ペトルス・ロンバルドゥスの『註釈』「ラテン教父全集」第一九二巻一八五、アンブロシアステル(偽アンブロシウス)『エフェソ人への書翰註釈』第二章(第十五節)「ラテン教父全集」第十七巻三七九。
(350)　目的の必然性については第一部第八十二問題第一項を参照。
(351)　第二部の第二部第四十四問題第二項を参照。
(352)　第四章(1166a1)(トマスの註解、第四講)。

(353) 第二部の第二部第四十四問題第三項を参照。
(354) 本問題第四項、『マタイ福音書註釈』第二十三章。
(355) 倫理的規定については、第百問題第一項に「本性上、善い倫理的実践 mores boni に属するところのことがらにかかわる」との説明がある。
(356) 『正規註釈』六・一五九「ラテン教父全集」第一一四巻六六七、ペトルス・ロンバルドゥスの『註釈』「ラテン教父全集」第一九二巻五〇三。
(357) 第二十七問題第三項を参照。
(358) 第六十五問題第五項を参照。
(359) 前掲註(329)を参照。
(360) 第六章(1106a15)(トマスの註解、第六講)。
(361) 第九十一問題第四項、および「恩寵は自然本性を前提する」というトマスの根本的な考え方に関しては、第一部第一問題第八項、第二問題第二項第一異論解答を参照。
(362) 第九十四問題第六項を参照。
(363) 第九十一問題第四項を参照。
(364) 第一部第一問題第一項を参照。
(365) 第十四章。「ラテン教父全集」第四十四巻二一六。
(366) 第九十八問題第一項第二異論解答。
(367) 本問題第四、五項、第百一問題第一項、第百三問題第三項、第百四問題第一項、第二部の第二部第百二十二問題第一項第二異論解答、『命題論集註解』第四巻第一区分第一問題、『マタイ福音書註釈』第二十三章、『任意討論集第二』第四問題第三項を参照。

(368) 祭儀的規定の何たるかに関しては、第四項ならびに第百一問題第一項を参照。

(369) 第五十三章。

(370) 第三章。「ラテン教父全集」第三十四巻三十七。

(371) 第二部の第二部第八十一問題第五項。

(372) 『言行録』第一巻第一章第十節。マクシムス・ヴァレリウスについては、かれがローマの歴史家であって、二四年に地方総督セクストゥス・ポムペイウスに従ってアジアへおもむいたことだけが知られている。帰還後『言行録』九巻 Factorum et Dictorum Memorabilium Libri を書き、ティベリウス帝に献呈した。トマスはこの書物を好んで引用する。

(373) 第九十五問題第一項を参照。

(374) 第二部の第二部第八十一問題第二項。

(375) 第一章。「ギリシア教父全集」第三巻一二一。

(376) 本問題第五項、第百三問題第一項、第百四問題第一項、第二部の第二部第八十七問題第一項、第百二十二問題第一項第二異論解答、『マタイ福音書註釈』第二十三章、『任意討論集第二』第四問題第三項を参照。

(377) 律法の倫理的規定を、人間相互間の秩序づけにかかわることがらに関して特殊的に規定するのが司法的規定である。第百四問題第一項を参照。

(378) 第六巻第二章、第十巻第二章。「ラテン教父全集」第四十二巻二三八、二四三。

(379) 『正規註釈』三・二六九「ラテン教父全集」第一一三巻一〇四一、ペトルス・ロンバルドゥスの『註釈』「ラテン教父全集」第一九一巻一〇九五。カシオドルス『詩篇講解』詩篇第百十八(第百二節)「ラテン教父全集」第七十巻八七〇。

(380) 第二部の第二部第六十問題第一項を参照。

(381) 本問題第四項、『ガラテヤ人への書翰註釈』第五章第三講、『ヘブライ人への書翰註釈』第七章第二講を参照。

(382) ヴルガタ聖書では「かれ」とある。

(383) 『行間註釈』三・二六八、ペトルス・ロンバルドゥスの『註釈』「ラテン教父全集」第一九一巻一〇九〇。

(384) ヴルガタ聖書では「あなたがたの神である主が」とある。

(385) ヴルガタ聖書では「われらの神」とある。

(386) 第七章(1134b18)(トマスの註解、第十二講)。

(387) 第二部の第二部第二十三問題第三項第一異論解答、第三十一問題第三項第三異論解答、第八十問題第一項、第百二問題第二項第二異論解答、第百六問題第一項第二異論解答、第四項第一異論解答、第百十四問題第二項、第百十七問題第五項第一異論解答、第百十八問題第三項第二異論解答を参照。

(388) 『正規註釈』「マルコ福音書」序言五・八八「ラテン教父全集」第一一四巻一八〇。

(389) 第五十三章。
(390) 第九十一問題第五項、第百七問題第一項第二異論解答、『命題論集註解』第三巻第四十区分第二項、第四項第一小問題、『ローマ人への書翰註釈』第八章第三講、第十章第一講を参照。
(391) 「ラテン教父全集」第四十巻二十五。
(392) 正確な引照箇所は不明である。レオ版ほか、参照した諸版は第九章(1271a26)を推定しているが適当とは思われない。むしろ、それに先立つ箇所で国民たちの名誉心や欲望(金銭欲)を増長させるような立法が批判されているのをトマスは頭においていたのかもしれない。
(393) 第二部の第二部第八十三問題第六項を参照。
(394) 第一部第二十一問題第四項第三異論解答。
(395) 『マタイ福音書』第十五章第八節を参照。
(396) ヴルガタ聖書では「この民はその口でもって私に近づき、そのくちびるで私に栄光を帰するが、……」とある。
(397) 第九十九問題序言を参照。
(398) 第百一問題。
(399) 第百四問題。
(400) 第百四問題第一項を参照。
(401) 引用では dilectio となっているが、ヴルガタ聖書では caritas とある。
(402) 第十八問題第五項を参照。

(403) 第九十一問題第四項、第九十九問題第二項第二異論解答を参照。
(404) 第二部の第二部第百四十問題第二項を参照。
(405) 第二巻第十章、第五巻第二十一章。「ラテン教父全集」第八十二巻一三一、二〇三。
(406) 第一章(1130a4)(トマスの註解、第二講)。
(407) 『天国論』第八章。「ラテン教父全集」第十四巻三〇九。アンブロシウス(三三三頃―三九七)はミラノの司教として、アウグスティヌスに影響を与えたとされる。
(408) 第一章(1289a11)(トマスの註解、第一講)。
(409) 第九十八問題第一項、第九十九問題第二、三項を参照。
(410) 第一章(1129b23)(トマスの註解、第二講)。
(411) 第一部第九十三問題第六項を参照。
(412) 第五十七問題を参照。
(413) 第六十問題第二項を参照。
(414) 第百八問題第四項を参照。
(415) 第十一章(1138b5)(トマスの註解、第十七講)。
(416) 第百十三問題第一項、第二部の第二部第五十八問題第二項を参照。
(417) 本問題第十一項、第二部の第二部第百二十二問題第六項第二異論解答、『命題論集註解』第三巻第三十七区分第三項、『定期討論集・悪について』第十四問題第二項第十四異論解答、『任意討論集第七』第七問題第一項第八異論解答。

(418)　『欄外註釈』五・十九「ラテン教父全集」第一一四巻九十。
(419)　第九十八問題第三項を参照。
(420)　第九十四問題第二、四、六項を参照。
(421)　第二部の第二部第四十四問題第一項第三異論解答。
(422)　第二部の第二部第百二十二問題第四項第一異論解答を参照。
(423)　第二項第二異論解答を参照。
(424)　『旧約七書《ヘプタテウコス》問題論集』第二巻第七十一問題「ラテン教父全集」第三十四巻六二一。
(425)　『旧約七書問題論集』第二巻第七十一問題「ラテン教父全集」第三十四巻六二一。
(426)　『正規註釈』一・一六三「ラテン教父全集」第一一三巻二五〇。アウグスティヌス『旧約七書問題論集』第二巻第七十一問題「ラテン教父全集」第三十四巻六二〇を参照。
(427)　『レビ記註釈』第七巻。「ギリシア教父全集」第九十三巻一一五〇。この註釈の著者はエルサレムの司祭ヘシキウス Hesychius Hierosolymitanus Presbyter と記されているが、その真偽については論争がある。
(428)　「ラテン教父全集」第二十五巻九〇八。ヒエロニムス(三四〇頃—四二〇)はラテン語訳聖書(ヴルガタ聖書)を完成した。
(429)　第三項第二異論解答を参照。
(430)　『出エジプト記講話』第七「ギリシア教父全集」第十二巻三五一。オリゲネス(一八五頃—二五四頃)『ペリ・アルコーン』(ラテン語訳 *De Principiis*)その他の著作がある。

(431) ヴルガタ聖書では「ケルビム」とある。
(432) 第七十七問題第五項を参照。
(433) 『旧約七書問題論集』第二巻第七十一問題「ラテン教父全集」第三十四巻六二一。
(434) 『旧約七書問題論集』第二巻第七十一問題「ラテン教父全集」第三十四巻六二一。
(435) 第二部の第二部第十六問題第一項を参照。
(436) 第五章(1175b28)(トマスの註解、第八講)。
(437) 『命題論集註解』第三巻第三十七区分第二項第二小問題、『護教大全』第三巻第百二十、百二十八章、『定期討論集・愛について』第七項第十異論解答、『ローマ人への書翰註釈』第十八章第二講を参照。
(438) 『出エジプト記』第二十章、『申命記』第五、六章。
(439) 『天国論』第八章「ラテン教父全集」第十四巻二九二。
(440) 第七十二問題第四項を参照。
(441) 第七十二問題第七項を参照。
(442) 第七十二問題第七項を参照。
(443) 『詩篇講解』第三十二「ラテン教父全集」第三十六巻二八一。
(444) 第三項第一異論解答を参照。
(445) 第二部の第二部第二十五問題第四、五、七項を参照。
(446) 第二十九問題第四項を参照。

(447) 第三項を参照。
(448) ヴルガタ聖書では「主」Dominus とある。
(449) 第二部の第二部第百二十二問題第四項を参照。
(450) 『正規註釈』一・一六四「ラテン教父全集」第一一三巻四五八。イシドールス『旧約聖書問題論集』「ラテン教父全集」第八十三巻三〇一を参照。
(451) 第二部の第二部第百二十二問題第三項を参照。
(452) 第二部の第二部第百二十二問題第五項を参照。
(453) 第十二章(1161b19)(トマスの註解、第十二講)。
(454) 第二部の第二部第百二十二問題第二、三、四、五、六項、『命題論集註解』第三巻第三十七区分第二項、第三小問題を参照。
(455) 『アリストテレス範疇論註解』第四巻「ラテン教父全集」第六十四巻二二七。
(456) ヴルガタ聖書では、この箇所は「神からのものでないような権能はない」とあるのに続いて「しかるに、在るところの権能は、神によって命令され・秩序づけられたものである a Deo ordinatae sunt」となっている。
(457) 第一部第百三問題第二項第二異論解答。
(458) 第五項主文を参照。
(459) 第七十二問題第七項を参照。
(460) 第五項第四異論解答を参照。

(461) 第七十二問題第六項第二異論解答を参照。
(462) 第五章(411a5)(トマスの註解、第十二講)。
(463) 第二部の第二部第百二十二問題第二、三、四、五、六項、『命題論集註解』第三巻第三十七区分第二項第一小問題を参照。
(464) 『出エジプト記』第二十章、『申命記』第五、六章。
(465) 第二巻第十章、第五巻第三章。「ラテン教父全集」第八十二巻一三〇、一九九。
(466) 第十四章(1163b15)(トマスの註解、第十四講)。
(467) 第三項第二異論解答を参照。
(468) 第九章(1180a4)(トマスの註解、第十四講)。
(469) 第九十四問題第五項第二異論解答、第二部の第二部第百四問題第五項第二異論解答、『命題論集註解』第一巻第四十七区分第四項、第三巻第三十七区分第四項、『定期討論集・悪について』第三問題第一項第十七異論解答、第十五問題第一項第八異論解答を参照。
(470) 第一項を参照。
(471) 第七章(1134b29)(トマスの註解、第十二講)。
(472) 第九十四問題第四、五項を参照。人間本性の可変性に関しては第二部の第二部第五十七問題第二項第一異論解答を参照。そこでは「人間本性は可変的である」と明言されている。
(473) 第五項を参照。
(474) 第四章。「ラテン教父全集」第三十二巻一二二六。

(475)　第九十六問題第三項第二異論解答、第二部の第二部第四十四問題第四項第一異論解答、『命題論集註解』第二巻第二十八区分第三項、第四巻第十五区分第三問題第四項第一小問題第三異論解答を参照。

(476)　第一章(1103b3)(トマスの註解、第一講)。

(477)　『正規註釈』三・二二六、四・七二「ラテン教父全集」第一一三巻一〇〇〇、第一一四巻五六四、ペトルス・ロンバルドゥスの『註釈』「ラテン教父全集」第一九二巻六三。アウグスティヌス『詩篇講解』「詩篇」第九十一(第四節)「ラテン教父全集」第三十七巻一一七四を参照。

(478)　第二巻第四章(1105a17)(トマスの註解、第四講)、第五巻第八章(1135b24)(トマスの註解、第十三講)。

(479)　第九十二問題第一項を参照。

(480)　第九章(1179b11, 1180a3, 1180a21)(トマスの註解、第十四講)。

(481)　第九十一問題第四項を参照。

(482)　第四章(1105a31)。

(483)　第七十六問題第一項を参照。

(484)　第三章(1104b3)(トマスの註解、第三講)。

(485)　『命題論集註解』第三巻第三十六区分第六項、『真理論』第二十三問題第七項第八異論解答、第二十四問題第十二項第十六異論解答、『定期討論集・悪について』第二問題第五項第七異論解答を参照。

(486) 異端第八十八「ラテン教父全集」第四十二巻四十七。
(487) 第八十八問題第一項を参照。
(488) この箇所でのトマスの論述はアルベルトゥス・マグヌス(一二〇〇頃—一二八〇)に拠っている。トマスの師アルベルトゥスは、アリストテレスの全著作をラテン人に知らせようとする雄大な企画を立て、それを精力的に遂行した。第一義的には神学者であるが、経験的な自然研究にも深い関心を示した。『命題論集註解』第三巻第三十六区分第六項。
(489) 第八十八問題第一項第二異論解答を参照。
(490) 第九十九問題第一項第二異論解答、第二部の第二部第二十三問題第四項第三異論解答、第四十四問題第一項を参照。
(491) 第八十八問題第一項第二異論解答を参照。
(492) 第百九問題第四項を参照。
(493) 本問題第三項を参照。
(494) 第二部の第二部第百四十九問題を参照。
(495) 第九十一問題第四項を参照。
(496) ヴルガタ聖書では「売春宿に通う者」scortator とある。
(497) 第九十八問題第一項、『命題論集註解』第三巻第四十区分第三項、『ローマ人への書翰註釈』第二章第三講、第三章第二講、『ガラテヤ人への書翰註釈』第二章第四講、第三章第四講を参照。
(498) 第十四章。「ラテン教父全集」第四十四巻二一五。

(499) 第一部第十三問題第五項を参照。

(500) 第二十四章。「ラテン教父全集」第四十二巻四一七。

(501) 第百十三問題第八項を参照。

(502) ヴルガタ聖書では「律法の」legis という言葉はない。

(503) 第一章(1129b30)(トマスの註解、第二講)。第六十問題第三項第二異論解答を参照。

(504) 第二部の第二部第百二十二問題第一項第二異論解答を参照。

(505) トマスは第九十問題の序言において次のようにのべている。「続いては行為の外的諸根源を考察しなければならない。ところで、悪へと傾かしめる外的根源は悪魔であるが、その試みについては第一部でのべられた。これにたいして、善へと動かすところの外的根源は神であり、かれはわれわれを法でもって教導し、恩寵でもって助ける。したがって、はじめに法について、続いて恩寵についてのべなければならない。」この構想にもとづいて、まず法の本質、種類、効果など、法全般についての考察が為され(第九十—九十二問題)、それに続いて永遠法(第九十三問題)、自然法(第九十四問題)、人定法(第九十五—九十七問題)、神法のうちの旧法(第九十八—百五問題)の順で法のそれぞれの種類が考察され、神法のもう一つの種類である新法を考察する段階に到達したわけである。

(506) 成文法(書かれた法、書き記された法)は書かれざる法としての自然法と対置せしめられることもあるが(第九十四問題第五項第一異論解答)、自然法が「人々の心に書き記された法」である、と言われることもある(第九十四問題第六項反対異論)。さらに一般的な用法として慣習ないし慣習法と対置せしめられる。イシドールス『語源集』第二巻第十章、第五巻第三章を参照。

(507) ここで「内心の」と訳した indita は innata(生得的、自然本性的)と同じ意味に解されることもあるが、ここでは明確に区別されている。

(508) Cf. S. T. I-II, 106, 2; 107, 1, ad 2; ad 3; 108, 1; In Joan. 20, 6; In Rom. 8, 1; In II Cor. 3, 2; In Hebr. 8, 2.

(509) 「状態」(身分) status の概念については S. T. II-II, 183, 1 を参照。

(510) 原文ではたんに「使徒」Apostolus として指示されている。なお『ヘブライ人への書翰』の著者については、トマスはこの書翰の註解(In Hebr.)の序言において、この書翰がパウロの作ではないとする論拠を紹介した上で、それらに反論を加え、この書翰が使徒パウロによって書かれたものであるとの見解を示している。

(511) 原文では「哲学者」Philosophus として引照されている。なお「哲学者たち」philosophi と複数で語られるときは、キリスト教の聖なる教師たち sancti, doctores sancti にたいして異教徒である哲学者たちを指す。

(512) この引用は原文とはかなり相違がある。引用文は unaquaeque res illud videtur esse quod in ea est potissimum であるが、原文のラテン語訳は (Quoniam quidem igitur) hoc unus quisque est (vel) maxime,……「各人は何より第一にこのものである……」となっている。

(513) ここで fides Christi を「キリストにたいする信仰」と訳したのは、次の「キリストを信ずる者どもに」Christi fidelibus という表現、および第三異論解答における明示的と暗黙的という区別に照らしてである。

(514) トマスが新約ないし新約の法、すなわち福音は(聖霊の)恩寵そのものである、と明言していることは注目に値する。

(515) 西方ラテン教会最大の教父であるアウグスティヌス(三五四—四三〇)について、ここでは、かれが「恩寵博士」Doctor Gratiae と呼ばれる慣習があったことのみ記しておく。

(516) 福音の法は「書き記された法」であるか否か、という問題設定は、新約ないし福音は書き記された法ではないことを主張するヨアキム・デ・フローラ(一一三五頃—一二〇二)およびその追随者を意識したものであり、ここでトマスは聖霊の恩寵はキリストにたいする信仰を通じて与えられることを強調することによって「聖霊中心主義」の行き過ぎを批判し、さらに第二次的には福音の法が書き記された法であると指摘することも忘れてはいない。

(517) 明示的および暗黙的信仰の概念については S. T. II-II, 2, 5; 6; 7; 8 を参照。

(518) Cf. In Rom. 10, 2; In II Cor. 3, 2.

(519) ここで語られている「義とする」あるいは「成義」justificatio および「(正)義」justitia の意味については第百十三問題を参照。

(520) ここで、トマスの理解する新法ないし福音の法とは、第一義的に言って倫理的掟——それがいかに崇高なものであろうと——ではなく、義とされ、救われた人間がそれによって生きる新しい生命としての恩寵そのものであることが強調されている。

(521) 「罪を犯さない」ことと、「罪を犯すことができない」こととの違いに関しては S. T. I-II,

114, 9を参照。

(522) 栄光の状態とは究極目的である至福 beatitudo に到達した状態、あるいは永遠の生命を享受する状態である。cf. S. T. I, 62, 4; 109, 1; I-II, 67, 4.

(523) ここで「充分な」と言われているのは、人がそれによりすがることによって、罪を犯さないことができる posse non peccare のに充分なという意味であって、人を「罪を犯すことができない」ところまで高めるのに充分なという意味ではない。

(524) Cf. S. T. I-II, 91, 5, ad 2.

(525) 配分正義に反する悪徳としての特別待遇についてはS. T. II-II, 63, 1-4を参照。

(526) トマスの引用においてはこの後の et が欠落している。

(527) トマスは人類の始源において神が受肉し給うことはふさわしいことではなかったことを論ずるにあたってこれらと同様の三つの理由を挙げている。cf. S. T. III, 1, 5.

(528) 人類は人祖の罪のゆえに原初の正義 justitia originalis と呼ばれる恩寵の状態、もしくは十全なる自然本性の状態 status naturae integrae から転落したが、それによって恩寵の扶助をすべて喪失したのではない。むしろ、善を意志し、為すことができるためには、人間は常に恩寵を必要とするのであり、そのような恩寵が人間にたいして拒まれることはなかったのである。cf. S. T. I-II, 109, 2.

(529) De Perfectione Justitiae（Hominis）への引照が為されているが、実際には次の著作からの引用である。Epist. 207 Ad Vitalem, cap. 5 (PL33, 984); De Peccatorum Meritis et Remissione et

de Baptismo Parvulorum ad Marcellinum, Lib. II, cap. 19 (PL44, 170).

(530) この点に関して詳述している箇所としてS. T. II-II, 2, 7を参照。

(531) 自然本性そのものが罪によって完全に破壊されることはない、ということはトマスの基本的洞察である。じっさい「罪によって人間から理性的なるものが完全に取り去られることは不可能である、なぜならそのときにはもはや罪を犯すことが不可能となってしまうであろうから」。cf. S. T. I-II, 82, 5.

(532) Cf. In Matth. 24, 3.

(533) この異論については以下を参照。“Errores 31 a quibusdam magistris theologiae Parisiensibus ex Introductorio in Evangelium aeternum et ex ipso Evangelio aeterno excerpti”, Denifle, H. et Chatelain, AE., Chartularium Universitatis Parisiensis, I, 272. なお本項でトマスが批判している立場はヨアキム・デ・フローラに遡《さかのぼ》るとされ、その後代の弟子であるフランシスコ会修道士ゲラルドゥス・デ・ボルゴ・サン・ドンニーノによって唱えられたものであるが、後者のIntroductorium in evangelium aeternum は一二五六年、教皇アレクサンデル四世によって断罪されている。なお、このようなヨアキムの「歴史神学」をめぐる論争は、フランシスコ会内部の清貧の問題をめぐる対立、およびパリ大学への托鉢修道会の進出によってひきおこされた、在俗司祭教授団と托鉢修道会との対立抗争などと結びついていたことに注意すべきであろう。以下を参照。M. W. Bloomfield, Joachim of Flora. A Critical Survey of His Canon, Teachings, Sources, Biography and Influence, Traditio XIII, 1957, p. 249-311. 坂口昂吉「ボナヴェントゥラの歴史神学におけるキリストの位置」『中世思想研究』29、昭和六十二年、二一一―三九頁。

(534) Denifle, Chartularium, I, 274.

(535) 固有せしめる appropriare ことの意味については S. T. I, 39, 7 を参照。

(536) Denifle, Chartularium, I, 274. この異論で要約された歴史の三時代区分はヨアキムの見解として有名である。

(537) Denifle, Chartularium, I, 272.

(538) ヨハネス・クリュソストモス(三四七頃―四〇七)は、コンスタンティノポリス大司教、教父、とくに名説教家として知られる。多くの修徳神学、護教論的著作の他、字義に忠実なアンティオキア学派の流れをくむ聖書釈義の著作を多くのこしている。

(539) これは原文に忠実な引用ではなく、第十九―二十二節の要約である。

(540) トマスが『註釈』Glossa として引照するのは当時広く用いられていた聖書註解であり、それらにはいわゆる『正規註釈』Glossa Ordinaria および『行間註釈』Glossa Interlinearis がふくまれていた。なお『註釈』の標準版は次に掲げるものであり、表記はそれに従う。Glossa Ordinaria, (ed.) I. P. de Langedorff. I. F. de Hammelburg, 6 Vols., Basel, 1506-1508.

(541) Dionysius Areopagita(偽ディオニシウス Pseudo-Dionysius)は、ディオニシウス文書、すなわち『神名論』『神秘神学』『天上位階論』『教会位階論』などの著作を通じて中世思想に大きな影響を及ぼし、使徒パウロがアテナイのアレオパゴスで行った説教によって回心した人物(ディオニシオ、『使徒行録』第十七章第三十四節)その人であるとの伝説の背後に隠れているこの著作家については、現在のところ、これらの著作が東方、おそらくシリアから伝来したこと、著作年代は五三三年コンスタンティノポリスにおけるキリスト単性論者と正統派との集会以前であることに関して研究者の間で一致が見られるのみである。以下を参照。T. L. Campbell, Dionysius, the Pseudo-Areopagite: The Ecclesiastical Hierarchy, University Press of America, 1981, p. 10-11. 熊田陽一郎『美と光――西洋思想史における光の考察』国文社、昭和六十一年、三六―四〇頁。

(542) patria(父祖の地、故郷)は、しばしば「旅路」via「現在の生」haec vitaと対置せしめられる。

(543) 予表的の意味についてはS. T. I-II, 101, 2; 102, 3を参照。

(544) アウグスティヌス『異端について』第二十六節(PL42, 30)を参照。

(545) モンタヌス(?―一七〇頃)はフリギアにおいて二世紀後半に起こった終末論的・預言者的運動モンタヌス派の創始者。教父・護教論者テルトゥリアヌス(一六〇頃―二二二以後)も二〇七年頃モンタヌス派に加わった。

(546) プリスキラPriscillaあるいはプリスカPriscaは、もう一人の婦人マクシミラMaximillaと共にモンタヌスの弟子として知られている。

(547) マニケウス(二一六―二七七)は、ペルシア人マニもしくはマネスのラテン名。かれが創始したマニ教はキリスト教を自称するが、霊と物質との絶対的対立を説く二元論であり、グノーシス派の一形態であって、その起源は光と闇《やみ》の二元論を説くゾロアスター教である。トマスが属したドミニコ会は南フランスのアルビ派異端にたいする宣教活動に端を発したものであるが、アルビ派がそこから派生したカタリ派はマニ教の流れをくむものと言える。フェルナン・ニール『異端カタリ派』渡辺昌美訳、白水社、昭和五十四年、を参照。

(548) アウグスティヌス『異端について』第四十六節(PL42, 38)。

(549) ヨアキム・デ・フローラおよびその追随者たち。

(550) ここで、カール・バルトの神学における三一論とキリスト論との関係に端を発して、ユルゲン・モルトマン、エーベルハルト・ユンゲル等のプロテスタント神学者、カール・ラーナー、バーナード・ロナーガン、ヘリベルト・ミューレン等のカトリック神学者によって活発に論じられた、内在的三一論と経綸的三一論の問題が触れられていると言える。この問題に関しては、寺園喜基『バルト神学の射程』ヨルダン社、昭和六十二年、を参照。

(551) トマスの『マタイ福音書講義』第二十四章第一項では「たんに評判に関するかぎりにおいて」quoad famam tantum という表現が用いられている。

(552) トマスの『マタイ福音書講義』第二十四章第一講ではたんに「効果」effectus という言葉が用いられている。

(553) Cf. S. T. I-II, 91, 5; 98, 1; II-II, 1, 7, ad 2; In Gal. 1, 2; 3, 8; In Hebr. 7, 3.

(554) レビ人の祭司職とキリストの祭司職。

(555) 英語版の訳者が指摘しているように、本項においてトマスの神学的方法の顕著な実例が見出される。すなわち、異論、反対異論においては聖書本文および教父的伝統にもとづいて問題の所在を提示しつつ、主文においてはアリストテレスの哲学的原理を援用して解答のための枠組を構築しているのである。

(556) S. T. III, 62, 6 においてはキリストの受難にたいする信仰を例にとって、旧約の太祖たちの信仰と新法の下《もと》にある人々の信仰との間の共通性、およびそれらの間の相違が考察されている。

(557) 法が徳の行為を命ずるものであることに関しては S. T. I-II, 92, 7; 96, 3 を参照。

(558) トマスにおいて徳 virtus は習慣 habitus、より厳密には作用的習慣 habitus operativus、善い習慣 habitus bonus として理解されている。cf. S. T. I-II, 55, 1-3.

(559) 徳の対象 objectum とは、それぞれの徳がかかわることがら、あるいは対象領域であり、それによって徳は種的に区別される。cf. S. T. I-II, 55, 4. ところで、無条件的な意味で徳と呼ばれうるのは、人間を無条件的な意味での究極目的へと善く秩序づける注入的な徳 virtus infusa であり、とりわけ愛徳であるところから、愛徳の対象である(人間の究極目的としての)神(との一致)――すなわち「霊的で永遠的な約束」――は、徳の対象である、と言われうるのである。cf. S. T. I-II, 65, 2; II-II, 23, 8.

(560) このような仕方で旧法と新法との相違を特徴づけることは十二世紀のペトルス・ロンバルドゥス以来、広く行われていた。トマス自身『命題論集註解』の中でこの点に触れている。cf. In Sent. III, 40, 2.

(561) ここでは信仰の恩寵という形で二つの言葉が結びつけられているが、パウロ書翰の次の箇所においてこの二つは重なり合うものと解されている。『ローマ人への書翰』第四章第十六節、『エフェソ人への書翰』第二章第八節。

(562) 信仰による成義については後に第百十三問題第四項において考察される。

(563) Cf. S. T. II-II, 104, 6, ad 2; In Sent. II, 9, 8, ad 4; IV, 1, 2, 5, 2, ad 1; In Psalm. 18, 5; In Matth. 5, 6; In Rom. 3, 4; 8, 1; 9, 5; In Eph. 2, 5.

(564) 本項においてトマスは、前項で旧法と新法が種的に異なる二つの法ではなく、同じ目的へと秩序づけられている点で根本的には一つの法である、と論じたのを受けて、後者による前者の補足・成就について考察している。

(565) 義とすること・成義 justificatio の意味については第百十三問題を参照。

(566) 「肉の弱さのために」in quo infirmabatur per carnem が省略されている。

(567) この表現の源泉として『ヨハネ福音書』第一章第十七節を参照。

(568) 「影」については『コロサイ人への書翰』第二章第十七節、『ヘブライ人への書翰』第八章第五節、第十章第一節を参照。

(569) 『マタイ福音書』第五章第二十一節。

(570) 『マタイ福音書』第五章第三十三節。

(571) この言葉は引照されている『マタイ福音書』の箇所にはなく、『マルコ福音書』第十章第二十一節、『ルカ福音書』第十八章第二十二章に見出される。

(572) この箇所に関しては、『主の山上説教について』第一巻第十四章(PL34, 1248)を参照。

(573) 聖職障害あるいは品級障害については、S. T. I-II, 103, 2で触れられている。cf. S. T. I-II,

20, 5. ob. 4-ad 4. 今日、聖職障害と言えば教会法に規定されている聖職への叙階もしくは聖職の行使の妨げとなる事項を指す。cf. Codex Juris Canonici, Liber IV, Pars I, Titulus VI, Caput II, Art. 3, Can. 1040-1049.

(574)『ヨハネ福音書』第五章第十七節。

(575)『マタイ福音書』第十二章第十一節。

(576)『マタイ福音書』第十二章第三節以下。

(577) すなわち、復讐の情念 passio にかりたてられてではなく、正義の徳 virtus――それは愛徳 caritas と結びつき、愛徳によって完成される――にもとづいて。

(578) アウグスティヌス『主の山上説教について』第一巻第一章(PL34, 1231)を参照。

(579) 教皇グレゴリウス一世(五四〇頃―六〇四)のこと。大グレゴリウスと称せられる。その著作、とくに『ヨブ記講話』は中世の道徳および神秘思想にたいして大きな影響を与えた。

(580)「ふくむ」continere, contineri の概念に関しては、L・エルダース「聖トマスの存在論における基本構造としての contineri」『中世思想研究』Ⅷ、昭和四十一年、一―一三頁を参照。

(581) トマスは『四福音書連続講解』Catena Aurea の『マルコ福音書』第四章第三節においてもこの言葉をクリュソストモスに帰しているが、引照された著作にはこのような言葉は見出されない。独語版註釈者 Thomas-Albert Deman によると、類似の文章がアレクサンデル・ハレンシスの『神学大全』III, 2, 4, 1, 7(グレゴリウス『エゼキエル書講解』PL76, 960 についてのべている箇所)において見出される。独語版二五〇―二五一頁。

(582) ここで掟の実体は、掟の開示との対照において語られているが、他の箇所では法の前提 praeambula との対照において法の実体が語られている。cf S. T. II-II, 22, 1. いずれの場合も、実体は本質的、実質的内容を意味する。

(583) Cf. In Sent. III, 40, 4, 3: Quodl. 4, 8, 2: In Psalm. 18, 7: In Matth. 11, 3.

(584) じっさいにはクリュソストモスの真作ではない。Ps. Chrysostomus, Opus Imperfectum in Matth. hom. X, PG 56, 687.

(585) ヒラリウス(三一〇頃—三六七)は、ポワティエの司教、教父。アリウス派に対抗して書かれた三位一体に関する著作がある。

(586) 言いかえると、キリストを信ずる者の共同体としての教会の制度、法はきわめて単純で簡素なものであった、というのがトマスの理解である。

(587) トマスは、或る行為が悦びをもって、速やかに、そして容易に為されることは、徳すなわち善い習慣が獲得されたことの経験的な徴《しる》である、と解している。拙著『習慣の哲学』創文社、昭和五十六年、九七—九九頁を参照。

(588) Cf. De Perfectione Justitiae, 10, (PL44, 302); Sermones ad Populum, Sermo 70, 3(PL38, 444).

(589) アウグスティヌスは徳 virtus を根本的に愛の観点から捉えているが(『カトリック教会の道徳』第十五章第二十五節)、この引用においてもその基本的思想が読み取られる。

(590) トマスの著作(および一般に中世スコラ学者)において「権威」への引照が為されるとき、そこに権威への盲信的尊重の態度を見てとらないよう注意する必要がある。「権威」の概念、および中世の著述・論述形式におけるその役割に関しては、M.-D. Chenu, Introduction a l'étude de Saint Thomas d'Aquin, J. Vrin, 1974 の一〇九頁以降を参照。

(591)　Cf. Quodl. 4, 8, 2; In Joan. 1, 10; In Rom. 3, 4; 14, 2.

(592)　ペトルス・ロンバルドゥス『命題論集』第三巻第四十区分。Sententiae in IV Libris Distinctae, Editiones Collegii S. Bonaventurae Ad Claras Aquas, Grottaferrata, 1981, Tom. II, p. 228. cf. S. T. I-II, 107, 1, ad 2.

(593)　ここで外的な業・行為が内的な聖霊の恩寵に完全に依存するものとされ、後者に従属せしめられていることに注意しなければならない。トマスにおいて聖霊の恩寵ないし恩寵としての信仰と、愛によって働く業とは対置せしめられることはけっしてなく、この二者はキリストにおける受肉(托身)Incarnatio の神秘に即して理解されている。

(594)　ここで語られている誘発は神的誘発 instinctus divinus であるが、トマスは自然の誘発あるいは自然本性的誘発 instinctus naturae, instinctus naturalis についても語っている。S. T. I, 18, 3; 78, 4; 83, 1; 115, 4. なお神的誘発について語っている重要箇所としては、S. T. I-II, 68, 1 を参照。

(595)　信仰の告白については、S. T. II-II, 3, 1-2 を参照。

(596)　トマスはここで、通常人間の自由ないし市民的自由として理解されているものを、「愛によって働く信仰」との関係において理論的に基礎づけている。

(597)　この言葉の意味については第二異論解答を参照。

(598) ラテン語は liber est qui sui causa est。ここでは causa を従格 ablativus に解して、「おのれ自らのために」と訳した。『形而上学』出隆訳では「(他の人のためにでなく)おのれ自らのために生きている人を自由な人であるとわれわれの言っているように……」とある。トマスは『神学大全』の他のいくつかの箇所でこの言葉を引用している。S. T. I, 83, 1, ob. 3.「自らの因 causa sui であるものが自由 liberum なのである」(liberum est quod sui causa est)。S. T. I, 96, 4.「自由人は自己原因 causa sui である」(liber est causa sui)。S. T. II-II, 19, 4.「おのれのために生きている者が自由なのであるから……」(cum liber sit qui causa sui est)。参照した現代語訳はいずれも「自己原因」という訳を採用している。(英訳)"the free man is one who is his own cause."(独訳)"Frei ist, wer Ursache seiner selbst ist."(仏訳)"être libre c'est être cause de soi." ここでトマスの「自由」ないし「自由意思」の理解について詳述することはできないが、「自己原因」という訳は誤解を招き易いので避けるべきであると考える。それは或るものが自分自身の(作動)原因 causa efficiens sui ipsius である、ことを言いあらわす言葉として受けとられるが、トマスはそのような意味での自己原因を明確に不可能なこととして斥《しりぞ》けているのである。cf. S. T. I, 2, 3.

(599) ここからして「習慣は第二の天性(自然本性)」という慣用句が生まれた。人間の自然本性に適合する習慣とは徳にほかならず、したがって徳にもとづいて行為することに応じて人間は自由である、との結論が帰結する。

(600) すなわち自然本性に反する習慣としての悪徳 vitium。トマスの場合、自然本性の腐敗ないし堕落した本性は習慣 habitus の次元において理解されていることがここでもあきらかにされている。

(601) 恩寵が厳密な意味での習慣 habitus ないしは徳 virtus ではないことについては後述される。cf. S. T. I-II, 110, 2; 3.

(602) ヴルガタ聖書では「自由の完全な法」lex perfecta libertatis。

(603) 秘跡については第三部第六十問題以下において考察が為されているが、洗礼、堅信、聖体、悔悛と論を進め、第九十問題において悔悛の秘跡の諸部分について論じたところで筆を擱《お》いている。

(604) 終油 unctio extrema の秘跡。

(605) ここでも新法において主要的なのは聖霊の恩寵であり、外的行為に関する規定としては、そのような恩寵へと導くもの、および恩寵の正しい行使にかかわるもののみが必要とされる、というトマスの基本思想が示されている。

(606) ここで自然的理性と呼ばれているのは行為的なことがらにおける第一原理を自然本性的に捉えているかぎりでの実践理性であり、このような実践理性の第一原理が自然法にほかならない。cf. S. T. I-II, 94, 2.

(607) 祭儀の執行あるいは祝祭を祝うことは、それがいかに荘厳な仕方によるものであっても、それ自体で恩寵をもたらすものではなく、恩寵はただのキリストを通じて与えられる、ということの指摘は重要である。トマスは祭儀や祝祭の魔術的効果については何の幻想も抱いていなかったことがあきらかに示されている。

(608) 余徳 supererogatio の概念については、In Sent. IV, 15, 3, 1, 4, ad 2; S. T. II-II, 12, 1 を参照。

(609) Cf. J. Chrysostomus, Commentarius seu Homiliae in Epistolam ad Romanos, hom. II (PG51, 199); Beda, In Lucae Evangelium Expositio Lib. VI (PL92, 601); Catena Aurea, In Matth. 10, 3; In Luc. 22, 10.

(610) 司法的掟とは、人々を相互に正しく秩序づけることにかかわる倫理的掟——それは自然法にもとづくものであり、一般的性格を有する——を、さらに特殊的に確定するものである。cf. S. T. I-II, 99, 4. なお(特殊的)確定の概念については、S. T. I-II, 95, 2 を参照。

(611) トマスは内的行為については、「意志の内的行為」actus interior voluntatis という言い方をしばしば用いる。cf. S. T. I-II, 18, 6; 19, 1.

(612) 『出エジプト記』第二十章第十六節および『申命記』第五章第二十節においては、いずれも「隣人に関して偽証してはならない」non loqueris contra proximum tuum falsum testimonium と記されていて、perjurium の語は用いられていない。perjurium も「偽証」と訳されることがあるが、その本来の意味は宣誓の下で偽わることであり、偽誓である。

(613) 有名 fama ないし名声 gloria の概念については、S. T. I-II, 2, 3 を参照。

(614) 現世的なことがらに関する思い煩いについては、S. T. II-II, 55, 6; 7 を参照。

(615) 原文では「(見て)知恵を学べ」。

(616) 自然法の諸規定は自然本性的な傾向性の秩序に従って秩序づけられる、というのがトマスの立場である。cf. S. T. I-II, 94, 2.

(617) 正義の(徳の)行為としての裁きについては、S. T. II-II, 60, 1 を参照。

(618) この意味での意志に関してはS. T. I-II, 8-10で詳述されている。

(619) 意図の概念については、S. T. I-II, 12, 1-5を参照。

(620) 『マタイ福音書』第六章第十九―二十一節。

(621) ここで「僭越な仕方で」と訳した praesumptuose がそこから由来する praesumptio には三つの主要な意味がある。第一は希望 spes の徳に反する悪徳としての慢心であり(S. T. II-II, 21, 1-4)、第二は高邁《こうまい》 magnanimitas の徳に対立する悪徳としての高慢(S. T. II-II, 130, 1-2)、そして第三は法律用語としての推定である。

(622) 『マタイ福音書講義』では、この箇所は秘跡を異端者や不信の徒に授けたり、霊的な意味を心の潔くない者どもにあかしてはならない、という意味に解されている。cf. In Matth. VII, 1.

(623) 『マタイ福音書』第七章第七―十二節。

(624) 『マタイ福音書』第十三―十四節。

(625) 『マタイ福音書』第十五―二十節。

(626) 『マタイ福音書』第二十一―二十四節。

(627) 貸した金のゆえに利子を受けとることはそれ自体において不正であり、罪であるというのがトマスの見解である。cf. S. T. II-II, 78, 1.

(628) 断食に関しては、S. T. II-II, 147, 1-8を参照。

(629) 施しに関してはS. T. II-II, 32, 1-10で詳述されている。
(630) 祈りに関しては、S. T. II-II, 83, 1-17を参照。
(631) Cf. S. C. G. III, 130; Quodl. V, 10, 1.
(632) トマスの人間理解の簡潔な言明。
(633) religioは本来的に言って神への秩序を含意する。cf. S. T. II-II, 81, 1. 徳としての「敬神」religioについてはS. T. II-II, 81, 1-8において考察されている。完全な徳の状態としての修道生活religioについては、S. T. II-II, 186, 1-10を参照。
(634) 純潔については、S. T. II-II, 152, 1-5を参照。トマスは、純潔は貞潔castitasの類において最も卓越的な徳である、と主張する。Ibid. 152, 1. なお貞潔については、S. T. II-II, 151, 1-4を参照。
(635) 人間を法でもって教導する神、その意味で人間的行為の外的根源である神についての考察に続いて、同じく人間的行為の外的根源であるが、今度は恩寵を通じて人間を助け、善へと動かす神が考察されることになる。
(636) トマスは法lexおよび恩寵gratiaが人間的行為の外的根源principium exteriusであると主張しているのではなく、外的根源と言われているのは神であることに注意する必要がある。言いかえると、トマスは人間的行為をこの世界の内部においてのみではなく、世界を超越する根源としての神との関係において理解しようと試みているのである。
(637) ここで必要性と言うのは目的の必然性、すなわち、それなしには目的に到達することが不可能である、という意味での必要・必然性を意味する。cf. S. T. I, 82, 1.

(638) Cf. In Sent. II, 28, 5; In I Cor. 12, 1.

(639) アンブロシウスの著作として引照されているが、実際には Ambrosiaster と通称される人物の著作。Ambrosiaster, Commentaria in duodecim Epistolas Beati Pauli (PL17, 255)。なお、この言葉については『ロンバルドゥス註釈』(PL191, 1651)を参照。

(640) この章でアウグスティヌスは『ソリロクィア』に関する改訂を行っている。

(641) 本来的な意味での運動と、広い意味での運動に関しては、S. T. I, 18, 1; 3, ad 1 を参照。

(642) 形相(実体的形相 forma substantialis)が運動ないし働きの根源・原理であるという説明は近代自然科学の発展によって完全に克服され、無用化された「スコラ的」学説として批判されるかもしれない。しかし、この説明は運動、変化ないし働きをいかにして可知的 intelligibilis なものとして捉えることができるかを追求したものであり、運動を数学的ないし量的観点から記述、計測しようとする試みとは根本的に異なる次元に属する。すなわち、運動ないし働きは第二の現実態 actus secundus であり、それはかくかくのものである、という存在の次元における現実態、すなわち第一の現実態 actus primus としての形相にもとづいて理解される、というのがその基本的な思想である。言いかえると「ものはそれが存在するその仕方に従って、また、はたらく」(S. T. I, 75, 2)という考え方がその根底にあると言える。cf. S. T. I, 77, 1, ad 4.

(643) トマスにおける天体の概念に関しては、S. T. I, 58, 3; 66, 2 を参照。

(644) この意味での第一の動者については、S. T. I, 2, 3 を参照。

(645) 摂理の概念に関しては、S. T. I, 22, 1–4 を参照。
(646)「われわれの自然本性的な認識は感覚から始まる。」S. T. I, 12, 12;「われわれの魂が自然本性的な仕方で認識するところのものとしては、質料のうちに形相をもつもの、ないしはこうしたものを通じて認識されうるごときものの他にはない。」S. T. I, 12, 11;「身体と結びついている人間の知性の固有の対象は、物体的質料においてある何性ないしは本性である。」S. T. I, 84, 7.
(647) 預言についてはS. T. II–II, 171, 1–6; 172, 1–6 において詳述されている他、De Verit. 12, 1–14 においても考察されている。
(648) トマスはこの立場を初期の著作(In De Trin. 1, 1, ad 1–2)においてすでに明確にしている。これにたいして同時代人、たとえばアルベルトゥス・マグヌス、ボナヴェントゥラ等は或る種の自然本性的認識においても付加的な神的照明の必要性を主張していた。拙著『トマス・アクィナス哲学の研究』創文社、昭和四十五年、二二一―二二七頁を参照。
(649) 奇跡の概念については、S. T. I, 105, 7; 8 を参照。
(650) われわれの知性がその自然本性を超えてより以上の何ものかにまで高められ、完成されうること、後述されるように(第百十三問題第十項)、それが自然本性的に恩寵への受容可能性を有することについては以下を参照。S. T. I, 12, 4, ad 3; S. T. II–II, 2, 3.
(651) すなわち、第一の動者たる神としての聖霊。
(652) 第百十一問題を参照。
(653) 第百十問題、とくに第二、三項を参照。

(654) 共に聖霊なる神による働きかけであっても、自然本性を通じての働きかけと、恩寵を通じての働きかけとは明確に区別される。
(655) トマスはアウグスティヌスの照明説において曖昧なままに残されていた自然本性的な光と恩寵の光との区別を明確にしようと試みた。この点に関する両者の立場の相違はそれぞれの教師論(アウグスティヌス『教師論』De Magistro〔石井次郎・三上茂訳、明治図書、昭和五十六年〕。トマス De Verit. 11, 1-4; S. T. I, 117, 1)の比較を通じてあきらかにすることができる。
(656) Cf. In Sent. II, 28, 1; 39 Expositio Textus; IV, 17, 1, 2, 2, ad 3; De Verit. 24, 1, ad 2; ad 6; 14; In Joan. 15, 1, 5; In II Cor. 3, 1; In Hebr. 13, 3.
(657) ヨハンネス・ダマスケヌスあるいはダマスコのヨハネ(六五〇頃―七五〇頃)は最後のギリシア教父にして最初の体系的神学者であるとされる。ここで引用されている『正統信仰論』は包括的な著作『知識の泉』の第三部である。
(658) これは原初的正義 justitia originalis と呼ばれる状態を指す。cf. S. T. I, 100, 1.
(659) 原罪 peccatum orginale に関しては S. T. I-II, 81-83 で詳述されている。
(660) 註(531)を参照。なお、悪は全面的に善を滅ぼすことができない、というトマスの議論を参照。cf. S. T. I, 48, 4.
(661) この種の行為は第五項においても例として挙げられている。
(662) 功徳 meritum の概念は第百十四問題において考察される。
(663) これは主文の始めで指摘された第一動者としての神的扶助である。

(664) トマスはこの著作を第六十八問題第一項においても引用しているが、十三世紀において流布していたアリストテレスに帰せられているこの小著作は、実際にはアリストテレスの『大道徳学』と『エウデモス倫理学』からの抜粋を合成したものである。この著作はトマスが聖霊の賜物《たまもの》に関する自説を最終的に明確化するにさいして大きな影響を与えたとされる。引照箇所は『エウデモス倫理学』第八巻(1248a14)。

(665) ここで問題にされているのは、これを意志するか・あれを意志するかに関するかぎりでの自由意思ではなく、意志するかしないか、すなわち行為の遂行 exercitium actus に関するかぎりでの自由意思である。cf. S. T. I-II, 9, 4. なお、この箇所でもトマスは『エウデモス倫理学』の同じ箇所への引照を行っている。

(666) この罪の定義はラテン語 peccare の原義をよく伝えている。

(667) この指摘は理性的本性として特徴づけられる人間の自然本性をトマスがどのように理解していたかについて重要な示唆を与えてくれる。

(668) Cf. S. T. I, 60, 5; II-II, 26, 3; In Sent. III, 29, 3; De Carit. 2, ad 16; De Spe. 1, ad 9; Quodl. I, 4, 3; In Matth. 22, 4; In Gal. 5, 6; In De Div. Nom. 9, 3.

(669) 神が最高善であると言われることの意味については、S. T. I, 6, 2 を参照。

(670) トマスが quidam と固有名を挙げないで論者を指示するときは、通常同時代人で、見解を異にする人々が指示されている。ここではオーセルのギョーム(Summa Aurea II, 1, 1)、ハレスのアレクサンデル(Summa Theologica 2, 1, 505)、ボナヴェントゥラ(Commentarii in IV Libros

Sententiarum, II, 29, 2, 2)が考えられている。

(671) オーセルのギヨーム(Summa Aurea, II, 1, 4)とアルベルトゥス・マグヌス(Commentarii in Sententiarum Libros Quatuor, II, 3, 18)の見解。なお、この箇所でトマスが師アルベルトゥスの見解について「こうした見解の偽たることは……明々白々となる」とのべていることは注目に値する。

(672) そうであればこそ、人間は自然本性的な愛の(恩寵による)完成である愛徳 caritas によって、自分自身よりも神をより愛すべきである、と主張されるのである。cf. S. T. II-II, 26, 3.

(673) 神が共通善である、という言明は読者を驚かせるかもしれないが、これはトマスの基本思想である。拙著『トマス・アクィナスの共通善思想』有斐閣、昭和三十六年、を参照。

(674) 自然本性的傾向性に即してではなく、自由な選択に即して働きを為すかぎりにおいての意志を意味する。トマスはペトルス・ロンバルドゥスにおいて前者が「自然本性としての意志」voluntas ut natura、後者が「理性としての意志」voluntas ut ratio と呼ばれていることを紹介しており(S. T. III, 18, 3)、かれ自身もそのような用語を採用している。cf. S. T. I, 41, 2, ad 3; De Verit. 22, 5.

(675) ここで「交わり」と呼ばれているのは、神が自らの至福を人間に分ち与え給うことにもとづいて成立する分ち合い communicatio であり、友愛 amicitia としての愛徳にほかならない。cf. S. T. II-II, 23, 1.

(676) 註(587)を参照。

(677) 神の自然的認識がいかなるものであるかについては、S. T. I, 12, 12を参照。

(678) ここではproportioを、それぞれのちからの及ぶ範囲、その最大限の容量という意味に解した。

(679) 愛徳によって神を愛する場合、愛することの根拠は神が至福の対象であり、また人間が神と何らかの霊的交わりを有するかぎりにおいて、ということであるが、より正確に言えば、われわれが愛徳によって神を愛するのはわれわれが受ける何らかの恩恵——救い——のゆえにではなく、神御自身のゆえにであり、その意味で神を愛することの根拠は神御自身である。cf. S. T. II-II, 27, 3.

(680) modusには限度、節度の意味があり、トマスはS. T. II-II, 27, 6において愛することの限度modus diligendiについて考察しているが、ここでは様相の意味に理解すべきである。

(681) Cf. In Sent. II, 28, 3; De Verit. 24, 14, ad 1; ad 2; ad 7; In Rom. 2, 3.

(682) ヒエロニムス(三四〇頃—四二〇)は、教父、聖書学者。ローマで文法、修辞学を学び、荒地で隠者として祈りと苦業の生活を送った後、司祭となる。アンティオキア、カッパドキア、コンスタンティノポリス(ここでナジアンズのグレゴリウスに会う)を遍歴した後、ベツレヘムに定住して聖書校訂の仕事に専念した。ヒエロニムスは旧、新約聖書のラテン語訳(ヴルガタ聖書)を完成させた人物として歴史に名をとどめているが、かれが全聖書を独立でラテン訳したのではなく、むしろ様々の資料とかれ自身の語学力を駆使してよりよいラテン語聖書を編纂したのである。cf. (ed) A. di Bernardino, Patrology, Vol. IV, Christian Classics, Inc. 1986, p. 221-227.

(683)　この著作はヒエロニムスのものではない。cf. Pelagius, Epistola I ad Demetriadem, 16. (PL 30, 30).

(684)　ペラギウス(三五〇頃—四二〇頃)はブリタニアで生まれ、三八〇—三八四頃ローマに来住し、宗教的指導者として名声を得た。かれは厳格な修道生活を送った信徒であるとも、また修道士であったとも伝えられる。四一〇年ローマ陥落の際、カルタゴに逃れ、さらにエルサレムに滞在したが、アウグスティヌスをはじめとするアフリカの教会指導者たちによってその異端説を論難され、四一九年エジプトに去ったと伝えられる。

(685)　行為の対象 objectum によって規定されるところの、行為の本質的、実質的内容を意味する。

(686)　前述された(第二項第二異論解答)罪の定義と比較せよ。

(687)　トマスは、愛徳は精神のうちに住み給う聖霊そのものである、とするペトルス・ロンバルドゥスの立場を斥けるが(S. T. II-II, 23, 2)、それが人間をかれの自然本性を超え出る至福へと秩序づける徳であるかぎり、恩寵に属するものであることを明確に主張する。cf. S. T. I-II, 62, 1.

(688)　Cf. Pelagius, Libellus Fidei ad Innocentium (PL45, 1718). これはペラギウスが異端の嫌疑にたいして自らを釈明するために教皇インノケンティウスに送った文書である。

(689)　Cf. S. T. I-II, 114, 2; In Sent. II, 28, 1; 29, 1; S. C. G. 3, 147; De Verit. 24, 1, ad 2; 14; Quodl. 1, 4, 2.

(690)　ここでは「功徳」という言葉を用いないで mereri, mereor を訳した。「功徳」の概念については第百十四問題を参照。

(691) 新共同訳、バルバロ訳では第六十二、第十三節、聖書協会訳、聖書刊行会訳では第六十二、第十二節。
(692) ここで自然的事物とは理性的能力をそなえていない事物の総称。
(693) 対比あるいは比例は、狭い意味では或る量の他の量にたいする一定の関係 habitudo を指すが、広い意味では一つのものの他のものにたいする任意の関係を指す。そのことは、それら二者が何らかの共通の秩序あるいは領域に属することを前提とするものであり、この共通の秩序が当の対比の性格を規定すると言えよう。cf. S. T. I, 12, 1, ad 4.
(694) さきに「限界」という訳語を用いたが(註(678)参照)、ここでは前後関係からしてこの訳語に統一する。
(695) 永遠の生命を報酬として得ることのできる業を意味する。
(696) ここでトマスがアウグスティヌスに帰している著作 Hypomnesticon contra Pelagianos et Caelestianos vulgo Libri Hypognosticon (PL45, 1623) はアウグスティヌスの真作ではなく、その弟子の一人 Marius Mercator の著作であるとされる。
(697) 註(661)を参照。
(698) 註(696)を参照。
(699) 人間にとっての恩寵の必要性は、人間本性の欠陥(罪によって堕落し、癒しを必要とする自然本性)にもとづいてのみでなく、むしろより根源的にその自然本性の卓越性(自然本性的に恩寵にたいする受容可能性を有するほどの)の観点からも理解されていることに注意すべきであろう。

cf. S. T. I, 12, 4, ad 3.

(700) Cf. S. T. I, 62, 2; In Sent. II, 5, 2, 1; 28, 1, 4; IV, 17, 1, 2, 2, ad 2; S. C. G. III, 149; De Verit. 24, 15; Quodl. 1, 4, 2; In Joan. 1, 6; 6, 5; 15, 1; In II Cor. 3, 1; In Eph. 2, 3; In Phil. 1, 1; 2, 3; In Tim. 2, 4; In Hebr. 12, 3.

(701) 「自らを恩寵へと準備する」という訳は生硬さを免れないが、その意味は恩寵受容のための準備態勢をととのえる、ということである。

(702) トマスがここで(さらに第百十二問題第三項において)用いている表現は十二世紀以来の慣用句「神は、自らのうちにあることを為す者にたいして、恩寵を拒み給わない」Facienti quod in se est, Deus non denegat gratiam である。対訳英語版、八九頁の脚註を参照。なお、トマスはこの表現を In Sent. II, 28, 1, 4. および De verit. 24, 15. においても用いており、これら初期の著作においては、人間が自由意思によって恩寵受容のための準備をすることができる、という立場をとっている。

(703) この基本命題——通常、目的律と呼ばれる——の説明に関しては、S. C. G. III, 1; 2; S. T. I-II, 1, 2を参照。

(704) 人間が究極目的を意志するのは、根源的な意味では、第一の動者たる神の発動・動かしによるものであり、そのことが人間はかれの究極目的を自然本性的に欲求する、あるいは、究極目的への自然本性的な傾向性を有する、という命題の意味である。

(705) ここでは、正しい人間、すなわち恩寵によって義とされた人間が神へと回心せしめられるのは、万物がそれぞれの在り方に即して、すなわち自然本性の秩序に従って神へと向けられるよりも、より親密な仕方によるものであることが強調されている。

(706) 本項で、人間が恩寵を受容するために自らを準備すること――回心――は、内的に動かし給う神の恩寵的扶助なしにはありえないことが、一点の疑念も残さぬほど明確にされている。しかもそのことは、次の第一異論解答であきらかにされているように、人間が恩寵へと自らを準備することがかれの自由意思の働きであることを否定するものではけっしてない。第一原因である神の働き――恩寵的扶助もふくめて――と、第二次原因である人間の自由意思の働きとの間には、いかなる相互排除的な関係もありえないのである。

(707) トマスは「ペラギウスの誤謬《ごびゅう》」について詳述している一つの箇所(Quodl. I, 4, 2)において、ペラギウスが善き業の発端は人間がかれ自身で為しうることに属し、その成就は神から来る、と主張したのは誤りであることをあきらかにしているが、註(702)でのべたように、トマス自身、初期の著作においてはペラギウス的立場とも受けとられる言い方をしていた。ここでトマスが『ヨハネ福音書』の言葉を引用して、神によって内的に動かされることなしには人間は何ごとも為しえないことを強調しているのは、アウグスティヌスが同じ箇所について註釈して、キリストは「私なしに何ごとかを為すのは難しいであろう」と仰せられたのではなく、「私なしにあなたがたは何ごとも為しえない」と仰せられたのだ、とのべているのを想起させる。

(708) 何らかの習慣的賜物 aliquod donum habituale としての恩寵は、厳密な意味での習慣 habitus ないし徳 virtus ではないが、何らかの質 qualitas であるかぎりにおいて一種の形相と見なされるのである。

(709) 「形相は、すべて、自己に固有な、そして自己に適した態勢にある質料において存在する。」S. T. I, 76, 6, ob. 1–ad 1.

(710) Cf. S. T. I–II, 113, 2; In Sent. II, 28, 2; S. C. G. III, 157; IV, 72; De Verit. 24, 12, ad 3; ad 4; 28, 2; In Eph. 5, 5.

(711) (霊的)美 decorum の概念については、S. T. II–II, 145, 2 を参照。

(712) 罪人を義とする恩寵と、自由意思の働きとの関係については S. T. I–II, 113, 2 で詳述される。

(713) Cf. S. T. I–II, 63, 2, ad 2; 74, 3, ad 2; In Sent. II, 20, 2, 3, ad 5; 24 1, 4; 28, 2; S. C. G. III, 160; De Verit. 22, 5, ad 7; 24, 1, ad 10; ad 12; 12; 13; De Malo 3, 1, ad 9; In Psalm. 17, 19; In Matth. 6, 3; In I Cor. 12, 1; In Hebr. 10, 3.

(714) 有意的なもの、意志的、随意的なもの、という概念に関しては、S. T. I–II, 6, 1–8 を参照。

(715) ここでの議論は、後にトマスが堅忍 perseverantia の徳について考察するにあたって、人が死に到るまで堅忍の行為を持続するためには、たんに習慣的恩寵のみでなく、神の無償の(恩寵的)扶助をも必要とする、とのべていることと結びつく。cf. S. T. II–II, 137, 4. トマスはこの箇所で、人間の自由意思が「変り易い」vertibile ものであることを強調し、われわれは多くの場合、自由意思によって善を選びとることはできても、それを遂行すること、すなわち善においてふみとどまることはできない、と指摘している。

(716) 註(696)を参照。

(717) Cf. In Sent. II, 29, Expositio Textus; De Verit. 24, 13; 27, 5, ad 3; In Psalm. 31, 1; In Joan. 15, 1.

(718) 働きを通じて獲得される習慣 habitus にたいして、神によって人間のうちに注入される習慣に関しては、S. T. I-II, 51, 4 を参照。

(719) トマスが罪によってもたらされた人間本性の「堕落」を無視あるいは軽視した、という批判が当たらないことはあきらかである。

(720) 人間を救いへ導く道である諸々の徳（注入的徳もふくめて）に加えて、トマスは人間の救いのためには聖霊の諸々の賜物（それらによって人間は聖霊の内的誘発・発動に善く従うように秩序づけられる）が必要不可欠であると論じている。cf. S. T. I-II, 68, 2.

(721) Cf. S. T. II-II, 137, 4; In Sent. II, 29, Expositio Textus; S. C. G. III, 155; De Verit. 24, 13; In I Cor. 1, 1; In II Cor. 1, 5; In Eph. 3, 4; In Phil. 1, 1.

(722) 堅忍 perseverantia は S. T. II-II, 137, 1-4 において考察されているが、トマスはそれに先立って忍耐 patientia（理性が悲しみに打ち負かされて自らに固有なる善を喪失することのないように、支え強める徳）について論じ（S. T. II-II, 136, 1-5）、これらと類似の徳である持久 longanimitas（136, 5）、および堅固 constantia（137, 3）にも言及している。

(723) 自制——節制 temperantia から区別された——については、S. T. II-II, 155, 1-4 を参照。

(724) キプリアヌス（二〇〇頃—二五八）は、テルトゥリアヌスに続くアフリカ出身の教父、神学者。カルタゴ司教として度重なる迫害の下で司牧と教会一致に専念したが、晩年には異端者洗礼の問題で教皇ステファヌスと対立した。皇帝ヴァレリアヌスの迫害において殉教。

(725)　この意味での堅忍は完全な徳 virtus perfecta ではなく、徳の類に属するところの何か不完全なもの quoddam imperfectum in genere virtutis である。cf. S. T. II-II, 137, 1, ad 1.

(726)　この意味での堅忍は完全な徳を有する人においても見出されることが可能である。

(727)　この意味での堅忍は、堅忍と呼ばれる習慣ないし徳そのものではなく、むしろ「死に到るまで持続される堅忍の行為、働き」(S. T. II-II, 137, 4)である。

(728)　習慣的賜物としての恩寵と、生涯の終りまで恩寵において堅忍する賜物——それはただ神的な働きにのみ依存する——との区別は重要である。cf. S. T. I-II, 114, 9.

(729)　トマスは『自然と恩寵について』への引照を行っているが、実際に引用が為されているのはこの著作からである。

(730)　すなわち「栄光の(状態における)堅忍」。cf. S. T. I-II, 114, 9.

解　説

山本芳久

『神学大全』の人間論

『精選 神学大全』の第2巻は、第1巻と同じように、『神学大全』第二部の第一部から選ばれたテクストが収められている。本巻において取り扱われているのがどのような領域であるのか理解しやすくなるように、『神学大全』第二部の第一部の構造をまずは簡単に説明しておこう。

『神学大全』は、第一部「神論」、第二部「人間論(倫理学)」、第三部「キリスト論」という構成になっている。世界全体の起源・根源である神から万物が発出し、その万物が神へと還帰していくという全体構造のなかで、神、世界、キリストに関する様々な問題が詳しく論じられているのである。

第二部の「人間論・倫理学」は、更に二つの部に分かたれる。第二部の第一部の「一般倫理(倫理学の概論)」と、第二部の第二部の「特殊倫理(倫理学の各論)」である。第二部の第一部で倫理学の概論が述べられ、それが前提になったうえで、人間論・倫理学に関する重要概念が個別的に詳しく述べ直されるのが第二部の第二部の「特殊倫理」なのである。具体的には、「信仰」「希望」「愛」という「対神徳」、そして「賢慮」「正義」「勇気」「節制」という「枢要徳」について詳しく述べられるというのが、第二部の第二部の主な内容になっている。

『神学大全』第二部の第一部の構成は、古代ギリシアの哲学者アリストテレス(前三八四—三二二)の『ニコマコス倫理学』に大きく依拠したものとなっている。より具体的に言うと、両者の構成には、次のような類似点がある。

『ニコマコス倫理学』は、その冒頭において、人間の行為の究極目的である「幸福」について論じている。そして、その「幸福」を実現するためには、「徳」を身につける必要があるとアリストテレスは考える。「賢慮」「正義」「勇気」「節制」に代表される「徳」という力を身につけてはじめて人間は幸福な人生を送ることができる。「幸福」は単なる外的な「幸運」によって実現するのではなく、「徳」という内的な力を身につけてはじめて実現するものなのである。そのさい、勇敢な行為を繰り返すことによって「勇気」という「徳」が身につき、臆病な行為を繰り返すことによって「臆病」という

「悪徳」が身につくといったように、類似した行為の繰り返しによる「習慣づけ」が重要とされる。

『神学大全』の第二部の第一部もまた、類似の構造を有している。この部はいくつかの問題群によって構成されているが、まず最初に来るのは、「人間の究極目的＝幸福」についての問題群である。その次に来るのが「人間的行為」についての問題群、すなわち、人間の為す諸々の行為の有する基本的な構造に関する問題群である。三番目に来るのが、「感情」に関する問題群である。そして四番目に来るのが「徳」に関する問題群であり、この部分は、「徳」に関する考察を中心としつつ、「習慣」についての考察と「悪徳」についての考察が一緒に含まれている。「徳」とは「善い習慣」であり、「悪徳」とは「悪い習慣」だからである。『精選　神学大全』の第1巻に含まれていたのが、この部分である。

このように、『神学大全』の第二部の第一部も、『ニコマコス倫理学』と同じように、人間の究極目的としての幸福を実現するために必要な「徳」を身につけていくという枠組みで構成されている。

だが、第二部の第一部の最後の部分は、『ニコマコス倫理学』には対応する部分がないものとなっている。そして、『精選　神学大全』の第2巻が取り扱っているのは、まさにその部分なのである。

本巻で取り扱う範囲について

『精選 神学大全』の第2巻には、「法論」と「恩寵論」に関わるテクストが収められている。「法論」と「恩寵論」は、一見、全く異なったテーマであるように見えるかもしれないが、この二つの問題群は、トマスにおいては、緊密なつながりのもとに捉えられている。そのことを理解するための大きな手がかりが、本巻の冒頭に置かれている、『神学大全』第二部の第一部第九十問題「法の本質について」の「序文」のうちに見出される。トマスは次のように述べている。

続いては行為の外的諸根源 principia exteriora を考察しなければならない。ところで、悪へと傾かしめる外的根源は悪魔 diabolus であるが、その試みについては第一部(第百十四問題)でのべられた。これにたいして、善へと動かすところの外的根源は神であり、かれはわれわれを法でもって教導し、恩寵でもって助ける。したがって、はじめに法について、続いて恩寵について(第百九問題)のべなければならない。ところで法については、第一に法そのものについて全般的に考察し、第二に法の諸々の部分について(第九十三問題)考察しなければならない。

『神学大全』において、トマスは、「問題群」同士の大きな切れ目の箇所において、比較的長めの「序文」を置くのを常としている。この箇所も、そのような「序文」の一つである。長めとは言っても、日本語訳で一頁程度のものであり、ここに引用したものがその半分程度にあたる。

この引用においては、いくつかの注目すべき点が見出される。前述のように『精選 神学大全』の第1巻は「徳論」を取り扱っているが、「徳」とは、トマスの言葉遣いで言えば、行為の「内的諸根源」の一つなのである。じっさい、『精選 神学大全』第1巻の冒頭に収められている『神学大全』第二部の第一部第四十九問題「習慣一般について——その本質に関して」の「序文」の冒頭においてトマスは次のように述べている。

諸々の行為 actus と情念(受動) passiones に続いて、人間的行為の諸根源 principia について考察しなくてはならない。そして第一に内的な諸根源について、第二に外的な諸根源について考察しなくてはならない(第九十問題以下)。

「根源」と訳されているprincipiumというラテン語(複数形はprincipia)は、principleという英語の語源ともなるラテン語であり、「原理」と訳すこともできる言葉である。

それでは、「徳」や「悪徳」が行為の「内的根源」であるとはどういう意味であろうか。たとえば、「勇気」という徳と「臆病」という悪徳について考えてみよう。何らかの困難に直面したときに、「勇気」という徳を有している人は、素早く、そして喜びを抱きながら勇敢な行為を選び取ることができる。それに対して、「臆病」という悪徳を有している人は、おのずと臆病な選択肢を選びやすくなってしまう。

人間の一回一回の行為は、いわば真空状態のなかで為されるのではない。善い方向にも悪い方向にも同じような仕方で進めるわけではない。それまでの行為の積み重ねのなかで身についてきた「徳」または「悪徳」によって、どちらの方向に進みやすいかがある程度方向づけられたうえで、一回一回の行為が選び取られることになる。

人間の行為のこのような在り方を念頭に置くと、「徳」や「悪徳」が人間の行為の「内的根源」「内的原理」であるというトマスの言明を理解するのが容易となるであろう。一言で言えば、「徳」や「悪徳」は、人間のうちに形成され、人間の行為を方向づける根源・原理となっているのである。

それでは、人間の行為の「外的根源」とはどのようなものであろうか。上に引用した第九十問題「法の本質について」の「序文」のなかにおいて、トマスは、人間の行為の「外的根源」は「神」と「悪魔」だと述べている。

そのうえで、人間の行為の「外的根源」としての「悪魔」については、第一部において既に論じられたということで、第二部の第一部の「外的根源論」のなかでは主題的に取り扱わないとトマスは述べている。『神学大全』の第一部においては、詳細な「天使論」(第五十―六十四問題)が含まれており、そのなかで、堕落した天使(堕天使)としての悪魔・悪霊についても詳しく論じられている。また、第一部の末尾においては、神による全世界の「統宰(gubernatio)」について論じられているが(第百三―百十九問題)、そこにおいても、「神による全世界の統宰」という枠組みのなかで天使の果たす役割について論じられており(第百六―百十四問題)、「悪魔」による人間の誘惑についても、そのなかで触れられているのである(第百十四問題)。

トマスが『神学大全』第二部の第一部第九十問題「法の本質について」の「序文」で述べていることを手がかりとすることによって、このような仕方で、『神学大全』で論じられている様々な問題同士の緊密なつながりを理解し直すことができるのであり、トマスがいかに周到に全体の構成を意識しながら『神学大全』の細部を描き抜いているかが読み取れるであろう。

「外的根源」としての「神」という枠組み

この短い「序文」から読み取れるのは、それだけではない。この「序文」にざっと目を通した読者の多くは、トマスは「神」と「悪魔」が同等の力を持って人間に働きかけているのだと理解するかもしれない。だが、よく読んでみると、そうではないことが分かる。「外的根源」としての「神」については、「善へと動かす」という言い方が為されているのに対して、「悪魔」については、「悪へと傾かしめる」という表現が使われているのである。すなわち、「悪魔」「神」の場合には、実際に人間を善へと「動かしている」のに対して、「悪魔」の場合には、あくまでも人間を誘惑し、悪へと向かいやすくしたり、悪へと向かうきっかけを与えたりはするが、その誘惑に屈してしまうかどうかはあくまでも誘惑された本人次第であり、「悪魔」は悪へと人間を「傾かしめる」にすぎないのである。

それでは、神はどのような仕方で人間を「善へと動かす」のであろうか。トマスが「序文」で述べていることによると、神は「われわれを法でもって教導し、恩寵でもって助ける」のである。本巻に収められている「法論」と「恩寵論」は、一見、全く関係ない二つの問題群であるかのように思われるかもしれないが、「外的根源としての神による人間の善への動かし」という観点によって、「法論」と「恩寵論」は共通の枠組みのもとに捉えられているのである。以下、このような観点から、「法論」と「恩寵論」のそれぞれについて概観してみたい。

「法論」概観(1)――「永遠法」と「自然法」

第九十問題「法の本質について」の「序文」において明言されているように、『神学大全』の「法論」は、「法についての全般的な考察」(第九十―九十二問題)と「法の諸々の部分についての考察」(第九十三―百八問題)に分かたれる。そして、「法についての全般的な考察」は、「法の本質について」(第九十問題)、「法の多様性について」(第九十一問題)、「法の効果について」(第九十二問題)という三つの問題に分かたれる。

そして、「法の諸々の部分についての考察」は、トマスの分類する四種類の「法」(永遠法、自然法、人定法、神法)のそれぞれについての詳細な考察となっている。より具体的に言うと、「永遠法について」(第九十三問題)、「自然法について」(第九十四問題)、「人定法について」(第九十五―九十七問題)、「神法について」(第九十八―百八問題)となっている。

「法」についてのトマスの定義は、「法論」の冒頭に置かれている第九十問題「法の本質について」の第四項の主文の末尾において簡潔にまとめられている。それは、「共同体の配慮を司《つかさど》る者によって制定され、公布せられたところの、理性による共通善への何らかの秩序づけ」というものである。

この定義は、第九十問題に含まれる四つの項で論じられたことの凝縮されたまとめとなっている。四つの項のタイトルは、「法は理性に属するところの何ものかであるか」(第一項)、「法は常に共通善に秩序づけられているか」(第二項)、「いかなる人の理性も法を創出しうるか」(第三項)、「公布は法の本質に属することであるか」(第四項)である。

「共同体の配慮を司る者」とは、トマスの場合、「人間」のみではない。全世界・全宇宙という「共同体」を導く者である「神」をも含んでいる。だからこそ、トマスの分類する四種類の「法」の最初に「永遠法」が置かれているのである。「永遠法」とは、「宇宙全体の支配者としての神のうちに見出されるところの、事物の統治理念そのもの」のことである(第九十一問題第一項)。神がこの世界全体に対して永遠的に有している統治の理念そのものが「永遠法」と呼ばれるものなのである。

だが、たとえそのような「永遠法」と呼ぶべきものが実在するとしても、それがどのようなものであるのか人知を超えていて全く分からないというのでは、我々が行為するさいの積極的な手がかりとすることはできない。

そのような文脈で次に登場するのが「自然法」である。トマスの「法論」全体のなかでも、自然法論は極めて有名なものであり、キリスト教神学固有の文脈を離れても、法哲学などの分野において、活発に論じられてきた。それでは「自然法」とはどのようなものであろうか。トマスは「永遠法」と「自然法」との関係について次のように述べている。

他の諸々のものの間にあって、理性的なる被造物は自らも摂理の分担者 participeps となって自己ならびに他のもののために配慮(摂理)するかぎりにおいて、何らかのより卓越した仕方で神の摂理に服している。したがって理性的被造物自体においても永遠なる理念が分有され、それによって正しい行為および目的への自然本性的なる傾向性を有するのであって、理性的被造物におけるこのような永遠法の分有が自然法と呼ばれるのである。(第九十一問題第二項)

一言で言うならば、「自然法」とは「永遠法」の「分有(participatio)」にほかならない。理性的被造物である人間は、神の摂理に受動的に服するのみではなく、「摂理の分担者」となることができる。人間が「理性」を有しているということは、単に、「知能」が優れているということではない。そうではなく、この世界の運営に、他の諸々の被造物よりも積極的な仕方で参画することができるということなのである。

そして、この世界の運営に積極的に参画することができるということは、単に、物理的に大きな力を有しているという意味ではない。そうではなく、この世界において何を為すべきかということについての基本的な理解を有しているということなのである。上掲のテクストにおいて言われている「正しい行為および目的への自然本性的なる傾向性を有する」というのはそういう意味である。このような観点に基づいて、「善は為すべく、追求すべきであり、悪は避けるべきである」という自然法の第一の規定をトマスは導き出しているのである(第九十四問題第二項)。

ここで「善」と呼ばれているものは、狭義の意味における「善」、すなわち「道徳的善」に限定されたものではない。「有益的善」や「快楽的善」も含んだ広い意味での「善」が意味されている。「価値」と言い換えることもできるような広義の「善」のことをトマスは意味しているのである。この世界において、人間は、何らかの「善」すなわち「価値」を実現して生きるべきであり、そうした「価値」を脅かすような「悪」を避けて生きるべきだということを意味しているのが、自然法の第一の規定なのである。「道徳的善」を不可欠の軸としつつも、「役に立つ」という意味での「有益的善」や「喜びを与えてくれる」という意味での「快楽的善」をも含み込んで、充実した人生ははじめて実現するのである。

このように理解すると、トマスが、「正しい行為および目的への自然本性的なる傾向性を有する」(傍点引用者)と言っていることの意味が分かってくる。「自然法」とは、まず何よりも、それに従うべき規範であるというよりは、人間が人間として生きるかぎり自ずとそれに従わざるをえない根本的な傾向性なのである。日々の生活のなかで、正しいこと、役に立つこと、楽しいことを実現しながら生きていくということは、人間にとって極めて基本的な欲求・傾向性であり、老若男女を問わず成り立っていることなのである。

「法論」概観(2)――「人定法」と「神法」

「自然法」による方向づけは、根源的なものであるとはいえ、充分に具体的なものではないため、人間は、自らにとって本当に善いものではないものを「善いもの」と思いこんで欲求してしまう可能性を排除できない。いや、むしろ、多くの場合、人間はそのような在り方に陥ってしまう。

それゆえ、より具体的な仕方で人間を善い方向へと向かわせていくための方向づけが必要となる。その役割を担うのが「人定法」と「神法」である。「人定法」と「神法」

の違いは、文字通り、「人」が定めたか「神」が定めたかというところにある。トマスは、「人間によって何らかの法が定められることは有益であったか」という問いを立てつつ、次のように述べている。

言葉によっては容易に動かすことのできないような過激な者や悪徳に傾き易い者どもが見出されるので、かれらが力と怖れによって悪から引き離されることが必要であった。それはすなわち、少なくともこのようにしてかれらが悪事を働くことをやめて、他の人々が静穏な生活を送ることをえしめ、ついにはかれら自身も、このような習慣づけ assuetudo を通じて、さきには怖れによって実行したことがらを自分の意志で為すところまで導かれ、こうして有徳なる者とならんがためであった。しかるに、罰にたいする怖れによって強制するところの、このような訓練が、法の訓練にほかならない。（第九十五問題第一項）

この引用文においては、末尾の「法の訓練」という文言が印象的である。人間が定める法すなわち「人定法」は、罰則という「力」とそれが生み出す「怖れ」によって、「悪徳に傾き易い者ども」を悪から引き離し、「有徳なる者」へと導くことをその役割としているのである。人間は「徳」を身につけることによってはじめて「幸福」になることができると考えるのがトマス倫理学の基本構造だということを合わせて考えるならば、共同体の一員としての人間が「幸福」へと至ることができるための前提条件を整えるのが「人定法」の役割と言えよう。

それでは、「神法」の役割はどうなっているのであろうか。トマスは、「神法なるものの存在は必要であったか」という問いを立て、「神法」が必要であった主な理由を次のように説明している。

第一の理由は、法は人間を導いて究極目的への関連において適切な行為 actus proprius を為さしめるものだ、ということである。ところで、仮に人間の秩序づけられている目的が、人間の自然本性的な能力 facultas と釣りあって、これを超え出ることのないようなものだけであったならば、人間が自然法およびそれから導出された人定法 lex humanitus posita を超えて、その理性を導いてくれるような何かをもつことは必要ではなかったであろう。しかるに、前述のように（第五問題第五項）人間は、人間の自然本性的な能力との釣りあいを超え出るところの、永遠の至福なる目的へと秩序づけられているがゆえに、自然法および人定法に加えて、その

固有の目的へ向かってさえも、神与の法によって導かれることが必要だったのである。（第九十一問題第四項）

このテクストにおいては、トマスの倫理学とアリストテレスの倫理学との根本的な相違に関わる極めて重要なことが述べられている。「究極目的」である「幸福」との関連において人間の「適切な行為」を考えるという観点をトマスの倫理学とアリストテレスの倫理学とは共有しているが、「究極目的」である「幸福」についてどのように捉えるかという点については大きな相違があるのである。

人間は、自らに与えられている「自然本性的な能力」とは釣りあわない目的、人間が生まれながらに与えられている能力をはるかに超え出た目的へと秩序づけられている。こうした捉え方の有無こそが、トマスの人間論とアリストテレスの人間論とを分かつ大きな相違点なのである。

人間にとっての幸福とは、単に、自分に与えられた能力を十全に開花させることのみによって獲得されるのではない。そうではなく、自らの能力をはるかに超え出ている「永遠の至福」を獲得することによってはじめて人間は幸福になることができる。人間としての自分の限界を超え出ていくことこそが真に人間的なことだという逆説がここには存在している。

当然ながら、自らの能力の限界を超え出ているものへと自らの能力のみで到達することはできない。だからこそ、神から「法」という導きを与えられることによって、根本的な方向づけを与えられる必要があるのである。だが、たとえ方向づけを与えられたとしても、自らの力のみでは、その方向へと歩みだし、その歩みを完成させていくことはできない。そこで必要になるのが、まさに、本巻末尾において論じられている「恩寵」というものなのである。

「恩寵論」概観

「恩寵論」は、『神学大全』第二部の第一部の第百九問題から第百十四問題までを占めており、倫理学の概論である『神学大全』第二部の第一部は、この第百十四問題で終わりとなっている。

「恩寵論」の構成をより詳しく見てみると、冒頭は「恩寵の必要性について」(第百九問題)となっており、次に「神の恩寵について――その本質に関して」(第百十問題)となり、それから「恩寵の区分」について論じられる(第百十一問題)。そして恩寵の「原因」と「結果」について論じられ(第百十二―百十三問題)、最後に「功徳」について論じられて、

「恩寵論」が、そして『神学大全』第二部の第一部が閉じられている（紙幅の関係により、本巻には第百九問題のみが収録されている）。

上述のとおり、『神学大全』第二部の第一部は、アリストテレスの『ニコマコス倫理学』の深い影響のもとに執筆されたものであり、そのことを考慮に入れると、この部がアリストテレスには全く登場しない「恩寵論」によって結ばれていることは極めて興味深い事実である。

そのさい、「恩寵論」においては、「恩寵」と「自由意思（liberum arbitrium）」との関係が一つの大きな軸となっている。複数の選択肢が存在する場面においてどの選択肢を選ぶかを決定する能力こそ、「自由意思」という言葉で呼ばれてきたものにほかならない。「勇気」や「臆病」といった「徳」や「悪徳」が形成されるのも、自由意思に基づいた行為の積み重ねによる。

トマスにおける「自由意思」概念は、アリストテレスの「選択（プロアイレシス）」概念とアウグスティヌスに由来する「自由意思」概念とが統合されたものとなっているが、アリストテレスに由来する「選択《プロアイレシス》」との大きな相違は、神の「恩寵」との緊張関係のなかで「自由意思」の問題が取り扱われている点に見出される。

「恩寵」と「自由意思」

神の「恩寵」と人間の「自由意思」との関係は、古代から現代に至るまでのキリスト教神学の根本問題の一つである。一方には、自由意思の力を過度に強調して「異端」とされたペラギウス(三五〇頃―四二〇頃)のような立場があるかと思えば、逆の極端として、マルティン・ルター(一四八三―一五四六)のように「恩寵のみ(sola gratia)」を強調する立場も存在した。

そのなかで、トマスの立場の特徴は、「恩寵」と「自由意思」とを実に絶妙な相互関係のもとに捉えるところに見出される。トマスは、『神学大全』第二部の第一部第百九問題第六項「人は恩寵の外的扶助なしに、自分自身によって自らを恩寵へと準備することができるか」の第一異論解答において次のように述べている。

神への人間の回心 conversio はたしかに自由意思によって為されるものであり、その意味で人間にたいして神へと自らを向ける(回心する)ように命じられているのである。しかし、自由意思は神がそれを御自身へと向け給うのでなければ、神へと向けられることは不可能であって、それは『エレミヤ書』第三十一章(第十八節)において「私を帰らせ(回心させ)て下さい、そうすれば帰ります。あなたは私の神、主であるからです」と言われ、『哀歌』第五章(第二十一節)において「主よ私たちをあなたのもとへ帰らせて下さい、そうすれば私たちは帰ります」と言われているごとくである。

旧約聖書からの複数の引用を織り交ぜつつ展開されている神と人間の相互関係に関するトマスの見解は極めて微妙なものである。人間の「回心」というものは、何か不可思議な出来事が起こって、人間がいつの間にか神を信じるようになってしまうといったものではない。または、神の強烈な働きかけによって撃たれて否応なく神を信じるようになってしまうというようなことでもない。そうではなく、そこには、人間の「自由意思」の明確な関与が認められるのである。

だが、話はそれで終わりではない。自らの髪を引っ張って自らを上に持ち上げることができないように、人間は、神によって引っ張り上げられることなしには、神へと上昇していくこと、自らの上にある神とのふさわしい関係のうちに入っていくことはできないのである。

人間と神との関係というものは、極めて独特のものであり、この世界のうちに存在する他の関係との類似性のもとに考えることには慎重でなければならないが、そのうえで、或る人間と他の人間との「愛」の関係を手がかりに考えてみると、人間と神との関係についても、多少とも分かりやすくなるかもしれない。

キリスト教においては人間と神との関係は、単なる「支配‐被支配」の関係ではなく、相互的な「愛」の関係として捉えられている。それでは、人間同士の場合に、愛の関係が成り立つのは、どのような場合であろうか。お互いの「自由意思」なしに、愛の関係が成り立つということは考えにくいであろう。たとえ「お見合い」のような場合であっても、それがうまくいく場合には、お互いがお互いのことを「自由意思」に基づいて受け入れ合うという契機が必ず含まれるはずだ。

だが、「自由意思」さえあれば愛の関係が成立するかと言えば、そんなことはない。そもそも、相手に魅力を感じなければ、そしてその魅力によって惹きつけられることがなければ、「自由意思」に基づいてその相手との親しい関係を築き上げていこうという決断は為されないだろうからである。

しかし、相手の魅力によって惹きつけられたからといって、その相手との関係を深めようという決断が為されるとは限らない。たとえば、今は仕事が大事な節目に差し掛かっているのでそちらに専念しようという決断が為されるかもしれないし、これ以上人間関係を広げすぎることはせずにこれまでの人間関係を深めることにしようという選択が為されるかもしれない。

このように、相手の魅力によって惹き寄せられつつ、意志的に決断することによって人間同士の親密な関係は成立していくのである。

人間と神との関係もまた、類似の仕方で成立するとトマスは考える。神に何らかの仕方によって惹き寄せられないかぎり――「恩寵」を与えられないかぎり――人間はそもそも、神との親密な関係へと入り込んでいくことができない。人間は、いわば、「招き入れられる」ような仕方で、神との関係のうちへと導かれていくのであるが、それはあくまでも「招き入れ」であるかぎりにおいて、人間の「自由意思」による同意に基づいてはじめて成立するものなのである。

神の「恩寵」と人間の「自由意思」が絶妙に絡まり合いながら深まっていく人間と神との相互関係についての上掲のテクストは、トマスの神学体系全体を象徴する、極めて論理的であるとともに極めて美しくもあるテクストと言えよう。

本巻訳者の稲垣良典教授について

本巻の翻訳を担当されたのは、二〇二二年一月にお亡くなりになった稲垣良典教授である。稲垣教授は、トマス・アクィナスの哲学・神学の全体に通暁した極めて優れた研究者であったが、とりわけ、習慣論・徳論と法論については多数の論文を残しておられる。本巻を通じてトマスの法思想に関心を持たれた方は、『トマス・アクィナス倫理学の研究』(九州大学出版会、一九九七年)などに含まれている稲垣教授の論文にぜひ進んでいただきたい。トマスのテクストに対する読者の理解がより深まること、間違いない。我が国におけるトマス研究を半世紀にわたって導いてこられた稲垣教授のお仕事にあらためて感謝の意を表しつつ、この解説の結びとしたい。

二〇二三年十二月

索　引

（上遠野翔編）

人名索引

以下は第1巻と第2巻の索引である(①②で示す)．引用・言及のある人名を掲げ，頻出する人名は主要な箇所のみを掲げた．

ア　行

カ　行

事項索引

以下は第1巻と第2巻の索引である(①②で示す).紙幅の都合上,重要と思われる事項の主要な箇所のみを採用し,その項目を主題として扱う箇所については**太字**で示した.日本語の索引として,原語で異なる語の場合でも,同一の訳語が採用されている場合には一つの項目とした.また,同一の語の訳語であっても,異なる訳語が採用されている場合には別個の項目としたものもある.なお,「目的・終局 finis」など原語一つに二つの訳語が示されている箇所は,基本的には前者のみを項目として掲げた.

ア 行

カ 行

サ　行

タ　行

ナ　行

ハ　行

マ　行

ヤ　行

ラ　行

精選《せいせん》 神学大全《しんがくたいぜん》 2 法論《ほうろん》 〔全 4 冊〕
トマス・アクィナス著

2024 年 2 月 15 日 第 1 刷発行

編 者 稲垣良典《いながきりょうすけ》 山本芳久《やまもとよしひさ》

訳 者 稲垣良典

発行者 坂本政謙

発行所 株式会社 岩波書店
〒101-8002 東京都千代田区一ツ橋 2-5-5
案内 03-5210-4000 営業部 03-5210-4111
文庫編集部 03-5210-4051
https://www.iwanami.co.jp/

印刷・三陽社 カバー・精興社 製本・中永製本

ISBN 978-4-00-336214-3 Printed in Japan

読書子に寄す

――岩波文庫発刊に際して――

岩波茂雄

真理は万人によって求められることを自ら欲し、芸術は万人によって愛されることを自ら望む。かつては民を愚昧ならしめるために学芸が最も狭き堂宇に閉鎖されたことがあった。今や知識と美とを特権階級の独占より奪い返すことはつねに進取的なる民衆の切実なる要求である。岩波文庫はこの要求に応じそれに励まされて生まれた。それは生命ある不朽の書を少数者の書斎と研究室とより解放して街頭にくまなく立たしめ民衆に伍せしめるであろう。近時大量生産予約出版の流行を見る。その広告宣伝の狂態はしばらくおくも、後代にのこすと誇称する全集がその編集に万全の用意をなしたるか。千古の典籍の翻訳企図に敬虔の態度を欠かざりしか。さらに分売を許さず読者を繫縛して数十冊を強うるがごとき、はたしてその揚言する学芸解放のゆえんなりや。吾人は天下の名士の声に和してこれを推挙するに躊躇するものである。このときにあたって、岩波書店は自己の責務のいよいよ重大なるを思い、従来の方針の徹底を期するため、すでに十数年以前より志して来た計画を慎重審議この際断然実行することにした。吾人は範をかのレクラム文庫にとり、古今東西にわたって文芸・哲学・社会科学・自然科学等種類のいかんを問わず、いやしくも万人の必読すべき真に古典的価値ある書をきわめて簡易なる形式において逐次刊行し、あらゆる人間に須要なる生活向上の資料、生活批判の原理を提供せんと欲する。この文庫は予約出版の方法を排したるがゆえに、読者は自己の欲する時に自己の欲する書物を各個に自由に選択することができる。携帯に便にして価格の低きを最主とするがゆえに、外観を顧みざるも内容に至っては厳選最も力を尽くし、従来の岩波出版物の特色をますます発揮せしめようとする。この計画たるや世間の一時の投機的なるものと異なり、永遠の事業として吾人は微力を傾倒し、あらゆる犠牲を忍んで今後永久に継続発展せしめ、もって文庫の使命を遺憾なく果たさしめることを期する。芸術を愛し知識を求むる士の自ら進んでこの挙に参加し、希望と忠言とを寄せられることは吾人の熱望するところである。その性質上経済的には最も困難多きこの事業にあえて当たらんとする吾人の志を諒として、その達成のため世の読書子とのうるわしき共同を期待する。

昭和二年七月

岩波文庫の最新刊

カント著／熊野純彦訳

人倫の形而上学
第一部　法論の形而上学的原理

カントがおよそ三十年間その執筆を追求し続けた、最晩年の大著。第一部にあたる本書では、行為の「適法性」を主題とする。新訳による初めての文庫化。

〔青六二六-四〕　定価一四三〇円

オクタビオ・パス作／野谷文昭訳

鷲か太陽か？

「私のイメージを解き放ち、飛翔させた」シュルレアリスム体験が色濃い散文詩と夢のような味わいをもつ短篇。ノーベル賞詩人初期の代表作。一九五一年刊。

〔赤七九七-二〕　定価七九二円

クライスト作／山口裕之訳

ミヒャエル・コールハース チリの地震 他一篇

領主の横暴に対し馬商人コールハースが正義の回復のために立ち上がる。日常の崩壊とそこで露わになる人間本性を描いた三作品。重層的文体に挑んだ新訳。

〔赤四一六-八〕　定価一〇〇一円

マックス・ウェーバー著／野口雅弘訳

支配について
II カリスマ・教権制

カリスマなきあとも支配は続く。何が支配を支えるのか。支配の諸構造を経済との関連で論じたテクスト群。関連論文や訳註、用語解説を付す。（全二冊）

〔白二一〇-二〕　定価一四三〇円

……今月の重版再開……

エウリーピデース作／松平千秋訳

ヒッポリュトス
―パイドラーの恋―

〔赤一〇六-一〕　定価五五〇円

W・S・モーム著／西川正身訳

読書案内
―世界文学―

〔赤二五四-三〕　定価七一五円

岩波文庫の最新刊

網野善彦著
日本中世の非農業民と天皇(上)

山野河海という境界領域に生きた中世の「職人」たちの姿を通じて、天皇制の本質と根深さ、そして人間の本源的自由を問う、著者の代表的著作。(全二冊)
〔青N四〇二-二〕 定価一六五〇円

エーリヒ・ケストナー作／酒寄進一訳
独裁者の学校

大統領の替え玉を使い捨てにして権力を握る大臣たち。政変が起きるが、その行方は…。痛烈な皮肉で独裁体制の本質を暴いた、作者渾身の戯曲。
〔赤四七一-三〕 定価七一五円

ラインホールド・ニーバー著／千葉眞訳
道徳的人間と非道徳的社会

個人がより善くなることで、社会の問題は解決できるのか。二〇世紀アメリカを代表する神学者が人間の本性を見つめ、政治と倫理の相克に迫った代表作。
〔青N六〇九-一〕 定価一四三〇円

トマス・アクィナス著／稲垣良典・山本芳久編／稲垣良典訳
精選 神学大全2 法論

トマス・アクィナス(一二二五頃-一二七四)の集大成『神学大全』から精選。2は人間論から「法論」、「恩寵論」を収録する。解説＝山本芳久、索引＝上遠野翔。(全四冊)
〔青六二一-四〕 定価一七一六円

…… 今月の重版再開 ……

高浜虚子著
立子へ抄
―虚子より娘へのことば―

〔緑二八-九〕 定価一二二一円

喜安朗訳
フランス二月革命の日々
―トクヴィル回想録―

〔白九-一〕 定価一五七三円

定価は消費税 10% 込です　　2024. 2